KB151296

Understanding and Application of Special Group Counseling

특수집단상담의 이해와 적용

심윤기 강소현 김선경 김소정 김현경 김현주
박용철 이보람 조현지 주지향 차보연 최봉희

박영story

머리말

오늘날 우리가 살아가는 21세기의 시대는 하루에도 많은 변화가 일어난다. 산업혁명으로부터 자본주의시대가 도래한 이후, 인터넷의 정보화시대가 우리를 놀라게 하더니, 작금에는 인공지능과 챗봇이 인간의 삶을 지배하는 모양새다. 사회 곳곳에서 일어나는 낯선 삶의 소식을 듣는 일은 흔한 일상이 되었고, 사회문화적 복잡성과 다양성을 마주하는 현실은 이제 생소하지 않은 현상이 되어가고 있다.

이러한 시대적 환경의 급격한 진화로 우리의 삶은 어떻게 바뀌고 변화되었을까? 매력적이고 안정적이며 만족감 넘치는 풍요로운 삶을 영위하는 세상이 되었을까? 꼭 그렇지만은 않은 것 같다. 지금이 과거보다 더 안전한 사회가 되었고, 행복한 삶을 살아갈 수 있다고 말하는 이는 그리 흔치 않다. 일상이 편리해진 것은 사실이지만 삶의 양식은 오히려 더 복잡해지고, 삶의 만족도 또한 예나 지금이나 큰 차이가 없다고 말하기도 한다.

사회문화적 환경이 급격하게 달라지는 요즘의 현실에서 우리는 과연 어떻게 사는 것이 현명한 일인지 고민하지 않을 수 없다. 자신의 편협한 세계관을 확장하고 가치관을 새롭게 바꾸며, 자기 정체성의 재정립이 필요하다. 인간을 바라보는 고정관념의 틀을 수정하고, 과거 구습을 답습하는 삶의 양식을 바꾸어야 온전히 살아갈 수 있는 시대인 것은 분명해 보인다.

하루하루 쏟아지는 새로운 삶의 정보를 자신의 상황에 맞게 최적화하고, 사회적응을 위한 자기 혁신으로 땀을 흘릴 때, 비로소 인간다운 모습으로 삶을 살아갈 수 있으며, 독특하고 개성 있는 자기만의 아름다운 삶의 서사가 가능하리라 여겨진다.

특수한 조직에서 특수한 임무를 수행하는 사람들의 삶은 어떠할까? 국가에서 부여된 특수한 임무를 수행하는 소방관, 경찰, 군인 등은 내적으로 강인한 힘과 다양한 경험적 역량을 바탕으로 급변하는 환경에 적극적으로 대처하며 살아간다. 투철한 국가관과 사명감을 바탕으로 대한민국의 국토를 수호하고, 국민의 생명과 재산을 지키는 데 최선을 다한다. 한 치의 실수나 1%의 오차도 없이 부여된 임무를 완벽히 달성하기 위해 오늘도 이들은 각자의 위치에서 고군분투하며 생활한다.

재난 현장에서 피해복구 임무를 수행하고, 화재 현장에서 인명을 구조하는 임무를 수행하는 소방관은 생명의 위협을 가장 크게 받는다. 시민들이 함께 살아가는 삶의 최전선에서 일하는 경찰관 역시 강력 사건에 대한 수사나 반사회적 범죄자를 추적하는 과정에서 생명의 위협을 받는다. 軍에서 복무하는 장병 중에는 낯선 위계적 환경과 익숙하지 않은 과업 및 반복되는 각종 훈련 등으로 극한 심리적 위기를 경험하기도 한다.

이렇게 군인과 경찰, 소방관은 자신의 생명에 큰 위협을 받는 극한 환경 속에서 부여된 임무를 수행한다는 공통점이 있다. 그 과정에서 이들은 심각한 수준의 긴장과 불안, 급성 스트레스, 외상 후 스트레스 장애 증상 등을 경험하며, 심지어는 자살과 같은 위기 상황을 맞기도 한다.

본서는 군·경·소방의 특수 조직에서 일하는 조직구성원이 임무 수행과정에서 발생하는 긴장, 불안, 스트레스 등을 극복하는 데 도움이 되기 위해 집필되었다. 군·경·소방의 위계 문화적 환경과 특수임무를 수행하는 과정에서 발생하는 심리·신체적 고통을 포함해 수직적 대인관계 갈등과 같은 조직 부적응을 해결함으로 개인의 삶의 질을 높이고 직업 만족에 도움이 되길 바라는 마음에서 집필을 기획하게 되었다.

본서에서 말하는 '특수 조직'은 국토를 수호하고, 국민의 생명과 재산을 지키기 위해 위계적 체계로 조직된 군대·경찰·소방 조직을 말한다. '특수집단상담'은 이러한 특수 조직에서 일하는 사람을 대상으로 이루어지는 집단상담을 의미한다. 본서에서는 특수집단상담에 대한 기본쟁점과 핵심 개념을 개관하고, 집단상담을 전개하는 원리와 지침 등을 제공한다. 아울러 실제 상담 현장에서 이루어지는 상담 유형별 방법론과 다양한 프로그램 등을 제공하고 있다.

특수 조직에서 특수한 임무를 수행하며 겪는 심리·신체적인 어려움과 갈등, 조직 부적응 등을 해결하는 방법론에 관한 특수집단상담 교본을 찾는 교육자들에게 많은 도움이 되었으면 한다. 정신건강과 관련한 상담심리학 분야에서 공부하는 대학원생을 포함하여 군사학과·경찰학과·소방학과에 재학 중인 대학생, 일반 독자들에게도 여러모로 도움이 되길 기대한다.

본서는 모두 3부로 구성하였다.

제1부는 특수집단상담을 이해하는데 필요한 이론적 배경을 다룬다.
- CHAPTER 1에서는 군·경·소방 조직에서 이루어지는 직무의 특성과 정신건강 관리체계 등을 살핀다.
- CHAPTER 2에서는 특수 조직에서 이루어지는 집단상담의 기본개념과 정의, 목적, 특징, 상담 조건 등을 알아본다.
- CHAPTER 3에서는 특수집단상담의 원리와 집단의 변화요인, 특수집단 상담의 유형, 집단지도자의 관심 등을 살펴본다.
- CHAPTER 4에서는 특수집단상담 과정에 적용이 가능한 이론 중 정신분석 모형과 행동주의 모형, 인간중심 접근모형, 현실치료 접근모형 등을 다루고 있다.

제2부에서는 특수집단상담의 방법론을 알아본다.
- CHAPTER 5에서는 특수집단상담이 이루어지는 단계와 절차를 다룬다.
- CHAPTER 6에서는 특수집단상담의 다양한 상담 기술을 알아본다.
- CHAPTER 7에서는 특수집단상담의 지도자와 집단에 참여한 구성원의 문제행동을 살펴본 후, 그들의 바람직한 역할을 다룬다.
- CHAPTER 8에서는 집단지도자의 인간적, 전문적, 윤리적 자질에 대해 살펴보고 있다.

제3부에서는 실제 현장에 적용이 가능한 특수집단상담 프로그램을 소개하고 있다.

- CHAPTER 9에서는 긍정성 증진 집단프로그램을 소개한다.
- CHAPTER 10에서는 적응력 강화 집단프로그램을 소개한다.
- CHAPTER 11에서는 위계 조직의 문화적 특수성과 특수한 임무 수행과 정에서 받는 스트레스를 해소하는 집단프로그램을 소개한다.
- CHAPTER 12에서는 재난 트라우마 치료와 외상 후 스트레스 장애 치료 집단프로그램, 외상 후 성장 프로그램 등을 소개한다.

본서 출판을 준비하는 과정에서 많은 분들의 관심과 도움이 있었다. 그분들과 함께 본서 발간의 기쁨을 나누고자 한다. 본서를 집필하는데 필요한 정보와 관련 연구자료를 제공해 주신 경찰, 소방공무원을 비롯해, 현재 軍에 있는 많은 분들에게 진심으로 감사를 드린다.

집필 기간 내내 땀 흘리며 집필활동에 최선을 다해 준 삼육대학교 상담심리학과 박사과정에 있는 강소현, 김선경, 김소정, 김현경, 김현주, 이보람, 조현지, 차보연, 최봉희 선생님들께도 감사를 드린다. 공군 교육사령부에서 일하며 집필활동에 적극적으로 참여해 주신 주지향 교수님과 국방부에서 장병 체감형복지서비스 담당관으로 일하며 많은 도움을 주신 박용철 소령님에게도 감사한 마음을 드린다. 끝으로 본서가 출간될 수 있도록 배려해 주신 박영스토리 대표님과 관계자분들께도 깊은 감사를 드린다.

2024년 8월
대표저자 심윤기

차 례

PART 02
특수집단상담의 방법론

PART 03
특수집단상담 프로그램

PART

01

이론적 배경

CHAPTER 01
특수 조직의 직무와 정신건강

　오늘날 지구촌은 크고 작은 인적·자연적·사회적 재난이 끊임없이 발생하고 있다. 러시아와 우크라이나의 전쟁을 포함해 우리나라에서 발생한 이태원 참사, 세월호 침몰사고, 천안함 폭침, 경주·포항 지진 등의 등과 같은 사고로 수많은 사람들이 생명을 잃었다.

　이러한 재난이 발생하면 가장 먼저 현장에 출동하는 사람은 군인과 경찰, 소방공무원과 같은 특수한 조직에서 일하는 사람들이다. 이들의 직무 특성을 살펴보도록 하겠다.

소방의 직무 특성과 정신건강

우리나라의 소방 활동은 아주 먼 고대로부터 이루어져 왔다. 처음에는 주로 촌락 단위로 자치 위주의 활동이 이루어졌으나 삼국시대부터는 행정기구나 군대가 그 역할을 담당했을 것으로 추정하고 있다. 조선시대는 소방 활동이 조직적으로 확립되기 시작하였는데 주로 일본의 영향을 받은 것으로 전해지고 있다.

우리나라 소방 조직의 특징과 직무의 위험성에 대해 알아보는 것은 특수한 소방 직무의 스트레스와 심리적 고통을 이해하고 이를 집단상담으로 조력하는 데 의미가 있다. 소방의 조직구조와 문화적 특징, 직무의 위험성 등을 제대로 이해하지 못하고는 그들이 직면한 직무스트레스와 외상 스트레스, 심리적 고충 등을 다루는 데 한계가 있다.

1 소방 조직의 특징

1) 임무와 기능

소방 조직의 임무는 화재 예방과 진압 활동, 경계·구조·구급 업무를 수행하여 국민의 생명과 재산을 보호하고, 공공의 안녕질서 유지와 복리증진에 이바지하는 것이다. 소방의 임무를 좀 더 구체적으로 살펴보면 다음과 같이 정리할 수 있다.

첫째, 국민의 생명과 신체 및 재산을 화재로부터 보호한다.
둘째, 재난과 같은 위급한 상황에서 구조·구급활동으로 인명을 구조한다.
셋째, 공공의 안녕질서 유지와 공공복리 증진에 이바지한다.

소방 조직은 인원과 장비를 활용하여 화재 예방과 진압, 인명구조와 구급

활동을 주로 한다. 이러한 임무는 어느 기관보다 주민의 일상생활과 밀접하게 관련이 있으며, 공공복리와 국가산업발전에 크게 영향을 주는 특징을 갖고 있다.

소방공무원은 화재를 진압하고 자연 재난 및 인재 등 위험한 상황에서 구조·구급활동을 수행하는 전문 요원이다. 지난 1980년대 이전까지만 해도 소방업무는 주로 화재를 진압하는 업무와 화재를 예방하는 업무 그리고 소방 행정업무가 주였으나 1982년에 구급 업무가 추가로 편입되었으며, 1988년부터는 구조·구난 업무가 새로이 추가되었다.

현재는 구급과 구조업무가 화재진압 및 화재를 예방하는 업무인 만큼 소방 분야의 주요 업무로 크게 부상한 상태이다. 2000년대 이후로는 주정차단속, 종합방재센터 운영, 시민 안전교육, 위치추적 등의 업무도 수행하고 있는데, 소방업무와 기능의 변천 과정을 그림으로 도식하면 다음과 같다.

<그림 1-1> 소방 기능의 변천 과정

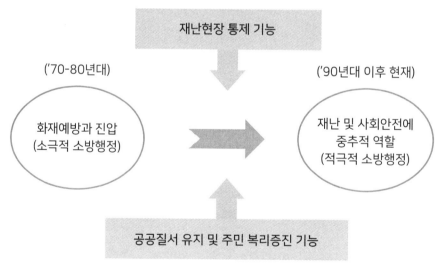

출처: 심윤기, 2018.

2) 소방의 직무

(1) 안전 업무

지구 온난화와 같은 이상기후와 예측 불가한 천재지변은 우리 모두를 불안하게 한다. 지진은 과거보다도 그 위험성과 심각성이 높아지는 추세에 있어 시민들이 느끼는 두려움은 더 크게 작용한다.

특히, 현대사회의 다양한 에너지 사용은 인적 재난의 취약 요인을 품고 있어 재난이 발생하는 경우에는 재산과 인명피해가 크게 발생한다. 이러한 급격한 사회변화의 위험 속에서 국민의 안전과 관련한 일을 하는 곳이 바로 소방조직이다.

소방의 직무는 자연 재난과 인적 재난을 예측하여 국민이 안전하게 생활하도록 방호하는 업무와 안전 업무를 수행하는 것이다. 인구 도시화를 비롯한 건물의 고층화와 대형화 등 다양한 형태로의 급격한 사회변화는 소방공무원의 직무 위험성을 크게 증가시키는 요인이 되고 있다.

(2) 화재 예방업무

소방 조직은 화재가 발생할 수 있는 대상에 대하여 화재를 미리 예방하고 경계하는 업무를 한다. 화재를 예방하기 위한 직무는 건물의 신축과정에서 화재가 발생하지 않도록 지원하는 건축허가 업무와 사람이 많이 이용하는 다중이용업소에 대한 소방시설 설치를 확인하는 소방·방화시설완비증명 발급업무, 휘발유를 포함한 위험물질 사용에 대한 인가업무 등이 있다.

경계 업무로는 화재 위험지역에 대한 순찰, 호우·폭설과 같은 이상기후 시 실시하는 경계, 명절과 연말연시 등 화재 취약 시기에 하는 비상근무, 대통령 외국 방문 시 실시하는 경계근무 등 다양하다.

소방 검사업무는 소방서 단위로 실시하는 화재 예방 활동의 주요 업무로 소방관이 소방대상물을 방문하여 소방시설을 설치·유지하도록 조치하거나 감독하는 일을 한다.

(3) 구조·구급 업무

소방 조직은 위급한 상황에서 국민의 생명을 신속하고 안전하게 구조하기 위해 구조대와 구급대를 편성하여 운영한다. 구조대는 일반구조대와 특수구조대가 있는데, 일반구조대는 소방서마다 1개의 대(隊) 이상을 설치하여 운영하며, 소방서가 없는 시·군·구의 경우에는 해당 시·군·구 지역 중앙에 있는 119안전센터에 설치해서 운영한다.

특수구조대는 소방대상물과 지역 특성, 재난 발생 유형 및 빈도 등을 고려하여 설치하는데, 도시철도 역사(驛舍) 및 역 시설의 지하철구조대를 비롯하여 고속국도구조대, 화학구조대, 내수면 지역의 수난구조대, 산악구조대 등을 운영한다.

대형 및 특수 재난 사고의 현장 지휘와 구조를 위해 소방본부에 직할 구조대를 설치하고, 필요시 테러에 전문적으로 대응하기 위한 테러 대응 구조대도 운영한다. 초고층 건축물에서 요구조자의 생명을 안전하게 구조하거나 도서, 벽지에서 발생한 응급환자를 긴급히 이송하기 위하여 항공구조·구급대도 운영하고 있다.

(4) 119 생활 안전대 업무

소방 조직은 국민의 생활안전과 위험물 제거 등 소방 활동을 수행하기 위하여 119 생활 안전대를 운영한다. 생활 안전대의 조직과 업무 범위 등 편성 및 운영에 관한 구체적인 사항은 관할구역의 생활 안전 활동의 수요와 자체 소방 능력 여건을 고려하여 소방본부장이 정한다.

119 생활 안전대의 주요 활동은 각종 붕괴와 낙하가 우려되는 고드름, 전도 위험성이 있는 큰 나무 등과 같은 위험물 등을 제거하는 일을 한다. 위해 동물과 벌 등의 포획·퇴치, 단전사고 발생 시 비상 전원 또는 조명을 공급하고 끼임과 고립위험 등을 제거하는 일도 한다.

이 외에도 소방 조직은 공공의 안녕질서 유지와 시민의 복리증진을 위하여 필요한 경우 소방 이외의 소방 지원 활동을 수행한다. 산불에 대한 예방과 진압지원 활동, 자연재해에 따른 급수·배수 및 제설 지원, 집회·공연행사 시

사고에 대비한 근접 대기 지원, 화재 및 재난 피해복구지원 등의 일을 한다.

3) 직무의 특성

(1) 환경적 측면

환경적인 측면에서 소방공무원의 직무 특성을 살펴보면 다음과 같다.

첫째, 사망과 부상의 위험성이다.

소방공무원은 화재진압과 같은 구조·구급 현장에 출동하는 순간부터 각종 위험에 노출된다. 화재 및 구조 현장에서는 추락사고와 붕괴사고의 위험에 직면하여 사망의 위험성이 다른 조직에 비해 높은 수준이다.

화재 현장에서는 1,000℃의 높은 고온을 동반하여 직무수행 과정에서 큰 화상을 입기도 한다. 이 같은 이유로 소방공무원 스스로 자신의 직무에 대해 매우 위험하다고 인식하는 정도가 90% 이상인 것으로 알려져 있다.

둘째, 외상 후 스트레스 장애다.

소방공무원은 화재진압 현장에서 불에 탄 참혹한 시체를 수습한다. 얼굴과 신체의 형체를 분간하기조차 힘든 사람들을 구조하며, 화재 사고로 사망 직전에 있는 피해자의 임종 순간을 맞이하기도 한다.

이렇게 화재진압과 인명구조 활동과정에서 참혹하고 끔찍한 장면을 자주 접하는 소방공무원은 외상 후 스트레스 장애(Post Traumatic Stress Disorder: 이하 PTSD)에 노출될 위험성이 그 어느 직군보다 매우 높다.

처참하고 끔찍한 구조 현장에서 받는 정신적 충격은 근무 의욕을 저하하고 심각한 직무스트레스로 심리적 고통을 증가시킨다. 동료 소방관의 죽음과 심각한 부상을 가까운 거리에서 목격하는 경우는 트라우마 증상으로 현장 활동에 대한 두려움과 공포를 느끼게 하며, 자살에도 영향을 준다.

셋째, 건강의 악화다.

소방공무원의 건강을 위협하는 또 다른 위협 요소는 화재 현장에서 폐암 등 각종 암을 유발하는 유독가스를 마시는 일이다. 화재 현장은 일산화탄소와 다이옥신 등 인체에 치명적인 손상을 주는 유독가스가 가득한 상태에 있다.

이러한 상태임에도 불구하고 그들은 공기호흡기와 방수(放水) 장비만을 지닌 채 화재를 진압하는데, 공기호흡기를 장착한다 하더라도 100% 외기를 차단하는 것은 거의 불가능하다.

화재를 진압한 후 잔불을 정리하는 단계에서는 공기호흡기를 장착하지 않은 상태로 직무를 수행한다. 이 같은 경우에는 화재 현장의 유독가스가 여과 없이 기도를 통해 폐에 들어가고 결국 신체건강을 해롭게 한다.

<표 1-1> 순직 소방관의 현황

소방청에 따르면 2023년 순직 및 공상 소방공무원 수는 1,336명으로 2022년 1,083명 대비 23.3% 증가한 것으로 조사되었다. 연도별 순직 및 공상자 수는 2018년 830명, 2019년 827명, 2020년 1,006명, 2021년 936명으로 꾸준히 증가하는 추세이다.

순직자 수는 지난 10년간 40명에 달한다. 사유는 화재진압(13명)이 가장 많고, 항공사고 출동(10명), 교통·산악사고 등 구조(6명), 생활 안전 출동(5명), 교육훈련(3명) 등으로 조사되었다(소방청, 2023).

(2) 임무 수행 측면

임무 수행 측면에서의 소방직무 특성은 긴급성을 포함한 위험성, 전문성, 불확실성, 준비성 등의 특징이 있다.

첫째, 긴급성(emergency)이다.

자연재해나 인재가 발생하였을 때 신속한 출동으로 일찍 현장에 도착해야 하는 것은 당해 사고로부터 피해를 최소화하는 데 결정적인 역할을 한다. 화재진압과 구출 및 구조, 응급환자를 후송하는 직무를 수행함에 있어도 시간을 다투는 등 긴급한 조치가 요구되는 일을 주로 한다.

둘째, 위험성(dangerousness)이다.

화재진압과 구조·구급활동, 재난 대응 활동에 있어서는 추락과 충격, 유독물질 흡입, 압사, 소사(燒死), 부상 등의 위험요인이 혼재한 상태에서 활동한다. 요구조자뿐만 아니라, 소방관 모두에게 생명의 위험과 신체 부상의 위험성을 동반한다.

셋째, 불확실성(uncertainness)이다.

불확실성은 재난이 발생하기 전까지 비가시적인 요인이 누적되어 배양되면서 일정한 시점에 이르러 예측 불가한 재난이 발생하는 성질을 말한다. 소방관이 수십 차례의 크고 작은 재난을 겪으면서도 동일 재난을 반복해서 겪는 이유는 이러한 재난이 가진 불확실성 때문이다.

넷째, 준비성(readiness)이다.

소방관은 예측 불가하게 갑자기 돌발적으로 발생하는 재난과 구조·구급 상황에 대응하기 위하여 24시간 출동대기 태세를 유지한다. 언제 어떠한 형태의 재난이나 사고가 발생할지 모르는 예측 불가한 상황이 많아 최악의 상황을 가정하여 항상 위기 대응 태세를 유지한다.

다섯째, 전문성(technicality)이다.

소방업무는 화재진압과 구조·구급 등 단순한 지시나 명령만으로 문제를 해결할 수 있는 분야가 아니다. 고도로 전문화된 지식과 기술의 응용이 적시 적절하게 활용해야 하는 분야이다. 이러한 이유로 소방 조직은 다양한 상황에서 발생하는 재난에 전문적으로 대응하기 위하여 끊임없이 훈련을 반복한다.

여섯째, 결과적(consequentiality)이다.

일반 행정조직은 대부분 과정을 중시한다. 그러나 소방 조직은 과정과 절차보다는 결과를 중시한다. 과정과 절차를 준수하는 과정에서 더 많은 인명과 재산피해가 발생할 가능성을 최소화하고, 위급한 상황을 조기에 처치해야 하기 때문이다.

2 직무스트레스와 외상 스트레스

소방공무원의 직무는 그 특성상 각종 위험에 쉽게 노출되어 스트레스에 매우 취약하다. 조직구성원의 부족으로 과중한 업무를 수행하는 것도 스트레스를 받게 하는 요인으로 작용한다.

소방관은 자연재해나 인재 사고 현장에서 같이 활동하던 동료가 예기치 못한 사고로 사망하거나 크게 부상하는 모습을 목격하고, 자신도 그렇게 될 수 있다는 불안과 두려움을 갖는다. 이러한 불안정한 심리 상태와 반복되는 직무스트레스는 PTSD가 발현하는데 큰 영향을 준다.

1) 스트레스의 원인

(1) 위험한 직무수행

재난과 관련된 소방 활동은 긴박한 상황에 직면하는 경우가 다반사로 일어난다. 이상기후로 인한 재해와 지진, 해일 그리고 인재라 할 수 있는 화재, 붕괴사고, 교통사고 등을 처리하고 수습하는 소방공무원의 직무는 힘든 어려움의 연속이다.

화재로 인한 사망자나 건물 붕괴에 의한 압사자, 익사자 등 사망한 사람의 처참한 모습과 부상한 사람의 끔찍한 모습을 자주 목격한다. 불에 탄 시신을 수습하고, 가스 폭발로 붕괴 건물더미에 깔려 형체도 알아볼 수 없이 처참하게 사망한 사람을 현장에서 수습한다.

지진이나 가스 폭발로 붕괴 건물에 들어가 인명구조를 하는 경우는 2차 붕괴로 인한 사망과 부상의 위험에 노출된다. 화재건물 내부에서 화재진압 활동을 하는 과정에는 건물의 2차 붕괴나 폭발의 가능성이 있어 두려움과 불안을 느끼며 직무를 수행한다. 일하는 도중에 예기치 못한 돌발적인 상황에 직면하는 경우도 있는데 이는 생명과 직결된다.

이렇게 소방공무원의 현장 활동은 늘 위험성에 노출되어 과도한 스트레스를 받으며 트라우마를 경험한다. 일반 공무원과 비교해 정신적 스트레스나 트라우마, PTSD 발병률이 높게 나타나는 이유가 여기에 있다.

(2) 동료의 사망과 부상

트라우마가 있는 사람에게서 나타나는 공통적인 특징은 가까운 가족이나 친구, 이웃이 예기치 못한 사건으로 사망하거나 부상한 모습을 목격하는 일이다. 군·경·소방공무원은 팀 단위로 직무 활동을 수행하는 관계로 임무 수행과정에서 동료의 사망이나 부상한 모습을 가까이에서 볼 수 밖에 없다.

자연재해나 인재 사고 현장에서 같이 활동하던 동료가 예기치 못한 사고로 부상 또는 사망하는 경우를 목격하게 될 때에는 자신도 언젠가는 그렇게 될 수 있다는 공포와 두려움을 가진다. 직장에서 퇴근한 후 가정에서 쉬는 시간에도 당시 경험했던 끔찍한 상황이 언제 자신에게 닥칠지 모른다는 불안과 두려움 속에서 지내기도 한다.

(3) 구조하지 못한 죄책감

소방 활동의 주요 대상자는 재난 현장에서 생사의 갈림길에 있는 사람들이다. 상황에 따라서는 인명구조 여건이 너무 좋지 않아 구조 활동을 중단할 수밖에 없는 일도 벌어진다. 예를 들어, 불의 세기가 너무 강하다든지 혹은 가스 폭발의 위험성이 커, 구조 활동을 더 이상 진행하지 못하는 상황에 놓이기도 한다.

이 같은 경우에는 자신이 최선을 다했음에도 불구하고 요구조자를 구조하지 못한 것에 대한 무력감과 죄책감에 사로잡힌다. 자신만 살아남은 것이 부끄럽고 안타까워 스스로 자신을 책망할 뿐만 아니라, 우울과 불안, 악몽, 대인기피 등의 정신적 고통에 시달린다.

2) 스트레스가 미치는 영향

전쟁과 재난, 교통사고, 폭력과 같은 끔찍한 외상 사건에 노출되면 PTSD로 발전하는 경향이 있다. 충격적이고 끔찍한 외상 사건을 경험함에서 비롯되는 급성 스트레스는 정신건강과 심리적 안녕에 심각한 부정적인 영향을 가져다 준다(심윤기, 2014).

심각한 직무스트레스와 트라우마를 경험하는 소방공무원은 일반 공무원과 비교해 직무에 대한 만족도가 낮고 조기 퇴직도 많은 상태다. 음주 문제를 비롯한 심리적·생리적 스트레스 반응을 보이며, 증상이 심하면 동료와도 분리되어 정서적으로 동떨어진 생활을 하기도 한다.

소방공무원의 직무 특성상 겪는 정서적 충격과 직무스트레스를 정화시킬 수 있는 원천은 가족이다. 가족의 격려와 지지, 관심은 힘들고 위험한 소방공무원의 임무를 잘 수행하도록 하는 정신적 에너지이자 힘이다. 그러나 그렇지 못한 경우에는 소방공무원이 겪는 스트레스가 오히려 가족에게 부정적인 영향을 준다. 그 결과 분노와 냉소적인 태도, 부정적 감정 등이 가정 분위기를 지배한다.

심각한 직무스트레스를 겪는 소방공무원이 자행하는 가장 전형적인 행동은 폭력이다. 가정 내 폭력은 배우자와 자녀에게 언어폭력과 신체적 학대의 형태로 나타난다. 트라우마 증상에 따라 폭력의 정도는 차이가 있지만, 가장 먼저 일어나는 일반적인 특징은 언어폭력이다. 그다음에는, 가족에 대한 신체적 폭력과 가구와 기물을 부수는 물리적 폭력으로 이어지기도 한다.

<표 1-2> 소방관을 대상으로 한 마음 건강 설문조사

소방청은 소방공무원 5만 4,056명을 대상으로 "2021년 소방공무원 마음 건강 설문조사"를 실시하였는데 그 결과 8.1%가 PTSD를 겪고 있는 것으로 나타났다. 이 외에도 우울증(7.6%), 수면장애(29.8%)가 있는 등 고위험군이 높게 나타난 것으로 조사되었다. 특히, 자살 고위험군의 경우에는 2,906명(5.4%)으로 조사되어 충격을 주고 있다(심윤기 등, 2022).

소방공무원은 직무를 수행할 때 사람이 죽거나 심각하게 다치는 모습을 자주 목격한다. 그래서 소방관은 가족의 안전에 대한 지나친 걱정과 염려, 불안, 두려움, 공포 등을 갖고 살아간다. 그 결과, 가족을 과잉 통제하고 경직된 가장의 역할을 한다. 부정적인 감정표현과 분노, 짜증, 화 등을 자주 표출하여 역기능적인 가족 환경을 만들기도 한다.

소방공무원은 이렇게 위험한 직무를 직접 수행하여 트라우마의 1차 희생자가 되지만 그들의 가족은 2차 희생자가 된다. 미국 911테러 구조작업에 참여했던 미국 소방관의 아내 21명을 조사한 결과 대략 24% 정도가 PTSD 증상을 보였다고 알려져 있다(Mitani et al., 2006). 이러한 조사 결과는 가족이 트라우마의 2차 희생자가 된다는 사실을 명확히 보여주는 사례이다.

3 소방의 정신건강 관리체계

소방공무원의 정신건강은 개인의 문제라기보다 직무에서 발생하는 특성으로 국가적인 차원에서 관리하는 것이 마땅하다. 그러나 우리나라는 소방공무원의 직무스트레스나 트라우마 예방 및 치료를 위한 전문기관이나 통제 기능을 수행하는 중앙정부 조직이 아직도 없는 상태다.

정신건강 관리 업무를 주도적으로 이끌어갈 중앙부서가 없어 대학병원이나 민간 심리상담센터, 부처별 관련기관 등에서 각각 별도로 운영되고 있는데, 지난 2010년부터 2014년까지 5년 동안 스스로 목숨을 끊은 소방공무원이 무려 35명이나 되는 이유도 이와 무관치 않다.

이 같은 소방공무원의 열악한 정신건강 관리 환경이 알려지면서 소방공무원의 직무스트레스와 트라우마에 대한 관심이 점점 높아지고 있는 것은 다행한 일이다. 그러나 우리나라는 미국이나 일본과 같이 트라우마와 관련한 국립기관이나 전문기관이 존재하지 않는다. 인프라도 구축되어 있지 않은 상태이며, 정신건강 관리 규정도 제대로 갖추어져 있지 않아, 그때그때마다 단기계획을 수립하여 시행하고 있다.

정신건강 관리 규정은 소방관 보건 안전관리 및 복지 기본법에 제시되어 있는데, 일상적인 보건 안전교육훈련과 심신 안정 환경을 조성하여 관리하는 내용이 대부분이다. 일상적 보건 안전 교육훈련은 정신건강을 위한 자기 자신의 생각과 행동, 감정, 마음 등을 절제하고 조절하는 교육과 PTSD 등 정신질환에 대한 이해 및 치료 절차 교육을 소방관서장이 실시해야 한다고 규정하고 있다.

심신 안정 환경조성을 위해 소방관서의 장은 휴게실과 명상 장소를 설치·운영하여 소방공무원이 심리적인 안정과 육체적 휴식을 취할 수 있도록 필요한 조치를 해야 한다고 명시하고 있다. 트라우마로 인한 정신질환 예방과 치료를 위해 필요한 대책을 마련하고, 중앙 및 지방의 소방학교장은 관리 활동에 필요한 전문인력을 양성하기 위한 교육훈련 과정을 운영해야 한다고 규정하고 있다.

소방공무원 정신건강 관리체계는 크게 예방단계와 치료단계로 구분하여 시행되고 있다. 예방단계에서는 1차적으로 자가 진단 앱을 통해 외상성 스트레스 증후군이나 우울증, 수면장애 등을 진단한다. 소방서에 설치되어 있는 심신 안정실에서 생체징후측정기, 온열치료기, 조명·영상·오디오 장치 등을 통해 정신적·신체적 긴장을 완화하고 힐링하는 시간을 갖는다.

용역계약을 맺은 민간기관의 정신건강 증진 팀은 직접 소방서를 방문하여 정신건강과 관련한 교육과 진단, 개인 상담, 집단상담 프로그램 등을 제공하는 '찾아가는 심리상담실'을 운영하고 있다.

\<표 1-3\> 심신 안정실

심신 안정실은 각종 외상 사건에 노출된 소방 공무원에게 자연 친화적 힐링 공간을 제공하여 트라우마 증상을 치유하고 PTSD를 예방하기 위해 각 소방서에 설치된 공간이다. 휴게실 공간을 마련하여 공기청정기와 안마기, 혈압측정기 등을 설치한 후, 소방공무원 스스로 자가 측정을 하도록 하고 있다.

심신 안정실은 점차 멘탈케어룸과 바디케어룸, 산소룸, 휴게실(심리상담실) 등 다양한 케어 시설을 갖추고 있다. 멘탈케어룸은 감성 치유 시스템을 설치해 영상, 음악, 향기, 칼라 콘텐츠 등을 활용해 심리안정을 취할 수 있는 공간으로 활용한다. 바디케어룸과 산소룸은 항균 작용은 물론 인체에 이로운 피톤치드 향을 내뿜는 편백 나무로 건축하고 실내에 적외선과 고농도 산소를 공급할 수 있는 구조로 꾸며 놓고 있다(심윤기, 2018).

치료단계에서는 안심 프로그램과 정신건강 상담 프로그램을 운영한다. 안심 프로그램은 전국에 주요 민간병원을 지정해 신변노출을 꺼리는 소방관이 자유롭게 치료를 받을 수 있도록 마련한 제도이다.

국민건강보험공단 전산망에 진료내용이 등록되지 않게 조치함으로써 소방관 신원이 노출되지 않도록 하고 있다. 따라서 심리적 부담을 느끼지 않은 편안한 상태에서 치료받는 것이 가능하다. 진료비는 치료받은 소방관 개인이 먼저 지불한 후, 소방본부에 이를 청구하면 진료비를 되돌려 받을 수 있는 체계로 운영되고 있다.

정신건강 상담프로그램은 찾아가는 심리상담실을 운영한 결과 추가 전문 상담이 필요하다고 진단된 사람이나, 심각한 트라우마 사건에 노출된 자 혹은 개인적으로 상담을 희망하는 소방공무원을 대상으로 이루어진다.

정신과 또는 전문 상담센터에 소방공무원이 직접 가서 치료를 받거나 혹은 소방서에 설치된 심신 안정실에 전문상담사가 방문해 상담을 진행하는 등 상황과 여건에 따라 치료 방법을 달리한다. 이때에도 상담 비용은 개인이 먼저 지불한 후, 비용을 청구하면 되돌려 받을 수 있다.

소방공무원의 외상 스트레스는 일반 공무원과 비교해 그 수준이 높게 나타나고 있다고 여러 연구에서 공통적으로 보고하고 있음에도 불구하고 아직까지도 외상 스트레스에 대한 관리가 좀처럼 나아지지 않고 있어 시급한 개선이 요구되고 있다.

소방청의 중앙에서는 중장기적인 계획과 전체 시스템을 관장하는 별도의 조직이 필요하다. 일의 전체 과정에서 중심적인 역할을 하는 조직과 인적 구성을 구축하고 소방본부 단위에서는 구체적인 계획을 실행에 옮기는 부서편성이 필요하다. 그 예하 조직인 소방서에서는 즉각적인 심리서비스를 제공할 수 있는 정신건강 서비스 담당자를 편성해 운영하는 것이 바람직하다.

경찰의 직무 특성과 정신건강

경찰은 군(軍)과 같이 정형화된 조직구조를 편성하고 있다. 사회의 안녕질서를 유지하고, 시민의 생명과 재산을 보호하며, 수사 및 체포 등과 같은 특수한 임무를 수행한다. 그래서 경찰조직은 일반 행정조직과 다르게 조직을 편성하며, 권위와 위계 문화의 특성 속에서 계급체계를 유지하고, 전문성과 법규에 따른 치안 활동을 수행한다.

우리나라 경찰조직의 특징과 위험한 직무에 대해 살펴보는 것은 큰 의미가 있다. 경찰의 조직구조와 문화적 특징, 직무의 위험성을 이해하지 못하고는 그들이 직면한 심리적 고통과 직무 및 외상 스트레스를 해소하는데 한계로 작용하고 정신건강을 관리하는 데에도 어려움이 따른다(심윤기 등, 2022).

1 경찰조직의 특징

1) 임무와 기능

경찰은 단순히 법을 집행하는 조직으로만 운영하는 데 그치지 않고, 국민의 생명과 재산을 보호하는 임무를 수행한다. 국민에 대한 치안 활동에 노력을 집중하고, 재난피해자를 위한 응급조치를 취하는 등 국민 삶의 질을 높이는 데 공헌한다. 교통안전과 질서유지, 건축물의 안전관리, 무기와 폭발물의 안전관리 등의 직무도 수행한다.

경찰은 사회공공의 안녕과 질서를 유지하기 위하여 국민에게 명령과 강제할 수 있는 권한을 가진다. 국민의 자유와 권리를 보호하고, 사회질서 유지를 위한 직무집행이 필요하다고 인정될 때에는 불심검문과 보호 및 강제조치가 가능하다. 무기를 사용하여 체포 또는 구속하거나 신체의 자유를 제한할 수 있는 권한도 갖고 있다.

경찰은 늘 위험한 업무환경과 열악한 근무 여건하에서 직무를 수행한다. 잦은 교대근무와 반복되는 사회질서 유지 과업으로 정신적인 스트레스를 받는다. 언제 발생할지 모르는 긴급출동과 사건 사고 현장에서의 신체적 위험의 노출로 심리적 불안과 두려움, 긴장감을 갖고 살아간다. 심각한 직무스트레스와 트라우마로 심리적 고통을 경험하는 경우가 많아, 공무상 재해로 요양과 보상을 받는 사례가 늘고 있는 실정이다.

<표 1-4> 순직 경찰관의 현황

2023년 경찰청에서는 2018년~2022년까지 최근 5년간 경찰관 순직 및 공상자 현황을 발표하였다. 공무수행 중 범인 피습이나 교통사고, 질병 등으로 순직한 경찰관 수는 70명이고 공상자는 8,202명으로 나타났다.

이 중 범인을 쫓다 상대가 휘두른 흉기에 찔린 경찰관은 1.4%, 교통사고 12.9%, 안전사고 5.7%, 질병 67.1%, 기타 12.9%로 조사되었다. 2022년 한 해 동안에는 경찰 순직자가 10명, 공상자는 1,451명으로 나타났다(경찰청, 2023).

2) 직무의 특성

경찰은 공공의 안전에 대한 위험을 방지하는 일을 한다. 위험 예방과 관리를 위해 사건 현장에 가장 먼저 출동해야 하는 경찰직업은 긴장감이 높은 직업군에 속한다. 언제 어디서 일어날지 모르는 긴박한 위험과 돌발성, 긴급 출동해야 하는 상황에 대비해 주야간 구분 없이 휴일에도 긴장 상태하에서 생활을 유지한다.

위기 상황과 위험이 언제 자신에게 닥칠지 모른다는 불안과 두려움을 갖고 생활하며, 수시로 경험하는 범죄 현장의 잔혹함과 재난 현장의 충격적인 사건에 노출되어 스트레스 수준이 높은 상태로 직무를 수행한다.

(1) 과중한 업무

경찰은 범죄를 예방하고 이를 진압하며 교통지도와 단속, 각종 사건 사고 처리를 위한 야간 근무 등 과중한 업무로 스트레스를 받는다. 112신고에 의한 긴급출동과 교통사고 처리 등 주간보다 야간에 발생하는 사건처리는 심신의 피로를 증가시킨다. 평일보다 휴일의 사고 발생률이 높아 연말연시나 설날, 추석 등의 연휴 기간에는 고향을 찾아가고 휴식을 즐기는 일반 공무원과 달리 비상근무를 한다.

경찰관의 직무스트레스는 일반 공무원에 비해 훨씬 높은 수준이다. 충격적인 외상 사건에 자주 노출되어 발생하는 트라우마 역시 다른 직종보다 높은 편이다. 하루 24시간 동안 업무가 지속되고, 휴식 시간에도 긴장의 끈을 놓을 수 없어 이들이 받는 스트레스는 항상 높게 유지되는 특징이 있다.

우리나라 경찰조직의 직무환경이 열악하고 직무스트레스가 많음에도 불구하고 경찰 한 명이 담당하는 인구수는 선진국에 비해 훨씬 많다. 선진국의 경찰 한 명이 담당하는 인구수는 미국 205명, 프랑스 279명, 독일은 313명이다. 우리나라의 경우에는 2011년까지 줄곧 500명 선이 유지되어 오다가 2020년도에 가까스로 400명 선으로 낮아졌고, 2022년부터는 393명 선이 유지되고 있는 실정이다(경찰청, 2023).

<표 1-5> 경찰정원과 1인당 담당 인구 변화

구 분	2019년	2020년	2021년	2022년	2023년
경찰 정원(명)	122,913	126,227	128,985	131,004	131,046
경찰 1인 담당 인구(명)	422	411	400	393	393

출처: 경찰청, 2023.

(2) 직무 위험성

경찰은 국민의 생명과 재산을 보호하고, 사회질서 유지라는 고유 업무를 수행하는 과정에서 많은 범죄의 위험에 노출되는 특징이 있다. 범죄 사건을 수사하는 과정에서 부상할 위험성이 크고, 직무수행 과정에서 동료 경찰의 사망과 충격적인 부상을 직접 목격하기도 한다.

도로 위에서 교통법규 위반차량 단속 활동간 발생하는 위험과 강력 사건이 일어나는 사건 현장에서는 생명의 위협을 느낀다. 각종 생활사건을 해결하는 과정에서도 경찰이 수행하는 직무는 늘 위험성을 내포하고 있는데 이를 자세히 살펴보겠다.

첫째, 사망의 위험성이다.

경찰의 직무는 상대적으로 많은 근무시간과 과중한 업무량, 높은 업무강도 하에서 이루어져 그 위험성이 높다. 경찰관의 순직 원인 중 과로사가 가장 많이 발생하는 이유는 이와 같은 직무의 특성과 무관치 않다. 경찰이 경험하는 생명의 위협은 대체로 사건 사고 현장에서 일어난다.

교통사고를 처리하는 과정에서는 현장에서 2차 사고를 당할 위험성이 존재하고, 범죄 용의자를 추적하는 과정에서는 그들이 지닌 칼이나 흉기에 의해 피해를 입는다. 시위진압 과정에서 발생하는 위험성은 다른 일반 공무원의 직무에서는 찾아볼 수 없다.

지난 1993년에 서울 은평구 불광동 연신내 사거리에서 한총련의 불법시위를 진압하다 시위 학생들의 집단폭력으로 경찰관이 사망하는 사건이 발생하였다. 2009년 용산 철거민 해산 과정에서도 경찰관이 사망하는 사건이 발생한 바 있다. 2016년에는 전자 팔찌를 끊고 도주하는 성폭력범을 쫓다 범죄자의 사제 총에 맞아 경찰관이 사망하는 사건이 일어나기도 하였다. 이렇게 경찰의 직무는 늘 생명이 위협을 받는 위험성을 내포하고 있다.

둘째, 부상의 위험성이다.

공무수행 중 많은 부상의 위험에 노출된 직업군 중의 하나가 경찰직업이다. 범죄 가담자를 추적하던 차량이 전복되거나 범죄자를 체포하기 위해 추격하던 중 높은 건물에서 떨어지는 낙상사고가 일어나기도 한다. 범죄자 검거 시에는 물리적 충돌 가능성이 존재하고, 교통질서 위반과 음주단속 시에는 피단속자가 물리력을 행사하기도 한다.

순찰지구대에 불을 지르는 일이 발생되기도 하였고, 차량을 몰고 파출소로 돌진하는 일이 일어나기도 하였으며, 건설장비로 파출소 건물을 부수는 일도 벌어졌다. 이렇게 경찰의 직무는 수행과정에서 다양한 신체적 위험에 노출되어 부상당할 위험성이 다른 일반 공무원에 비해 높다.

셋째, 재해의 위험성이다.

행정안전부는 지난 2005년에서 2010년도 사이에 공무원연금 급여심의회에 청구된 재해 급여 청구를 토대로 공무상 재해 현황을 분석한 바 있다. 직종별 직무수행 위험성이 가장 높은 직업은 경찰직과 소방직으로 나타났다. 경찰과 소방직이 전체 재해 급여 청구의 절반에 이르는 가장 높은 수준인 것으로 분석되었다.

<표 1-6> 외국 경찰의 우울 및 자살 연구

2008년 미국 경찰을 대상으로 우울 및 자살연구가 이루어졌다. 105명의 경찰을 대상으로 15가지 요인의 스트레스 회복력 척도를 사용하여 평가하였다. 연구 결과 우울증이나 PTSD 증상이 있는 경찰의 경우에는 남성보다 여성 경찰관에게서 스트레스 회복력이 더 높게 나타났다.

2012년 호주에서는 600여 명의 경찰을 대상으로 우울증이 직무수행에 미치는 영향을 조사하였다. 조사 결과 경찰관들은 일반인 집단과 마찬가지로 주관적인 행복감이 낮아질 때 우울 증상이 높아지는 양상을 보인 것으로 조사되었다(Lawson et al., 2012).

2 직무스트레스와 외상 스트레스

경찰은 일반적으로 직무 및 외상 스트레스에 자주 노출되는 경험을 하는 관계로 외상 사건이 일어나면 오히려 빠른 적응을 통해 스트레스를 덜 받을 것으로 생각하는 경향이 있다. 그러나 연구 결과는 이와 반대로 외상 사건을 많이 경험할수록, 외상 경험의 충격이 크면 클수록 심각한 트라우마 증상이 나타난다.

경찰이 경험하는 외상 사건은 통상 일반 사람이 경험하지 못하는 사건으로, 대부분 심리·사회적인 피해가 큰 사건들이다. 경찰이 경험하는 사건은 주로 예상하지 못한 상태에서 갑자기 일어나며, 신체나 생명의 심각한 위협을 받는다. 죽음과 같은 상실의 요소를 포함해 삶의 의미와 가치의 급격한 변화로 자신과 타인, 세상에 대한 믿음의 변화를 가져온다.

우리나라 경찰관의 대부분은 직무수행 중 한 번 이상은 외상 사건을 경험하는 것으로 알려져 있다. 가장 심각한 트라우마는 직무수행 과정에서 함께 일하는 동료가 사망하는 것을 목격하는 경우다. 직무 특성상 경고 없이 위기 상황과 맞닥뜨리는 경우가 흔하고, 충격적인 범죄 사건에 쉽게 노출되는 관계로 심각한 심리적 고통을 겪는다.

미국 경찰을 대상으로 직무수행 중 가장 큰 스트레스를 받는 경험에 대한 조사가 이루어진 바 있었다. 가장 스트레스를 많이 받을 때는 함께 일하던 동료 경찰이 살해된 경우와 직무수행 중 동료 경찰 누군가가 사망하였을 때, 학대받거나 살해당한 어린아이를 발견할 때로 조사되었다.

외국의 경찰을 대상으로 이루어진 그동안의 여러 연구에서는 공통으로 범죄 사건을 포함한 외상 사건으로 스트레스를 겪는다고 보고하고 있다. 미국 경찰을 대상으로 한 연구에서는 연구대상자 중 대략 34% 정도가 폭력적인 외상 사건을 경험할 때 가장 심한 스트레스를 받았다.

위기 상황에 노출되었던 경찰을 대상으로 한 연구에서는 대략 7% 정도가 트라우마 환자로 진단되었고, 12~35% 정도는 트라우마 증상을 가진 것으로 조사되었다. 총기사고를 경험한 경찰을 대상으로 한 연구에서는 무려 46% 정도가 PTSD 증상이 있는 것으로 밝혀지기도 하였다(심윤기, 2018).

<표 1-7> 외국 경찰의 직무스트레스 연구

브라질 경찰청에서는 2009년 은퇴한 경찰관 418명을 대상으로 외상 스트레스 요인과 삶의 만족도에 대한 조사를 벌였다. 조사 결과 상당수가 외상 스트레스를 경험하는 것으로 조사되었으며, 삶의 만족도는 높은 스트레스를 받는 경우 만족도가 낮게 나타났다.

2011년 핀란드 경찰청 연구에서는 신체적인 폭력을 당했을 때와 폭력에 대한 예기 불안이 스트레스의 주된 형태로 나타났다. 흉기나 무기에 의해 살해의 위협을 받는 경우는 더 높은 정신적 스트레스를 경험한 것으로 조사되었다(Leino et al., 2012).

우리나라 경찰의 직무스트레스는 여성 경찰관이 남성 경찰관보다 그 수준이 높게 나타났고, 나이와 계급이 낮을수록 스트레스를 더 높게 지각하는 것으로 알려졌다. 기능별로는 대민서비스 업무를 하는 경우가 스트레스 수준이 높았으며, 직무별로는 형사, 수사, 생활 안전 순으로 나타났다.

경찰이 스트레스를 받는 이유는 여러 가지인데 스트레스에 대한 직접적인 노출, 직무에 대한 불만, 낮은 보수가 그 원인으로 지목되었다. 밤샘 근무와 같은 불규칙적 근무와 잦은 교대, 직장 내 상사 및 동료와의 대인관계 갈등도 주된 스트레스 원으로 나타났다. 직무를 수행하는 과정에서는 자신의 생명이 위협받는 상황에 직면하거나 폭력적이고 잔혹한 장면에 노출될 때 스트레스를 높게 경험하고 있었다.

우울을 경험한 경찰의 비율도 일반 국민과 비교할 때 높은 수준이었다. 1년 동안 지속해서 2주 이상의 우울 증상이 있었는지를 알아본 조사에서는 대상자 중 대략 35%가 우울을 경험하고 있었다. 계급별로는 경위, 경상, 순경 순으로 나타났고, 근무지별로는 경찰청이나 경찰서에 비해 지구대나 파출소에서 근무하는 경찰이 더 많은 우울을 경험하고 있었다.

경찰의 수면에 대한 조사에서는 대상자 중 수면하기가 어렵다고 말한 사람이 무려 절반 수준이나 되었다. 야간 근무를 시작한 이후 수면 문제가 많이 발생하였고, 한 달 이상 수면 문제가 지속된 경우도 62%나 되었다. 계급별로는 계급이 낮은 순경이 수면 관련 문제를 가장 많이 경험하는 것으로 조사되었다(심윤기 등, 2022).

3 경찰의 정신건강 관리체계

경찰공무원 보건 안전 및 복지 기본법 시행령에는 건강검진 및 정신건강 검사 결과에 따라 치료가 필요하다고 인정되는 경우, 해당 경찰공무원이 즉시 진료받을 수 있도록 조치해야 한다고 명시하고 있다.

경찰청장은 경찰공무원의 정신건강을 보호하고 이를 유지하도록 필요할 경우 대상자에게 필요한 검사를 받도록 할 수 있고, 민간 심리상담 전문기관에 정신건강 상태 진단을 의뢰할 수 있다고 규정하고 있다. 현재 경찰이 운영하는 정신건강 관리는 다음과 같은 두 가지 형태로 이루어지고 있다.

<표 1-8> **경찰의 정신건강 관리제도**

구 분	민간 위탁상담제도	마음 행동센터 제도
치료 선택	치료 희망자 자유 선택	치료 희망자 자유 선택
치료 대상	경찰공무원 전원	과학수사 경찰관 등 일부
치료자	용역상담업체 상담자	센터 전담 임상심리사
치료 장소	경찰관서, 외부상담소(100개소)	마음 행동센터 내
치료 횟수	1인 최대 10회	횟수 제한 없음

출처: 심윤기, 2018.

1) 민간 위탁상담제도

경찰은 직무스트레스와 직무수행 간 외상 사건에 자주 노출되어 정신건강에 심각한 위협을 받는 관계로 대체로 조직몰입과 직무만족도가 낮다. 경찰의 민간 위탁상담제도는 이러한 정신건강 관리의 필요성이 제기되어 만들어지게 된 제도다.

이 제도는 경찰관의 심리적 안정을 통한 직무수행 보장을 위해 매년 공개경쟁입찰로 상담업체를 선정하여 운영한다. 군(軍)과 같이 별도의 전문상담관을 고용해 그들에 의해 상담 서비스를 제공하는 것이 아닌, 민간 전문기관과 상담용역계약을 맺어 상담 서비스를 제공하는 방식을 채택하고 있다.

민간 위탁상담제도는 경찰청 복지정책과가 주관한다. 용역계약을 맺은 민간전문 상담 기관은 직장인지원 프로그램(Employee Assistance Program: 이하 EAP)을 지원한다. 참고로 본서 집필에 참여한 공저자 대부분은 EAP 전문상담사 자격을 보유한 전문가들이다.

민간 위탁상담제도는 2010년에 최초로 3개 관서 81명의 경찰공무원을 대상으로 이루어졌다. 2011년에는 17개 관서를 대상으로 시범적으로 운영하였고, 2012년에는 6개 지방청으로 확대되었다. 2013년부터는 민간 위탁상담제도 시행이 직무스트레스로 인한 질병 가능성을 감소시키는 것으로 분석되어 전국의 경찰관서로 확대되었다.

개인 상담은 경찰청 소속 전체 직원 및 직계, 동거가족을 대상으로 자유의사에 따라 자율적으로 한다. 상담 신청이 오면 상담 위탁계약을 맺은 상담업체에서 상담을 하거나 혹은 신청자가 원하는 장소에서 한다.

경찰직원 1인이 최대 10회까지 상담을 받을 수 있으며, 2015년부터 지원 범위를 확대하여 연 1회 상담을 의무화하고 있다. 필요시에는 배우자와 자녀들도 이 제도를 이용하는 것이 가능하다.

집단상담은 근무시간이 일정치 않아 정기적인 시간에 개인 상담을 받기가 어려운 경찰 공무원과 개인 상담에 대한 거부감이 큰 사람이 쉽게 접근할 수 있도록 마련하고 있다. 이러한 집단상담은 조직구성원 간 관계성을 증진하고 심리직 부담을 감소시키는 장점이 있으며, 동료 경찰관의 말을 경청하고 관찰하는 기회를 자연스럽게 제공하여 합리적인 문제해결 과정을 학습하는 데 큰 도움을 준다.

개인 상담과 집단상담은 평시 스트레스 고위험 부서를 대상으로 연간 관서별 교육과정별 수요조사를 통해 맞춤형으로 실시한다. 그러나 2인 이상 사망사고가 발생하였거나 교통사고, 강력 사건으로 심하게 훼손된 시신이 있는 현장에 출동하는 경우, 어린이의 사망이나 동료 경찰의 죽음을 목격하는 경우, 총기 피습에 의한 부상, 기타 정신건강에 대한 위험이 우려되는 사건이 발생하였을 경우에는 전문 심리상담사를 사건 현장 또는 근무지에 파견하여 긴급심리지원을 제공한다.

통합연계 치료는 경찰 마음 행동센터와 경찰 교육기관 및 퇴직 경찰지원 교육과정을 통합·연계하여 지원하는 제도이다. 개인 또는 집단상담 중 심층적인 심리검사와 치료가 필요한 경우는 경찰 마음 행동센터와 연계해 치료를 받도록 지원하고 있다. 경찰교육 기관과 퇴직 경찰관지원 교육과정 중에도 스트레스검사와 심리상담을 받을 수 있도록 통합 치유과정을 구축하여 시행하고 있다.

<표 1-9> **경찰공무원 심리치료 경험 조사**

우리나라 경찰공무원이 스트레스와 심리적 고통으로 치료받은 경험은 13.1%로 저조한 수준이다. 치료받은 장소는 사설병원 5.3%, 경찰병원 1.5%, 전문상담소 0.8%로 나타났다. 이와 관련하여 경찰관이 트라우마 증상이 있는데도 불구하고 적절한 치료를 받지 못하여 가족관계에 심각한 갈등과 문제를 일으키고, 조기 퇴직으로 이어진다는 연구 결과도 함께 보고되었다(심윤기 등, 2022).

2) 마음 행동센터

경찰은 직무 특성상 충격적인 사건 현장을 수시로 목격하고 생명의 위협을 느끼는 상황에 반복적으로 노출되어 외상 스트레스가 높은 수준이다. 지난 2009년 용산 참사가 발생한 현장에 투입되었던 경찰관들 중에서는 외상 스트레스로 심리적 고통을 호소한 사람들이 많았다. 세월호 사건이 발생한 지역에 지원을 나간 한 경찰관은 PTSD 증상으로 고통을 겪다 우울증이 심해져 진도대교에서 스스로 목숨을 끊는 일이 발생되기도 하였다.

경찰은 2014년부터 전국에 있는 4곳(서울·부산·광주·대전)의 병원과 협약을 맺어 '트라우마 센터'를 운영하고 있다. 2017년부터는 '트라우마 센터'라는 이름이 주는 심리적 거부감을 줄이기 위해 경찰 자체의 내부 공모와 전문가 심의를 거쳐 '마음 행동센터'라는 새로운 명칭을 사용하고 있다.

마음 행동센터가 처음으로 시작된 것은 서울시 보라매병원과 협약(2013. 6. 12)을 맺은 이후부터였다. 같은 해 5개월 동안은 전국 모든 경찰과 서울 보라매병원 인근 5개 경찰서에 근무하는 경찰관 중에서 위험부서에 근무하는 자를 대상으로 의무상담에 대한 시범이 이루어졌다.

<그림 1-2> 마음 행동센터 이용 절차

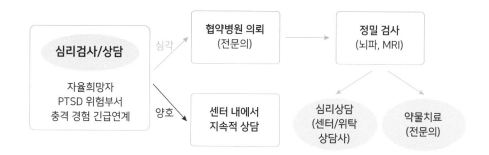

PTSD 진단자는 전문 의료기관에서 약물 및 심리치료,
상담 권고 대상자는 본인이 원하는 경우 심리상담 진행

출처: 심윤기, 2018.

　　마음 행동센터를 찾는 사람은 초기에는 많지 않았으나 시간이 지나면서 차츰 경계를 풀고 병원을 찾는 분위기로 정착되어 갔다. 마음 행동센터는 전국에 4개소를 권역별로 운영하여 자율상담과 강력 사건 발생 건수가 많은 트라우마 위험부서를 대상으로 의무상담을 동시에 하고 있다.

　　일반병원에서는 PTSD 검사를 위해 병원을 가더라도 정신과 진료 접수를 해야 한다. 그러나 경찰의 마음 행동센터는 센터 내에 전문상담사 한 명을 전담 배치하여 정신과 진료 접수 없이도 초기상담 및 검사를 받을 수 있도록 접근성을 향상시켰다. 아울러 전문 치료가 필요한 경우에는 해당 의료기관의 정신과 전문의에게 정밀검사와 약물치료를 받을 수 있도록 하고 있다.

　　마음 행동센터에서 치료받는 대상자는 심각한 외상 사건을 직접 다루는 경찰관과 그 가족이 부상했거나 사망한 자, 동료의 사망 소식을 알게 되었거나 충격적이고 끔찍한 트라우마 사건에 반복적으로 노출된 경찰관을 대상으로 하고 있다.

　　트라우마 증상이 완화될 때까지 횟수에 상관없이 검사비와 치료비 전액은 경찰청 예산으로 지원한다. 개인정보 보호법에 따라 비용정산을 위한 총상담 및 치료 건수를 포함하여 개인정보에 해당하는 건강정보를 본인의 동의 없이는 제공하지 못하도록 철저히 보호하고 있다.

군대의 직무 특성과 정신건강

군(軍)은 계급과 직책을 바탕으로 전쟁과 국지전을 대비하는 조직이다. 유사시 국가와 국민을 위해 생명을 바치며, 어떠한 악조건이라도 스스로 문제를 해결하는 국가방위의 최후 보루다. 국가의 영토와 국민의 안위 그리고 주권을 수호하는데 어떠한 빈틈과 허점도 용납하지 않는 조직이며, 상관의 명령에 절대적인 복종이 필요한 조직이다.

1 조직의 특징

군이 존재하는 목적은 외부의 군사적 위협과 침략으로부터 국가를 완벽하게 방위하는 것이다. 따라서 국가로부터 부여받은 임무와 사명을 완수하기 위해서는 명령과 지시에 절대복종이 필요한 조직이다.

군은 전쟁의 불확실성과 극한 상황에서 일사불란한 지휘체계를 위해 명령에 대한 복종과 희생정신, 전우애와 단결이 요구되는 집단으로 국가를 방위하고 자유민주주의를 수호하며 조국 통일에 이바지함을 그 이념으로 한다.

1) 임무와 기능

우리나라는 다른 나라와 다르게 언제 국가비상사태가 발생할지 모르는 준전시 상황에 있어, 군은 국가 보위의 기능을 최우선으로 한다. 외부의 적으로부터 국토를 방위하고 국민의 생명과 재산을 보호할 뿐만 아니라, 국제평화를 유지하는 일도 수행한다.

군은 궁극적으로 전쟁에서 승리하기 위해 존재하는 조직이다. 막강한 전투력을 유지함으로써 어떠한 세력도 우리의 안전을 위태롭게 하지 못하도록 사전에 도발을 억제하고 예방하는 임무를 수행한다. 이러한 임무를 수행하기 위해 조직된 군대의 구조적인 특징은 다음과 같다.

첫째, 임무 완수의 절대성이다.

군대의 모든 활동은 국가방위에 집중되어 있다. 국가방위의 임무 달성이 실패할 경우에는 국가 존립 자체가 사라지기 때문에 군대의 임무 완수는 절대적일 수밖에 없다. 군은 1%의 오차도 허용하지 않는 완전무결한 임무 완수를 위해 강제적 권한 행사가 가능하며, 조직구성원은 그것을 당연히 수용한다.

둘째, 강제성과 규범성이 있다.

군대는 개인의 기분에 따라 계급구조를 조정하거나 그 조직에서 탈퇴 또는 독립할 수 없다. 사회조직은 자유롭게 조직 탈퇴가 가능하고 출입의 자유를 갖지만 군대는 그럴 수 없다. 집단목표를 중시하고 개인의 사적인 문제에 관심을 두지 않으며, 강력한 규율과 통제하에서 생활을 한다. 통제된 생활 속에서 장병의 불평불만이 발생되기도 하고, 일부 장병은 복무 부적응으로 힘든 군 생활을 하기도 하지만 이를 잘 극복한다.

셋째, 위계적 특성이 있다.

군대는 강력하고도 철저한 상하 서열의 명령체계를 가지며 계급과 직책에 따라 권한과 책임, 역할을 명확하게 부여한다. 군대에서 부여한 계급은 복종의 권력관계를 가늠하는 규범과 질서를 의미하며, 직책은 직무수행의 범위를 확정 지어 주는 지위의 단계를 뜻한다.

권위는 이러한 계급과 직책으로 형성되는 개인적 위상 또는 특성을 의미한다. 계급은 같으나 맡은 임무가 달라서 지위가 다를 수 있으며, 자기가 위치한 곳이나 직책에 따라 권위가 달라질 수도 있다. 계급과 관련된 위계적 개념은 절대적 권위 밑에 편성된 관료제적 규율과 조직체계를 말하는 것으로서, 군대 스스로 전투집단임을 고려하여 절대적으로 지킨다.

넷째, 집단성과 자족성이 있다.

군 조직구성원은 일반 사회인과 달리 조직 일체감을 공유하는 집단의식을 가지는데, 이러한 집단의식은 병영생활과 교육훈련, 일상의 활동을 통한 유대관계속에서 형성된다. 이러한 집단성은 조직구성원을 결속하고 공동체 의식이 발휘되도록 하는 데 영향을 준다.

군대는 임무 수행에 필요한 자족 기능도 갖고 있다. 자체적인 정책 결정기관과 사법기관, 환자를 관리하는 의무기관 등을 독립적으로 조직하여 운영한다.

2) 환경적 특징

군대의 환경적 특징은 다음과 같은 몇 가지 요인이 있다.

첫째, 심리적 환경 특성이다.

군대는 유사시 생명의 위협을 무릅쓰고 전투를 수행하는 조직이다. 평시에는 실전과 같이 교육훈련을 하고 전시에는 죽음과 희생, 고통을 감수하며 위기를 극복하는데 그 과정에서 생명을 위협하는 사건과 마주하는 일이 자주 일어난다. 이렇게 극한 상황과 환경에서 장병이 느끼는 불안과 긴장, 스트레스는 일반 사회인이 받는 스트레스보다 훨씬 높다.

입대 전 개인 중심적인 가치관과 행동에 익숙한 장병으로서는 군 생활의 엄격한 규율과 복종에 대한 절대성, 집단적 행동 요구에 심리적 구속감을 느낄 수밖에 없다. 이러한 심리적 구속감이 적절히 해소되지 않을 경우에는 부대 적응을 힘들게 하고, 각종 사건 사고로 이어져 대군 불신을 초래하는 데 영향을 미친다.

군대는 개인의 목표보다 조직의 목표를 우선한다. 그래서 개인의 행동을 조직 목표에 지향되도록 통제하며, 입대 전 개인이 지녔던 가치관과 생활 태도는 억제시킨다. 이 같은 군대문화와 환경의 영향으로 군 복무기간을 인생의 공백기간이나 퇴보 기간으로 생각하는 피해의식이 나타나기도 한다.

둘째, 문화적 환경 특성이다.

병영문화는 국가관을 고취하고 계급과 권위를 존중하며, 희생정신과 전우애를 구축하는 긍정적인 측면이 있는 반면, 형식적이고 획일적이며 폐쇄적인 측면도 갖고 있다. 이 같은 이유로 군대에서는 장병의 의식구조와 가치관을 넓게 포용하는 건전하고 합리적인 병영문화육성을 위해 노력한다.

평일에도 장병들의 외출이 가능한 제도, 병영 내에서 개인 휴대전화를 사용하도록 하는 제도와 같은 혁신은 장병을 지휘 통솔하기 위한 합리성에 바탕을 둔다. 장병들의 사명감과 솔선수범, 자율적·창의적으로 군 생활을 한다는 책임감에 기반을 두고 혁신활동이 지속적으로 이루어지고 있다.

셋째, 업무환경의 특성이다.

군에서 수행하는 업무는 계급과 직책에 따라 다양하다. 군대 업무를 크게 구분하면 전투준비와 교육훈련 및 일반 업무가 대부분이다. 이러한 업무는 어떠한 일이 있어도 반드시 정해진 시간에 끝내야 하는 신속성과 한 치의 오차도 허용하지 않는 정확성을 요구한다.

한편, 군대는 임무 수행을 위해 일정한 지역에 오랜 기간 주둔한다. 이러한 이유로 군인의 주거환경은 일반사회와 많은 차이가 있다. 사회생활양식과 멀어지고, 군 공동체의 환경 안에서 군대 조직이 요구하는 집단행동을 수용해야 하는 관계로 사생활 보장이 어렵다.

2 문화적 특징

군대는 일반사회와 다른 문화가 있다. 군대문화는 구성원에게 조직의 일체감을 조성하고 집단행동을 이끌도록 영향을 준다. 자신보다 더 큰 시스템인 조직에 집단적 몰입을 촉진하고, 조직구성원의 생활 안정성을 증진하는 도구로 작용한다.

군에 입대한 장병은 군대문화를 새롭게 접하면서 군대 구성원으로서의 일체감과 집단응집력, 단결심과 같은 특정한 문화적 의식을 요구받는다. 하지만 이러한 요구가 개인에 따라서는 복무 부적응으로 이어지는 원인으로 작용되기도 한다.

특수집단상담을 안내하는 지도자는 군대문화에 대한 정확한 이해와 위계적 군대문화의 특징에 대한 식견을 갖추고 있어야 부적응으로 힘들어 하는 장병에게 효율적인 조력과 도움을 제공하는 것이 가능하다.

<그림 1-3> **군대문화**

출처: 심윤기 등, 2023.

군대문화의 특징을 설명하면 다음과 같다.

첫째, 권위주의 문화다.

군대는 다른 어떤 조직보다도 강한 관료적 성향의 권위적인 문화가 필요한 조직이다. 권위주의는 다른 사람의 의견에 관용적·수용적이지 않고 지배적인 모습을 취하며, 부하에게 복종의 자세를 기대하는 특성을 말한다.

군 조직은 임무 특성상 계급의 권위와 엄격한 규율로 유지되어야 하는 조직이다. 그러나 과도한 권위주의 문화에서는 부하의 의견이나 자율성, 창의성, 책임감과 같은 조직발전 요인이 위축되고 제한받을 위험성이 있다. 특수 집단상담자는 이러한 점을 고려하여 군대의 권위주의 문화와 개인의 특성을 동시에 존중하는 집단상담이 이루어지도록 조력할 수 있어야 한다.

둘째, 명예에 가치를 둔다.

군 조직은 규범으로 그 형식과 절차가 규정되어 있다. 뿐만 아니라, 이에 대한 가치평가도 규범적인 문화 척도에 따라 평가가 이루어지는데 명예와 용기, 덕성 등의 정신적 가치에 역점을 둔다. 이러한 문화적 특징은 군대 고유의 임무와 관련하여 죽음을 초월한 정의로운 군인의 삶을 살도록 이끄는데 영향을 준다.

대표저자가 사관학교에서 생활을 할 때 사관생도 명예 신조를 매월 초 학교 연병장에서 전 학년이 함께 제창하곤 하였다. 이러한 제도 역시 사관생도로서의 명예가 중요해서 이루어진 제도였다. 이처럼 군인은 국가방위의 최후 보루로써 막중한 임무를 수행하고 있다는 명예와 사명감으로 살아가는 특별한 존재이다.

셋째, 집단주의 특성이다.

군 조직은 근본적으로 개인보다 집단을 중요시하는 집단적 성격을 갖는다. 집단주의는 집단의 목표와 이념을 개인보다 우선하고, 개인의 인격이나 인권 또는 권리 등을 집단에 예속한다. 국가방위라는 목표의 절대성과 명령에 대한 복종, 특수한 임무를 수행하기 위해서는 집단주의 정신이 필수적인 요소로 작용한다.

집단정신은 집단의 연대 의식과 단체행동의 응집력을 강화하며, 장병의 공동체 의식을 공유하도록 촉진한다. 개인의 이익에 우선하여 집단의 이익을 중시하며, 때로는 집단을 위해 자기희생을 감수하도록 이끄는 역할을 한다.

넷째, 폐쇄주의 특징이 있다.

폐쇄주의는 외부에 대하여 자기 내부 조직의 개방을 꺼리고 보안과 비밀을 중시하는 특징을 갖고 있다. 전투에서 승리할 수 있는 조건은 아군의 작전 계획이 적에게 노출되지 않도록 보호하고 작전하는 데 기반을 둔다. 만약, 아군의 작전 의도가 적에게 노출된다면 그 작전은 실패할 것이 명약관화하다. 군대의 폐쇄성은 여기서부터 출발한다.

작전이 성공하기 위해서는 군사정보에 대한 보안을 중시해야만 한다. 그래서 군은 장병들에게 군사보안의 중요성을 주기적으로 교육하며, 훈련을 포함한 여러 부대 상황과 군사정보를 외부에 노출하지 않도록 주의를 시키고 있다.

다섯째, 완전주의 문화다.

군대는 전쟁의 가능성을 염두에 두고 단 1%의 오차도 허용하지 않는 완전 무결한 준비를 강조한다. 예측되는 대규모의 전쟁이나 소규모의 국지전에서 반드시 승리하기 위한 치밀하고 완전한 임무 수행을 요구한다. 직무와 관련한 책임에 대해서도 매우 엄격한 잣대로 그 기준을 제시한다.

완전주의 문화는 조직의 목표 달성을 위해 조직구성원을 전력 질주하게 하도록 영향을 준다. 반면, 완전주의는 장병이 업무를 기피하고 보직 변경을 요구하는 사례로 이어지는 동기로 작용한다. 복무 부적응 정도가 심각할 경우는 군무이탈과 자살 시도로 이어지기도 한다.

특수집단상담을 안내하는 지도자는 이러한 점을 고려하여 완전주의 문화로 부적응을 호소하는 장병을 상담하게 되면 우선 완전주의 군대문화를 잘 이해시킬 수 있어야 한다. 그런 다음, 적극적인 상담 개입을 통해 장병의 적응력 증진을 조력한다.

여섯째, 획일주의 문화다.

군 조직은 획일성과 통일성이 요구되는 조직이다. 군은 추구해야 할 목표와 가치, 싸워야 할 적이 누구인지 명확성과 통일성이 요구되는 획일주의 문화가 필요하다. 획일주의는 개인의 사고, 정서, 행동을 일정한 구조적인 틀에 인위적으로 규격화하는 것을 말한다.

지휘관 중심의 한 방향 한목소리를 내야 하는 단일체계와 일사불란한 업무처리를 위한 통제적 차원에서도 획일주의 문화는 필요하다. 그러나 과도한 획일주의 문화는 다양한 개인의 의견 수렴을 어렵게 하고, 이해가 상충하는데에도 영향을 미친다는 점을 인식할 수 있어야 한다.

일곱째, 실적주의 문화다.

실적주의는 업무수행의 과정이나 절차보다는 결과와 형식을 더 중시하는 성향을 말한다. 최종 기한의 엄수를 명예로 생각하고 단기간 내 임무 완수를 자랑스럽게 여긴다. 이러한 실적주의 문화는 가시적인 분명한 목표를 제공하고, 강력한 추진력이 발현되도록 하는 원동력으로 작용한다.

반면, 결과를 중시하기 때문에 정상적인 방법으로 일하는 것이 아닌, 편법이나 요령이 동원될 위험성도 있다. 기필코 혹은 반드시 적을 이길 것을 강조하다 보니 내용과 과정, 절차 등을 간과할 우려가 있으며, 절차적 정당성과 공정성을 훼손할 위험성이 있다.

여덟째, 의례주의 문화다.

의례는 인간의 사회적 위치나 권위 혹은 위신을 지키고 체면을 유지하는 수단으로 전통적 관습이나 선례 또는 의식을 말한다. 군 조직의 전통적 관습이나 선례 또는 특유의 의식 등은 군 조직을 다른 조직과 명확히 구별하는 요소로 작용한다.

예를 들어, 군대에서 이루어지는 국기 게양식과 진급 신고식, 근무신고식, 부대출장 및 복귀신고식 등은 내부적 단합과 강한 집단적 몰입을 창출한다. 반면, 체면이나 위신, 형식이나 외형을 과도하게 중시하면 조직의 실질적인 성과나 발전을 저해할 위험성도 동시에 있다.

군대는 아차 하는 순간 생명을 앗아갈 수 있는 급박한 상황 속에서 움직이는 조직이다. 상급자의 명령과 지시에 절대적으로 복종하는 것은 조직구성원 전체의 생명과 안전을 위해 지극히 필요한 일이다. 하지만 하급자의 인격과 기본권을 무시하고 계급과 권위의 정당성만을 강조하는 군대문화는 오히려 전투력 약화를 초래한다.

구태의연하고 과거지향적인 군대문화는 군에 대한 불신을 가져다준다. 그 결과, 내 자식만은 결코 보내고 싶지 않은 군대, 나는 결코 가고 싶지 않은 군대로 인식할 수 있게 한다는 점에서 군대 문화혁신은 계속 이루어져야 한다.

3 직무스트레스와 외상 스트레스

군인은 긴박한 상황에 자주 노출되는 특수한 환경에서 일하는 관계로 직무 및 전장 스트레스를 경험한다. 장병이 스트레스를 받으면 위험한 이유가 그들이 총기 탄약과 같은 살상 무기를 취급하고 있기 때문이다. 위험한 살상 무기를 다루는 장병이 스트레스로 정서 조절의 어려움과 대인관계 갈등을 겪는다면 개인뿐만 아니라, 부대 전체로까지 영향을 미친다.

군대는 그동안 직무 및 외상 스트레스와 전장 스트레스의 실체, 트라우마 피해의 심각성을 잘 인식하지 못하고 있었다. 정신질환에 대한 편견으로 적절한 진단과 치료도 제대로 이루어지지 않았다. 전장 스트레스 해소에 대한 경험적인 지식도 갖추지 못해 치료의 중요성을 공감하지 못하였고, 정신력이 약해서 나타나는 문제로만 여겼다.

<표 1-10> 장병의 직무스트레스 요인

구 분	세부 내용
구조적 요인	명령 통제, 수직적 의사결정, 위계질서 요구, 집단적 행동 통제
문화적 요인	과도한 권위주의, 폐쇄주의, 완전주의, 실적주의 영향 등
직무적 요인	과중한 업무수행 요구, 완벽한 업무수행 요구, 과도한 헌신과 희생 요구
관계적 요인	계급과 보직에 의한 수직적 대인관계, 개인의 다양성 및 자율성 존중 부족
상급자 요인	지휘관의 독선과 아집, 상급자의 지시 모순, 비인권적 지휘 통솔

출처: 심윤기, 2013, 2014.

어떤 직무이건 스트레스를 일으키는 일차적인 원인은 대부분 직무 자체에 존재하는 열악한 조건과 분명하고 명확하지 않은 역할 등 내재적인 요인이 작용한다. 직무스트레스나 전장 스트레스 등도 개인이 소속된 조직과 직무 자체에서 발생한다. 이렇게 수행하는 직무나 조직 상황의 내재적 원인으로 비롯된 스트레스가 조직의 외재적 요인으로 심화한다는 점에서 심각성이 있다.

전장(Battle field)은 작전이 이루어지는 지역 또는 전투행위가 전개되는 장소로 해상과 공중도 포함된다. 전장은 기상뿐만 아니라, 전개되는 작전상황도 시시각각으로 변해 늘 생명이 위협 받는다. 파병된 전장에서 발생하는 예기치 못한 자살폭탄 테러나 지역주민의 의심스러운 행동 등은 불안과 공포, 두려움을 느끼게 하는 대상들이다.

베트남 참전 이래 우리나라는 지금까지 세계 여러 나라에 많은 부대를 파병하고 있다. 소말리아와 앙골라, 동티모르에 파병된 상록수부대를 포함하여 아프가니스탄에는 동의부대와 다산부대 등을 파병하고 있다. 아이티에는 단비부대를, 이라크에는 서희부대와 제마부대 및 자이툰부대를, 레바논에는 동명부대를 파병하여 유엔평화유지군 임무를 수행하기도 하였다.

2002년 발생한 연평 해전과 2005년 연천 총기 난사 사건을 통해 본 군의 전장 스트레스 관리는 미숙한 한계를 벗어나지 못하였음을 여실히 보여 주었다. 전장 스트레스 피해자들은 전역 후에도 여전히 트라우마로 고통받고 살고 있다는 사실이 언론을 통해 알려지면서 전장 스트레스에 대한 관심이 높아지기도 하였으나, 2010년 발생한 천안함 폭침 사건에서 군대의 전장 스트레스 관리가 개선되지 않았음을 여실히 보여주었다.

천안함 폭침 사건에서 살아남은 생존 장병은 정신적인 충격과 심리적 고통에서 벗어나지 못하였고, 대다수의 생존 장병이 PTSD 증상을 경험하였다. 그 당시 PTSD 고위험군 판정을 받은 한 전역 병사의 말에 의하면 전역 후 PTSD 치료를 어떻게 어떤 방법으로 받아야 하는지 잘 알지 못하였고, 설명을 해주는 사람도 없었다고 울분을 토로한 적이 있었다.

그 병사는 하는 수 없이 트라우마 치료를 위해 국군수도통합병원을 방문하였으나, 치료가 아닌 조사를 받는 느낌이 들어 치료를 포기하고 자비로 일반병원에서 진료를 받았다는 말을 이어가기도 하였다. 군 생활 도중 발생한 사건으로 전장 스트레스를 경험하고 트라우마로 고통을 받는 장병이 적절한 치료를 받지 못하는 일이 발생되지 않도록 군은 더욱 더 많은 노력을 기울일 필요가 있다.

<표 1-11> PTSD에 시달리는 군견

전쟁터의 군견(軍犬)도 PTSD를 겪는다는 보고가 있었다. 미국 텍사스주 공군기지에 있는 군견병원의 월터 버가트 박사는 이라크와 아프간 전쟁에 참전한 650마리의 군견 중 약 5% 정도가 전쟁 경험에서 오는 신경과민 상태인 'Dog PTSD'를 겪었다고 뉴욕타임스를 통해 밝혔다. 버가트 박사에 따르면 군견들은 전장에서 주로 폭발물을 탐지하거나 적을 찾는데, 일부는 임무 수행과정에서 총성이나 폭발물이 터지는 상황에 노출된 후 행동 장애를 겪었으며, 지나치게 공격적으로 변했다고 말하고 있다.

또 어떤 군견은 주인과 떨어지지 않으려고 구석에 숨고, 훈련받은 행동을 하지 않으려고 한다는 것이다. 그래서 버가트 박사는 가끔 정찰 활동에서 군견들을 열외 시켜 쉬게 하거나 운동하고, 재미있게 노는 시간을 주는 치료 방법을 이용하고 있다고 한다. 일부 군견은 PTSD를 겪는 사람에게 사용하는 똑같은 약물을 처방하고 있다고 한다(심윤기, 2018).

4 군의 정신건강 관리체계

세계 역사상 유례를 찾아보기 힘들 정도로 짧은 시간 동안 산업화와 민주화를 동시에 이룬 우리나라는 군사력 건설 측면에서도 괄목할 만한 성장을 이루었다. 그러나 그 과정에서 보여준 군의 정신건강 관리체계는 매우 미흡한 수준을 벗어나지 못하였다.

그동안 군대에서 이루어지는 심리상담과 관련한 정책과 제도발전, 연구, 교육, 치료, 예방, 현장관리에 이르기까지 제반 분야의 정책과 제도 발전이 제대로 이루어지지 않았다. 그러나 지난 2005년도부터 전문상담제도를 도입하여 전 군에서 시행되고 있는 점은 다행한 일이다.

1) 군 상담 분야와 영역

군 상담은 주로 개인 상담으로 이루어진다. 특수한 위계 조직 문화를 가진 군에서 이루어지는 개인 상담에 관한 학문적 연구는 아직까지도 활발하게 이루어지지 않고 있다. 집단상담은 힐링캠프와 그린캠프에서 주로 다루어지는 실정이며, 일부 야전부대에서 부대 상황과 여건에 따라 외부 전문상담관을 초빙하여 시행하고 있다.

군 상담의 분야는 일반사회에서 이루어지는 상담 분야와 별반 다르지 않다. 다만, 군은 일반사회와 다른 특수한 구조와 문화적 환경이 존재하는 관계로 일반사회에서 다루는 상담 방법을 그대로 적용하는 것은 위험하다.

<그림 1-4> **군 상담의 분야**

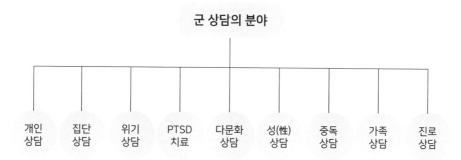

출처: 심윤기, 2018.

군 상담은 크게 전문가 상담과 간부 상담(리더)으로 구분한다. 간부 상담은 도움이 필요한 부하를 대상으로 면담이나 지휘 조치의 한 방법으로 사회 복지적 측면의 문제해결을 도와주는 과정으로 이루어진다. 주로 지휘관(자)과 부지휘관(자), 행정보급관, 주임원사, 참모 간부가 주관한다.

전문가 상담은 여러 상담이론을 이해하고 군 조직의 특수성을 고려한 과학적이고 전문적인 방법으로 상담하는 과정이다. 이러한 전문가 상담은 외상, 심리적 고통, 대인관계 등의 문제가 있는 장병을 조력하는데 주로 전문상담관과 군종장교, 군의관 등이 주관한다.

육군본부에서는 군 상담을 다음과 같이 간부(리더) 영역과 전문가 영역의 상담으로 구분하고 있다.

<그림 1-5> 군 상담의 영역

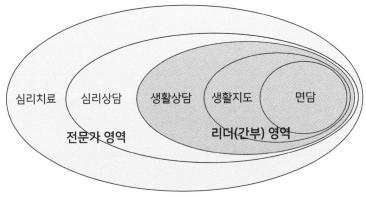

출처: 육군본부, 2009.

2) 상담제도

군대는 장병의 복무 적응과 사고 예방, 인권보장과 복지, 병영문화개선 등을 위해 2005년부터 전문상담제도를 시행하고 있다. 민간부문에서 제기한 병사의 전문적인 정신 상담 청구권을 보장하면서, 장병의 심리적 고충 처리와 부적응 장병에 대한 상담 기능을 강화하려는 목적에서 도입하였다.

상담제도가 도입된 결정적인 계기는 2005년에 발생한 훈련소 인분 가혹행위 사건과 2005년 6월에 발생한 전방 GP 총기 난사 사건에서 비롯되었다. 이 두 사건을 통해 전문상담제도의 필요성이 크게 부각되어 전 군에 도입하게 되었다.

(1) 전문상담관의 유형

군은 전문상담관 인력 확보 및 운영계획을 수립하고 전문가 토의를 거친 후, 전문상담제도를 운영하기 시작하였다. 처음에는 '기본권 전문상담관'이라는 명칭을 사용하였으나 이후, '병영생활 전문상담관'으로 명칭을 변경하여 현재에 이르고 있다.

전문상담관의 유형은 병영생활 전문상담, 생명의 전화 상담관, 병역심사 관리대 상담관, 성(性) 고충 상담관 등 크게 네 가지 형태로 운영하고 있다.

<표 1-12> 군 전문상담관의 유형

유 형	내 용
병영생활 전문상담관	심리적 고충 해결 현장 위주 상담 지원
생명의 전화 상담관	장병의 자살 및 위기 위주 전화상담
병역심사 관리대 상담관	병역 심사대 입소자 관찰 및 임상 평가
性 고충 전문상담관	性 고충 신고접수 및 성 상담

출처: 심윤기 등, 2023.

(2) 운영인력

전문상담제도가 군에 도입된 2005년에는 9명의 전문상담관을 채용하여 시험적으로 운영하였다. 2007년에는 14명, 2008년 24명, 2009년 65명, 2010년과 2011년에는 각 36명씩을 선발하여 배치하였으며, 2016년에는 320명을 운영하였다. 2022년 이후부터는 600여 명의 전문상담관을 각 부대에 배치하여 현재에 이르고 있다.

육군에서는 신병교육대, 각 사단과 연대, 군사령부의 병역 심사대, 육군수사단의 생명의 전화 상담관으로 활용한다. 해군과 해병대에서는 사령부와 함대사급 그리고 사단(여단)급에서 운영하고 있다. 공군에서는 각 사령부급(비행단) 장병을 대상으로 군 생활 적응과 위기 상담을 주로 담당한다.

최초 군 전문상담제도의 운영시험은 2005년 7월에 시작하였다. 군 출신 6명과 민간인 출신 3명의 상담관을 육군과 해병대에서 각각 시험적으로 운영하였다. 이때 군 출신은 군 경력 10년 이상자를 그리고 민간출신은 순수 민간 상담 전문가를 선발해 운영하였다.

육군의 경기도와 강원도 지역에 주둔하고 있는 전방사단 1개 부대와 후방 지역 1개 부대에 각각 배치하여 운영했으며, 해병대는 전방사단에 배치하여 운영하였다. 이후 2008년부터는 전군으로 운영인력을 증가하여 운영하고 있다.

3) 병영 캠프 운영

병영 캠프는 국방부 자체적으로 정책의 필요성을 인식하여 시행한 것이 아니었다. 지금은 해체되어 없어진 육군 1군사령부에서 자체적으로 캠프를 만들어 시행한 것이 계기가 되었으며, 이후 육군의 전 부대로 확장하여 운영한 역사적 배경을 갖고 있다.

2007년부터는 기존에 운영되던 캠프와 별도로 새로운 캠프를 추가로 만들어 2개의 캠프를 사단에서 운영하였다. 군단에서도 별도의 캠프를 만들어 운영하였으며, 연대 및 여단급 부대에서도 자체적으로 캠프를 운영하는 등 캠프가 우후죽순 생겨나 중복적으로 운영하기에 이르렀다.

그 결과, 사단과 군단에서 각각 운영되던 3개의 캠프를 포함하여 각급 제대에서 무분별하게 운영한 캠프의 문제점을 개선해야 한다는 의견이 제기되어 캠프의 통합이 이루어졌다.

사단은 1개의 캠프만을 운영하되 캠프의 이름을 '힐링캠프'로 사용하는 것으로 결정하였다. 군단에서도 사단과 같이 1개의 캠프만을 운영하되 '그린캠프'라는 명칭을 사용하였고, 그 외의 캠프는 모두 해체하였다.

육군의 각 부대에서는 신인성 검사 결과와 전문상담관에 의한 상담 결과, 간부에 의한 행동 관찰 등을 통해 장병의 복무 부적응을 진단한다. 복무 부적응 증상을 보이는 장병은 1차적으로 사단 '힐링캠프'에 입소 하는데 정해진 2주의 기간 동안 적응교육과 심층 상담을 진행하며, 증세가 완화되고 적응력이 회복되면 자대로 복귀시키고 있다.

반면, 적응력이 향상되지 않거나 오히려 증상이 악화된 장병은 2차적으로 군단 '그린캠프'에 입소토록 하여 적응력 회복에 집중한다. 그러나 부적응 증상이 호전되지 않거나 완화되지 않을 때에는 군사령부의 병역 심사대에서 전역 여부를 심사하고 있다.

CHAPTER 02
특수집단상담의 개념

군·경·소방 조직은 국가의 안보를 보장하고 국민의 생명을 보호하기 위해 24시간 깨어있는 조직이다. 조직이 추구하는 목표 달성을 위해 1%의 오차도 허용하지 않는 완전무결한 임무 수행을 하기 위해 권위와 계급의 위계적 체계로 운영되는 특수한 조직이다.

특수 조직의 구성원을 대상으로 이루어지는 특수집단상담은 일반집단상담과 같은 방법으로 접근하는 것은 적절치 않다. 특수 조직의 위계 문화적 환경과 특수한 과업, 조직이 달성하고자 하는 목표 등을 고려하여 접근 방법을 달리해야 한다.

본 장에서는 일반집단상담과 특수집단상담의 개념, 목적, 필요성, 특징, 유형 등을 서로 비교하여 살펴보려고 한다.

특수집단상담의 정의

1 개요

집단상담에 대한 정의는 학자들마다 조금씩 다르게 한다. 일반적으로 집단 상담은 정상인을 대상으로 상담의 기법과 전략을 사용하고, 역동적인 상호교류 과정을 통해 문제해결이나 의사결정 혹은 인간적 성장을 추구하는 과정으로 정의한다(장미경 등, 2022).

의식적인 사고와 행동 그리고 허용적인 현실에 초점을 둔 정화와 상호신뢰, 돌봄, 이해, 수용 및 지지 등의 치료적 기능을 포함하는 하나의 역동적인 대인관계 과정을 집단상담으로 정의한다(강진령, 2006). 이 외에도 집단상담은 자기 이해와 개인의 행동 변화를 조력하기 위해 집단원의 상호작용을 이용하는 것으로서 자기 수용을 보다 효과적으로 촉진하는 과정으로 정의하기도 한다.

이렇게 집단상담에 대한 여러 정의를 종합해 보면, 집단상담은 전문가의 지도하에 정상적인 참여자를 대상으로 허용적인 분위기에서 집단원의 역동적인 상호작용을 도모하는 과정임을 알 수 있다. 집단에 참여한 개인의 태도와 행동 변화 혹은 한층 더 높은 성장과 인간관계 능력을 촉진하는 것에 목적을 두고 이루어지는 역동적인 대인관계의 과정이다.

군·경·소방 조직에서 이루어지는 특수집단상담은 다음과 같이 정의한다. 특수집단상담은 집단지도자가 다수의 특수조직구성원을 대상으로 수용적인 분위기에서 집단의 역동적인 상호작용을 통해 개인의 성장과 인간관계 발달을 촉진하고 조직 적응력을 강화하는 과정으로 정의한다(심윤기 등, 2022).

군·경·소방 조직에서 이루어지는 집단상담은 조직 자체적으로 임무 수행 중인 조직원을 대상으로 하나의 집단을 편성하여 실시한다. 따라서 군·경·소방 조직의 집단상담은 자발적으로 참여한 구성원을 대상으로 편성되기보다는 비자발적으로 참여한 구성원이 대부분이다. 또한 특수한 위계 조직 문화와 환경에서 이루어지는 관계로 따뜻하고 수용적인 분위기보다는 다소 경직되고 가라앉은 분위기 속에서 이루어지는 특징이 있다.

특수 조직에서 이루어지는 집단상담은 부적응의 모습을 보이는 조직원뿐만 아니라, 적응을 잘하는 조직원도 함께 참여토록 안내한다. 그 이유는 집단상담에 참여한 다른 모범적이고 적응적인 동료를 관찰하고 학습하여 조직 생활 적응에 도움을 받을 수 있기 때문이다. 군·경·소방 조직에서 특수집단상담이 필요한 이유를 살펴보면 다음과 같다.

첫째, 특수 조직에서 이루어지는 집단상담은 개인 상담의 1대1 관계보다 여러 동료가 함께 참여할 수 있어 심리적으로 편안함을 느낄 수 있다. 특수조직 내에서 자신의 생각과 의견을 좀 더 개방적으로 개진하기 위해서는 개인상담보다 특수집단상담이 더 필요하다.

둘째, 군·경·소방 조직은 특수한 위계 문화를 가신 소식이다. 그러므로 마음을 터놓고 자신의 고민과 심리적 갈등을 동료나 간부에게 드러내는 것이 쉽지 않다. 특수집단상담을 통해 자신의 대인관계 갈등과 부적응의 문제, 성장과 발전에 관한 과업을 드러내놓고 검증하는 기회를 제공받기 위해서는 특수집단상담이 필요하다.

셋째, 특수 조직에서 이루어지는 집단상담은 계급별 다양한 성격의 상·하급자와 같은 공간에서 대면할 수 있는 기회를 제공하여 대인관계에 도움을 준다. 대부분의 조직구성원은 조직의 특수한 문화적 환경으로 나름의 심리적 어려움을 갖고 생활한다. 일부 조직구성원은 자신만이 유독 힘들게 조직 생활을 하고 있다고 생각한다.

이러한 조직원이 집단상담과정에 참여하면 자신과 유사한 심리적 어려움을 경험하는 동료가 있다는 사실을 새롭게 깨닫는다. 자신과 동료를 보다 더 잘 이해하고 집단의식과 소속감, 집단 자존감, 집단효능감 등을 증진하기 위해서는 특수집단상담이 필요하다.

넷째, 특수집단상담은 서로 다른 배경과 다양한 성격, 경험을 가진 조직구성원이 함께 참여함으로써 풍부한 학습 경험을 제공한다. 집단에 참여한 조직구성원들은 자신의 개인사를 포함하여 서로의 관심사를 터놓고 이야기함으로써 대인관계에도 도움을 받는다. 위계적인 상황에서도 진실한 대화와 역동적인 상호작용을 통해, 개인 자존감과 집단 자존감을 동시에 증진하는 것은 특수집단상담을 통해 가능하다.

다섯째, 특수집단상담은 조직의 특수한 목적 달성을 위해 필요한 활동이다. 조직구성원 간 서로의 이해와 신뢰를 촉진하여 가족적인 분위기에서 조직 생활을 할 수 있도록 도움을 주며, 조직의 화합과 단결을 증진하는 데에도 기여한다.

2 집단상담의 유형 비교

일반집단상담과 특수집단상담의 특징을 비교하면 전반적으로 상이한 점이 많다. 두 집단상담이 유사한 점은 문제해결 과정에 주안을 두고 주관적인 경험에 초점을 맞추며, 특정 집단구성원의 반응을 주관적인 것으로 수용하여 자신의 의견과 상반되더라도 허용한다는 점이다.

또한 자신의 특성과 다른 점을 새롭게 인식하여 이를 성장의 기회로 삼는 것이 가능하다. 반면, 상담목적과 가치의 방향성 측면에서는 두 집단상담이 분명한 차이가 있는데, 이를 설명하면 다음과 같다.

<표 2-1> 집단상담의 유형 비교

구 분		일반집단상담	특수집단상담
상담목적	최종	개인의 자아실현	국가 목표 달성
	중간	개인의 성장	조직 목표 달성
	단기	개인 문제해결	조직 적응력 강화
상호작용 형태		수평적	수직적 · 복합적

상호작용 환경	지속적	한시적
주제 구성	유연	경직
조직의 역동성	• 수평적 속성 • 친밀성과 응집력 중요 • 개인과 집단목표의 연계	• 위계적 속성 • 충성심과 복종심의 존재 • 개인과 조직 목표의 연계
가치의 방향성	가치중립적	가치 지향적

출처: 심윤기 등, 2022.

한편, 집단토의와 집단지도는 특수집단상담과 서로 밀접한 관련성이 있다.

1) 집단토의와 다른 점

집단토의는 객관적 사실을 주로 다룬다. 주제를 대상으로 이루어지는 과정이라서 내용과 결과가 중심이 된다. 특정한 목표에 도달하도록 집단을 설득하고 이끌어가는 관계로 집단과정은 중요하게 여기지 않는 특징이 있다.

또한 집단토의는 의견의 옳고 그름을 중심으로 토의가 이루어지고, 집단규칙과 질서를 강조한다. 집단토의를 하는 장소에 들어서면 의견이 대립하는 장면을 종종 목격할 수 있는데 바로 이러한 이유 때문이다.

반면, 집단상담은 어떤 과제해결을 위한 수단으로 활용하는 것이 아닌, 친밀감과 신뢰감을 발달시키는 과정을 중시한다. 집단원의 반응을 수용하고 허용하며 상반된 의견을 장려한다. 집단토의에서는 객관적인 사실을 주로 취급하여 상호작용과 집단역동을 찾아보기 어렵지만, 집단상담은 집단역동이 활발히 나타난다.

2) 집단지도와 차이점

군·경·소방 조직은 그 특성상 위계적 구조, 기능, 역할 등이 정해져 있다. 추구하는 가치와 목표가 정해져 있어 이를 달성하기 위한 집단지도가 필요하다. 집단지도는 조직 생활에 필요한 정보를 제공하는 교육적 내용을 주로 다룬다. 집단상담과 일부 관련은 있지만 이론적으로나 특성상 동일성이 존재하는 것은 아니다.

일부에서는 집단지도가 집단상담보다 더 중요하고 그 과정도 이점이 있다고 말하기도 하지만 타당성이 없는 이야기다. 집단지도는 정보제공 위주의 인지적 교육과정에 해당하지만 집단상담은 조직구성원의 자기 이해를 증진하고, 조직 생활과 관련하여 나타나기 쉬운 대인관계 갈등과 심리적 어려움 등을 취급하는 정서적 과정에 해당한다.

집단지도는 30여 명 단위의 소규모의 집단을 대상으로 하며, 정보제공과 능력개발을 목표로 간부 중심으로 접근한다. 반면, 집단상담은 10여 명의 소규모 집단을 대상으로 정서적인 문제를 다루며 공동의 목표에 접근한다.

제2절 특수집단상담의 목적

군·경·소방 조직은 다양한 인적자원을 통합하고 조직의 환경적인 특수성을 뛰어넘는 하나의 일체화된 단체가 되기 위해 노력한다. 조직구성원의 왕성한 사기와 화합, 단결력을 최상의 상태로 유지하여 조직의 목표 달성을 위해 고군분투한다. 군·경·소방 조직에서 이루어지는 특수집단상담의 목적에 대해 좀 더 살펴보겠다.

1 1차 목적

1) 국가 목표 달성

군·경·소방 조직의 최고 가치는 국민을 보호하고 국가의 안보를 보장하는 데 있다. 소방 조직은 재해재난에 적극적으로 대처하고 예방하는 일에 가치를 둔다. 군대는 전쟁이 없는 평상시에 전쟁 억지력을 확보하여 전쟁이 일어나는 것을 방지하고, 전쟁 발발 시에는 기필코 승리하여 국토를 수호한다. 경찰은 시민들이 안전하게 생활하도록 각종 생활 범죄를 차단하고 예방한다.

이렇게 군·경·소방 조직은 국가와 국민을 위해 부여된 임무와 목표를 달성하기 위해 존재하는 집단이다. 조직 편성과 위계 구조는 이러한 집단의 목적을 고려하여 이루어진다. 각종 임무 수행 준비를 위한 활동에서도 조직의 목표 달성에 초점을 둔다. 궁극적으로 특수 조직에서 이루어지는 집단상담의 목적은 조직 목표 달성과 조직의 가치를 추구하는 데 있다.

2) 조직구성원의 심리적 건강 유지

특수 조직은 다양한 여러 한계상황을 극복하여 생산적인 목표를 달성하는 집단이다. 정확히 예견할 수 없는 상황을 준비하고, 끊임없이 한계상황을 돌파하는 과정에서 심신의 피로를 경험한다.

특수 조직에서 이루어지는 집단상담은 이렇게 조직구성원의 심리적 건강 유지를 위해 필요한 과정이다. 조직구성원 개인의 국가관과 사명감을 바탕으로 집단적 긍정심리 수준을 높이는 데 목적을 가진다.

3) 조직구성원의 안전과 보호

특수 조직은 조직구성원의 안전을 보장하고 조직 목표를 달성하기 위해 위계적으로 집단을 운영한다. 집단 활동은 조직의 위계를 유지하고, 조직원들이 역동적으로 활동할 수 있는 최적의 심리적 상태가 유지되도록 한다. 개인의 사생활보다는 조직 전체의 안전과 유지를 강화하는 방향으로 조직을 관리하고 운영한다.

특수집단상담을 진행하는 과정에서 집단규칙을 준수하고, 비밀보장의 이행을 요구하는 것은 집단에 참여한 조직구성원을 보호하려는 조치이다. 이렇게 특수집단상담의 목적은 조직구성원을 안전하게 보호하기 위한 일련의 활동에 초점을 둔다.

4) 개인과 조직의 발달과업 달성

특수 조직의 구성원이 수행하는 일은 크게 '해야만 하는 과업(should be)'과 개인이 자유롭게 선택하는 '하고 싶은 일(want to be)'로 구분한다. 특수 조직에서 이루어지는 과업은 이러한 두 가지의 과업이 규정의 범위 안에서 조화롭게 이행되도록 하는 것이다.

일반집단상담의 경우는 개인의 창의성과 자율성을 바탕으로 개인이 바라는 발달과제와 성과를 달성하는 것에 자원과 시간을 투자한다. 특수집단상담은 개인의 발달과업과 조직의 발달과업을 동시에 달성하기 위해 조직의 자원과 시간을 투자하는데 초점을 둔다.

2 2차 목적

특수집단상담의 2차적 목적은 집단적 차원의 심리적 요소를 강화하는 데 있다. 특수집단상담은 서로 다른 배경과 다양한 성격, 경험을 가진 조직구성원이 함께 참여하여 조직 생활에 대한 풍부한 학습 경험을 제공한다. 집단구성원이 서로의 관심사를 터놓고 이야기할 수 있는 여건이 준비되고 갖추어지면 차츰 집단의식의 발달로 이어진다.

위계적인 상황에서도 역동적인 상호작용이 이루어지면 집단응집력과 집단신뢰감, 집단 자존감, 집단효능감이 증진되어 한 차원 높은 조직강화가 가능하다. 특수 조직에서 이루어지는 집단상담은 이러한 집단적 차원의 심리적 요소를 강화하는 데 목적을 가진다.

1) 집단응집력 향상

집단응집력이란 구성원이 소속되고자 하는 욕망의 정도를 말한다. 위계 문화가 있는 특수 조직에서 자주 사용하고 있는 화합과 단결이라는 용어는 집단응집력의 또 다른 표현으로, 조직력 강화와 조직 임무 달성에 핵심적인 요소로 작용한다.

집단응집력이 높은 조직은 낮은 집단과 비교해 조직구성원의 협력과 팀워크가 좋은 것이 장점이다. 과제수행에 대한 구성원 전체의 참여와 결속도 긍정적이며, 구성원 사이에 형성되는 상호작용도 좋게 나타난다.

특수집단상담은 조직 능력을 강화하는 여러 집단적 활동의 하나로 집단응집력을 강화하는 좋은 방법론의 하나이다. 집단상담에 참여한 조직원 간 상호작용을 통해 소속감을 증진하고, 집단에서 함께 보내는 시간을 통해 친밀감을 형성할 뿐만 아니라, 상호 이해심을 증진하여 집단응집력을 향상하는데 긍정적인 영향을 준다.

2) 집단신뢰감 증진

집단에 대한 신뢰는 조직의 안정과 집단구성원의 안녕(well-being)에 긍정적인 영향을 준다. 특수 조직의 집단신뢰감은 임무 수행을 위한 필수조건이라고 할 정도로 중요한 요소다. 집단신뢰가 조직력의 핵심 요소로 작용하는 이유는 집단 내 조직원 간 의사소통을 촉진하여 갈등을 최소화하고, 집단효과성을 향상하며, 인간중심의 집단분위기 형성이 가능하기 때문이다.

특수집단상담 장면에서 집단신뢰감을 형성하고 이를 향상하는 이유는 조직원의 높은 단결력의 유지가 가능하기 때문이다. 집단신뢰감과 더불어 대인신뢰감을 향상하는 데에도 큰 도움을 준다. 대인 신뢰감은 같은 집단 내에 있는 다른 조직구성원에 대해 갖는 개인적 범위의 신뢰를 말한다.

위계 문화가 있는 특수 조직에서는 신뢰 대상에 따라 상관 신뢰와 부하 신뢰, 동료 신뢰감을 형성한다. 대상자의 지위에 따라서는 상관과 부하에 대한 수직적 신뢰와 동료에 대한 수평적 신뢰를 형성한다. 특수 조직에서 이루어지는 집단상담은 이러한 대인 신뢰감을 높이 증진하여 상호 존중과 배려의 조직문화를 유지하는 데 도움을 준다.

3) 집단효능감 배양

집단효능감은 자신이 속한 집단이 능력이 있다고 믿는 정도를 말한다. 자신이 속한 집단이 능력이 있는 집단이라고 지각하는 것은 현재의 집단생활과 관련한 사항에 전반적으로 만족한다는 것을 의미한다. 이는 지도자를 중심으로 조직화 된 의지력으로 굳게 뭉쳐, 부여된 임무를 능동적으로 완수하는 데 도움을 준다.

집단효능감은 자진하여 어려움에 임하고 즐거이 그 직책을 수행하는 긍정적인 정신 기제인 사기를 왕성하게 증진하기도 하며, 직무만족과 집단몰입과 같은 심리적 요소에도 긍정적인 영향을 미친다.

조직체계를 탄탄히 하고 일정한 규율을 따르는 조직 규칙을 확립하는 데에도 기여하며, 전원이 한마음 한뜻으로 뭉쳐 준법정신과 희생정신을 함양하고, 상호이해를 바탕으로 공동 목표를 달성하게 한다.

4) 집단 자존감 증진

집단 자존감은 자신이 속한 집단의 가치에 대해 개인이 어떻게 생각하고 있는가를 의미한다. 개인 자존감은 개인으로서 자신의 가치에 대해 어떻게 평가하는가를 말한다. 이러한 정의에 따르면 집단 자존감은 특정한 조직에 소속된 개인 자신에 대한 인식이며, 사회적 관계 속에서 발생하는 맥락을 통해 이루어짐을 알 수 있다.

독립된 개인으로서 자신의 가치를 평가하는 개인 자존감보다도, 자신이 속한 조직에 대해 갖는 집단 자존감이 조직구성원의 심리적 적응과 건강한 조직 생활에 더 긍정적으로 작용한다.

그뿐만 아니라, 조직구성원 각자가 자기모습에 대한 이해와 통찰을 확장하고, 조직 생활을 함께하는 동료를 수용하며, 자신이 속한 집단의 가치평가에도 높은 점수를 부여하여 집단목표 달성이 가능하게 한다.

제3절 특수집단상담의 성격

특수집단상담은 위계적인 상황에서 일하는 조직구성원들의 대인관계 증진에 큰 도움을 준다. 자신의 심리적 문제와 갈등을 다른 동료도 유사하게 경험하고 있다는 사실을 알고 이해하는 순간, 보다 능동적으로 조직 생활을 할 수 있기 때문이다.

특수 조직에서 이루어지는 집단상담은 비자발적인 집단 참여가 대부분이지만, 조직의 목표와 가치를 추구하는 활동이 이루어지는 과정에서 조직 적응력 강화를 촉진한다. 본 절에서는 특수집단상담의 계획성과 방향성의 성격을 살펴보기로 하겠다.

1 상담의 계획성

일반집단상담은 개인의 성장과 자아실현에 중점을 두고 이루어진다. 특수집단상담도 개인의 성장과 변화를 추구하지만 궁극적으로는 심리적 어려움을 극복하여 조직 적응력을 강화하는 데 초점을 둔다. 특수집단상담의 단기적인 목적은 개인의 심리적 문제를 해결하여 조직 적응력 강화에 있지만, 장기적인 목적은 조직 목표와 가치를 달성하는 것에 있다.

이러한 목적을 달성하기 위해 이루어지는 상담의 회기는 집단상담의 형태에 따라 달리 편성한다. 일반집단상담의 경우에는 적용하고자 하는 프로그램에 따라 상담회기를 정하고 있으나, 특수집단상담의 경우는 임무 특성상 그때그때의 상황에 적합하게 달리 적용하는 특징이 있다.

1) 집단의 목적을 수립한다.

집단지도자와 집단참여자는 집단상담의 목적을 명확히 이해하고 있느냐의 여부가 집단상담의 성공에 영향을 준다. 집단의 목적을 상실하여 목적과 상관이 없는 주제를 선정한다던가 아니면 집단의 방향과 무관한 활동을 하는 것은 시간과 노력의 낭비일 뿐만 아니라, 집단참여자에게 큰 실망을 안겨주는 결과를 초래한다. 따라서 집단지도자는 집단의 목적을 분명히 설정한 후, 자신과 집단참여자가 집단의 목적에 부합되게 행동하는지를 지속적으로 평가할 수 있어야 한다.

특수집단상담은 집단의 목적에 부합된 활동이 이루어지도록 사전 예행연습을 하는 것이 바람직하다. 특수집단상담에 참여하기 위해 사전에 선정된 조직원을 대상으로 집단의 목적과 절차, 역할 등을 설명하는 시간을 마련한다. 그것은 집단참여자에게 집단의식을 고취하기 위한 목적도 있지만, 집단의 목적에 대한 이해를 촉진하여 집단상담의 성과를 높이기 위한 목적을 동시에 갖는다.

2) 집단의 크기를 정한다.

일반집단상담은 집단원의 성별, 나이, 학력, 결혼 유무, 직업, 종교 등이 집단상담 과정에 영향을 준다. 하지만 특수집단상담의 경우에는 소속, 직급, 동기, 서열, 역할 등이 집단과정에 영향을 준다.

집단의 크기는 너무 많은 인원으로 편성하면 개인에게 주어지는 시간이 부족해 집단의 상호작용이 원활하게 나타나지 않을 가능성이 있다. 또한 집단 분위기가 산만해질 수 있으며, 집단응집력이 약화되기도 한다. 반면, 크기가 너무 작은 경우에는 집단상담에 참여하는 것이 부담되어 적극적이고 능동적이지 않은 행동을 하는데 영향을 미친다.

따라서 집단지도자는 집단상담을 시작하기 전 집단의 크기를 결정하되, 집단역동을 고려하여 적절한 크기로 편성한다. 대체로 특수집단상담의 크기는 특수 조직의 편성과 임무, 역할 등을 고려하는데 대체로 15명 이내로 편성하는 것이 적절하다.

3) 집단상담의 회기와 빈도수를 정한다.

집단상담의 회기의 길이도 집단활동에 영향을 준다. 회기의 길이가 짧으면 개인이 참여할 수 있는 시간이 부족해 집단원의 불만이 생길 수 있는 반면, 회기가 너무 길면 참여의식이 약화되어 부정적인 영향을 미친다.

집단의 회기를 얼마나 자주 갖는가 하는 것도 영향을 준다. 대체로 회기의 길이는 2~3시간 정도가 일반적이다. 회기의 주기는 일주일에 짧게는 1~2회기를 주로 하는데 최대 5회기까지 실시하는 경우도 있다.

군·경·소방 조직과 같은 특수 조직에서는 집단상담의 회기 길이를 2시간 이내로 하는 것이 일반적이다. 그 이유는 엄정하게 지키도록 규정되어 있는 일과시간 때문이다. 다른 일과와 동일하게 특수집단상담도 일과시간 규정 안에서 이루어져야 한다.

특수집단상담의 회기 빈도는 일주일에 3회 이상을 넘기지 않는 것이 일반적이다. 그러나 병영 캠프에서는 입소 인원과 캠프 상황에 따라 일주일에 3회기 이상의 빈도를 갖는 경우도 있다. 복무 부적응 장병의 심리적 소진을 회복하기 위해 2시간 넘는 회기 시간을 편성하기도 하는데 이는 특별한 경우에 해당한다.

4) 상담의 시간과 장소를 선정한다.

하루 중 어느 시간대에 집단 모임을 하느냐에 따라서도 집단상담의 성과에 영향을 준다. 일반 성인으로 구성된 일반집단상담의 경우는 대부분 토요일이나 일요일에 실시하며, 평일에는 일과가 끝난 저녁 시간에 하는 등 대상과 상황에 따라 다르게 적용한다.

어느 시간대에 하느냐 하는 것도 중요하다. 군부대의 경우에는 수요일 오전에 이루어지는 정신교육 시간을 주로 이용하는 것이 효과적이다. 매일 오후 4시에 편성되어 있는 지휘관 시간을 이용할 수도 있는데, 이는 일과시간의 종료와 함께 곧바로 이어지는 저녁 식사를 준비해야 하는 시간 관계로 집단역동 발현에 지장을 준다.

집단 모임의 장소를 어디에서 하느냐 하는 것도 집단활동에 영향을 준다. 집단 모임의 장소는 일반적으로 방음시설이 잘 되어 있어야 하고, 집단구성원이 안정감을 느낄 수 있는 공간이면 적절하다. 조명과 채광, 실내 구조물의 배열과 정돈 상태, 의자 등에 따라서도 집단상담이 이루어지는 과정에 영향을 준다. 경찰과 소방 조직에서는 주로 회의실을 사용하고, 군부대에서는 주로 생활관을 이용하여 집단상담을 한다.

2 집단상담의 방향성

1) 상담의 주제

일반집단상담의 경우에는 사전에 상담의 주제를 정해놓고 이루어짐으로 상담 과정이 다소 유연하지 못하다는 소리를 듣는다. 공통의 주제를 선정하고 집단구성원을 모집하는 등 사전 준비와 시간도 필요하다.

그러나 특수집단상담은 일반집단상담과 다르게 별도 인원을 모집할 필요가 없는데, 집단에 참여할 대상자가 평소 같은 조직에서 활동하는 구성원들이기 때문이다. 대부분 조직 적응력 강화와 관련한 주제를 선정하여 실시하며, 사전 준비도 그다지 필요하지 않은 것이 일반집단상담과 다른 점이다.

2) 상담의 방향

일반집단상담은 가치중립적인 입장을 취한다. 집단에 참여한 구성원의 개인 의사에 따라 뒤로 물러서 집단활동을 관망하거나 집단과정에 침묵을 유지하는 것도 허용한다. 그러나 특수집단상담은 상담의 방향성 측면에서 일반집단상담과 다른 점이 많다.

특수집단상담은 국가의 목표와 가치를 구현하고, 조직 적응력의 강화라는 조직 목표를 달성하기 위해 가치 지향적으로 이루어진다. 집단상담이 이루어지는 과정에서는 조직구성원 개인이 일정 시간 쉼의 시간을 갖는 것을 허용하지만, 의도적으로 오랜 시간 동안 자리를 뜬다거나 상담 자체를 회피하는 일은 허용하지 않는다.

자기를 개방하고 의견을 자유롭게 개진하며, 동료의 행동을 관찰하는 것은 적절한 행동으로 권장한다. 하지만, 집단상담이 시작될 때부터 마칠 때까지 계속해서 침묵을 유지한다거나 관망하는 자세를 취하는 것은 허용하지 않는다.

3) 상호작용

특수집단상담은 상담의 방법과 상호작용 측면에서도 일반집단상담과 다르다. 일반집단상담은 집단에 자발적으로 참여한 사람이 대부분이다. 개인이 상담 비용을 지불하는 관계로 상담에 대한 참여 동기도 높은 편이다. 서로 모르는 사람들이 정해진 기간에 모여 상담하고 헤어지기 때문에 수평적인 관계에서 활발한 상호작용이 나타나는 특징이 있다.

반면, 특수집단상담의 경우는 24시간 같은 공간에서 함께 생활하는 조직원을 대상으로 이루어지고, 위계 문화적 환경으로 상호작용이 처음부터 활발하게 나타나지 않는다. 특수집단상담을 조력하는 지도자는 이러한 점을 고려하여 집단상담의 초기과정부터 집단에 참여한 구성원 간 상호작용이 활발하게 나타나도록 관심을 가져야 한다.

제4절 특수집단상담의 조건

1 개요

집단이란 어떤 목적을 달성하기 위해 두 사람 이상이 모인 그룹을 뜻한다. 어떤 불특정한 다수의 비형식적인 모임이나 계속 활동하지 않는 모임, 공동의 목적이 없는 단순한 모임은 집단이라고 말하지 않는다.

집단상담은 그에 상응하는 집단의 조건이 충족될 때 이루어지는 과정이다. 공동의 목표가 추구되어야 하고, 역동적인 상호관계와 효과적인 의사소통이 가능해야 하는 등 집단상담이 이루어지기 위한 조건은 여러 가지가 있다.

집단이 되기 위한 일반적인 조건은 우선 공동의 목표를 추구해야 한다. 집단원의 참여가 가능해야 하고, 집단상담을 통해 자신의 욕구 충족을 위한 기대와 동기도 있어야 하는데 주로 다음과 같은 내용들이다.

---

① 집단의 공동목표가 추구되어야 한다.
② 집단의 정기적이고 지속적인 모임이 유지되어야 한다.
③ 집단과정 및 활동에 대한 규준이 이행되어야 한다.
④ 집단을 통한 개인의 욕구 충족 의지가 높은 수준이어야 한다.
⑤ 집단원의 자발적인 참여가 가능해야 한다.

특수집단상담은 행동의 변화를 위한 하나의 학습 과정에 해당하는 분야이다. 특수집단상담이 이루어지기 위해서는 집단에 참여한 구성원의 행동이나 태도 변화를 위한 공동 목표가 있어야 하고, 일정한 기간 동안 집단 활동이 유지될 수 있어야 한다.

집단에 참여한 구성원 스스로 자신의 욕구 충족을 위한 참여의식이 있어야 함은 물론, 서로의 상호작용과 신뢰를 경험하는 집단분위기가 조성되어야 한다. 이러한 조건이 형성될 때, 특수집단상담에 참여한 사람은 집단을 결성한 이유와 목적을 이해하고 집단상담 과정에 적극적으로 참여한다.

집단에 참여한 구성원 간 의미 있는 상호작용이 이루어져야 조직 부적응, 심리적 갈등과 고통, 대인관계의 문제 등을 효과적으로 처리할 수 있다. 집단상담은 여행에서 사용하는 지도와 같은 역할을 하여 집단 여행자에게 폭넓은 인간관계를 경험하게 하면서 최종 목적지로 안내한다.

일반집단상담의 목적은 일반적으로 상담이론에 따라 다르다. 주로 일상생활의 크고 작은 문제해결로 안정된 삶을 살아가도록 하는 데 초점을 두기도 하며, 자기이해 증진과, 개인 성장에 대한 자신감을 고취하는 데 목표를 두기도 한다. 사회적 기술과 대인관계능력을 발달하고, 자기통제와 의사결정능력 등을 학습하는 것에 초점을 두기도 한다. 자기가 생각하고 믿는 바를 정확히 표현하는 의사소통 능력 향상에 목적을 두기도 하며, 자신의 잠재 능력을 개발하고 발휘하는데 중점을 두기도 한다(이형득 외, 2010).

이렇게 일반집단상담의 목적은 자기의 문제와 자신의 감정 및 태도에 대한 통찰력을 터득하고, 바람직한 자기관리와 대인관계를 학습하는데 둔다. 자신의 현재 감정을 지각하고, 지금의 문제를 해결하기 위해 어떤 것이 필요하며, 현재 어떻게 행동해야 하는가를 깨닫도록 하는데 초점을 둔다.

반면, 특수 조직에서 이루어지는 집단상담의 목적은 일반집단상담과는 조금 다르다. 특수집단상담의 목표는 개인의 성장 발달을 포함한 조직 적응력을 강화하는데 둔다. 소식의 발날과업을 달성하고 조직력을 강화하기 위해 1, 2차의 목적을 가진다.

1차 목적은 각 개인이 추구하는 성장 발달과 조직 적응력 강화를 위한 것이며, 2차 목적은 조직이 지향하는 과업 달성과 조직역량을 강화하는 것에 있다. 즉, 1차 목적은 개인의 자아실현과 성장을 도모하고, 심리적 문제와 대인관계 갈등 등의 문제를 해결하여 조직 적응력 강화에 둔다. 2차 목적은 국민의 생명과 재산을 보호하고 국가의 안위를 보장하는 조직의 과업과 역할을 충실히 수행하는 데 필요한 집단의식을 증진하는 것이다.

2 일반적인 조건

1) 정상적인 상태의 집단구성원

특수집단상담은 구성원에게 집단상담의 목적과 방향을 알 수 있도록 관련 정보를 제공한다. 특수집단상담의 목적을 달성하기 위해 여러 집단규준과 규칙을 정하며, 이러한 규칙의 범위 안에서 서로의 가치관과 삶을 비교해 보는 시간을 갖도록 안내한다. 자신의 신념과 생활양식, 행동에 대해 새로운 각도에서 조망하도록 하며 바람직한 모습으로 변화를 시도하도록 촉진한다.

특수집단상담의 목적을 달성하기 위해 집단구성원이 갖추어야 할 자격은 최소한 집단 활동이 가능한 능력을 갖춘 자여야 한다. 자율적이고 독립적인 생활을 할 수 있을 정도의 지적 수준과 정신상태, 기본적인 자기관리 능력이 가능해야 한다. 정신적인 결함이나 성격장애가 있는 사람은 집단구성원으로 참여할 자격이 되지 못한다.

군인과 경찰, 소방관은 사전 신체검사, 체력검사, 각종 심리검사 등을 통해 정상 기능 상태를 확인해서 선별된 사람들이다. 따라서 군·경·소방 조식에서 일하는 구성원들은 모두 집단상담 참여가 가능한 자격과 능력을 갖춘 자들이다.

2) 활발한 상호작용

특수집단상담이 생산적으로 이루어지기 위해서는 구성원들의 상호작용이 잘 나타나야 한다. 상호작용은 둘 이상의 사람이 서로 영향을 주고받는 방식으로 교류하는 것을 의미한다. 심리적인 상호작용은 집단구성원 사이에 공유된 정체감, 즉 우리라는 집단의식이 있어야 가능하다. 이러한 집단의식은 집단의 한 일원으로 인정받는 소속감을 느끼고, 집단규칙을 스스로 따르고자 노력할 때 나타난다.

집단구성원의 상호작용이 원활하게 이루어지는 특수집단상담이 되기 위해서는 집단지도자의 역할이 무엇보다 중요하다. 집단지도자는 집단구성원 각자에게 진정한 관심을 기울이고 존중하는 모습을 보일 수 있어야 한다. 집단구성원은 자신에게 관심을 기울여줄 때 흐뭇해하고 좋아하며, 상호작용에도 긍정적인 영향을 준다.

반면, 관심을 받지 못하면 무시당하는 느낌이 들어, 말을 하지 않거나 침묵하고, 집단 활동에도 소극적으로 참여한다. 따라서 집단지도자는 활발한 상호작용을 방해하는 요인이나 걸림돌이 무엇인지를 탐색하고, 이를 제거할 수 있어야 한다.

3) 수평적 의사소통

위계 문화의 환경적 특성을 가진 특수 조직에서 이루어지는 집단상담은 활발한 의사소통을 전제로 한다. 의사소통은 언어적 방식과 비언어적인 방식으로 이루어진다. 연구에 의하면 입을 통해 표현되는 언어적 방식은 7% 정도의 영향력이 있지만, 표정, 말의 크기, 몸짓, 자세와 같은 비언어적 방식은 93% 정도의 영향력이 있다고 말하기도 한다(Mehrabian, 1972).

다른 연구에 의하면 메시지가 전달되는 말과 비언어적 수단의 비율은 대략 35:65의 비율로 나타난다고 주장한다(Ellenson, 1982). 이러한 연구 결과는 언제 어디서나 똑같이 적용된다고는 볼 수 없으나, 집단상담의 의사소통 방식 중 비언어적 수단의 영향력이 크다는 점을 강조하고 있음을 알 수 있다.

특수집단상담의 목표를 효율적으로 달성하기 위해서는 앞서 제시한 연구 결과가 시사하는 바가 크다. 집단에 참여한 조직구성원의 의사소통은 말로 표현하는 내용만이 아닌 전반적인 비언어적인 요소를 함께 살펴봐야 한다.

군·경·소방 조직은 특수한 임무 수행을 위해 위계적으로 조직되고 상명하복의 단일체계로 운영되어야 하는 당위성을 가진다. 따라서 특수집단상담은 초기 과정부터 개방적이고 허심탄회한 의사소통이 나타나도록 해야 하고, 수직적이 아닌 수평적인 의사소통이 이루어져야 한다.

특수집단상담이 이루어지기 전, 집단에 참여할 조직구성원을 대상으로 집단목표를 달성하기 위한 효과적인 대화 기술과 의사소통의 방법에 대하여 설명하는 오리엔테이션 시간을 갖는 것이 바람직하다.

CHAPTER 03
특수집단상담의 특징

특수집단상담의 원리

특수집단상담은 조직의 특성상 대부분 비자발적으로 참여한 조직원을 대상으로 이루어진다. 집단구성원의 비자발적인 참여는 초기 집단상담의 과정에서 집단의식이 낮아지게 하는 특징이 있다. 집단상담 과정에서 혹시나 자신이 잘못 말하여 불이익이 자신에게 돌아오지는 않을까 염려하여 피동적이고 소극적으로 참여하는 경향이 있다. 특수집단상담이 성공적으로 이루어지기 위해서는 다음과 같은 상담의 원리가 전제되어야 한다.

1 기본원리

1) 자기 개방의 원리

자기 개방은 자기 마음의 문을 활짝 연다는 뜻을 내포하고 있다. 자기 개방은 다른 말로 자기 노출이라고도 한다. 개인적인 문제와 관심, 욕구와 목표, 기대와 두려움, 희망과 좌절, 즐거움과 고통, 강함과 약함, 개인적 경험 등에 대해 허심탄회하게 털어놓는 것이 자기 개방이다. 위계 문화적 환경 특성이 있는 특수 조직에서 이루어지는 집단상담은 이러한 자기 개방의 원리가 절대적으로 필요하다.

자기 개방은 개인적인 문제나 관심을 털어놓는 것에 한정하지 않고, 집단지도자와 다른 집단구성원에게 보이는 반응까지도 포함한다. 그러나 특수 조직에서 일하는 조직구성원은 흔히 개방적이지 못한 폐쇄적인 조직 문화와 상명하복의 위계적 체계 그리고 거부에 대한 두려움 등으로 자기 자신을 잘 드러내지 않으려는 특성이 있다.

특수 조직의 자기 개방이 어려운 이유는 이뿐만이 아니다. 군·경·소방 조직은 특수임무와 관련된 군사작전이나 수사 기밀이 노출되지 않도록 보호하는 등 보안을 철저히 유지해야 하는 요인도 작용한다. 이러한 특수 조직의 폐쇄적인 특징이 자기 개방에 부정적인 영향을 주어 집단상담 초기에 자기 개방이 좀처럼 나타나지 않는 경향이 있다.

특수집단지도자는 집단상담을 시작하기 전 집단에 참여할 구성원을 대상으로 자기 개방을 주제로 한 교육과 토론을 통해 자기 노출의 중요성을 인식하도록 안내할 필요가 있다. 동료를 깊이 이해하고 수용하기 위해서는 자신을 먼저 개방하는 일이 전제되어야 한다는 점과 개인의 문제나 관심사에 대한 통찰은 곧 자기 개방으로부터 시작된다는 사실을 일깨운다.

2) 피드백의 원리

피드백이란 상대방의 행동이 나에게 어떤 반응을 일으켰는지에 관해 상대방에게 솔직하게 이야기하는 것을 말한다. 이러한 피드백은 특수집단상담이 성공적으로 이루어지도록 하는 데 큰 영향을 준다. 피드백은 타인이라는 거울을 통해 자기 자신을 탐색하고, 자기를 정확히 이해하도록 안내하는 등 성장과 발달을 위한 학습 기술로 작동한다.

솔직하고 생산적인 피드백은 피드백을 받는 집단구성원에게 어떤 변화가 필요한지를 알도록 촉진하고, 대인관계에서 어떤 태도가 필요한지를 깨닫도록 하는데 도움을 준다. 이러한 피드백은 어떤 행동이 일어난 직후에 바로 하는 것이 효과적이며, 구체적인 행동에 대하여 정서적 비판이 아닌 인지적 태도로 하는 것이 바람직하다.

한 사람이 하는 피드백보다 여러 사람이 하는 피드백이 더 강렬한 힘을 발휘하는데 그 이유는 여러 사람의 공통된 견해를 무시하기 어렵기 때문이다. 특수집단상담의 초기에는 집단지도자가 직접 피드백의 시범을 보인다. 이후에는 집단구성원 간 자발적인 피드백이 이루어지도록 안내하여, 다른 관점과 다른 각도에서 자신을 탐색하고 조망하도록 조력한다.

3) 수용의 원리

특수 조직에서 이루어지는 집단상담의 과정에서는 수용의 원리가 적극적으로 나타나야 한다. 수용이란 집단구성원 개개인을 있는 그대로 받아들이고 존중하는 것을 의미한다. 수용은 타인에 대한 깊은 수준의 공감적 이해를 가능하게 하고, 과거의 부정적인 경험을 통해 형성된 저항과 방어를 약화하는 데 도움을 준다.

수용은 개방하기 어려웠던 자신의 약점과 관련한 사실과 감정 노출을 촉진하여 변화의 계기를 가져다준다. 이러한 과정을 통해 집단구성원은 자기 자신의 심리적 고통과 부적응의 원인이 무엇 때문인지 발견할 수 있을 뿐만 아니라, 자기 탐색에도 노력하여 변화와 성장을 이룬다.

집단지도자의 조건 없는 수용에 대해서까지 불편을 느끼거나 부담감을 갖는 구성원도 있다. 따라서 집단지도자는 집단에 참여한 구성원을 진정으로 수용하고 존중하는 모습으로 집단을 안내할 수 있어야 한다. 집단지도자가 진실한 마음으로 집단구성원을 대하면 구성원은 이를 본받아 스스로 자기 자신뿐만 아니라 타인을 적극적으로 수용한다.

4) 감정정화의 원리

특수집단상담은 카타르시스라고 하는 감정정화의 원리가 작동되어야 성공이 가능하다. 감정정화란 내면에 누적된 감정을 언어나 행동으로 표출하여 억눌려 있는 감정을 해소하는 것이다. 이러한 감정정화는 집단구성원의 심리적 안정을 도모하고, 구성원 간 신뢰감과 친밀감을 높일 뿐만 아니라, 집단의 변화를 촉진한다.

그러나 단순히 내면의 감정을 표출한다고 해서 모든 감정이 정화되는 것은 아니다. 지금 – 여기에서 일어나는 자신의 감정 수위를 알아차리고, 원인이 무엇으로부터 기인하였는지 통찰하는 것이 중요하다.

이렇게 감정정화는 치료적 요인임이 분명하다. 그러함에도 불구하고 집단상담 장면에서는 자신의 감정을 드러내기가 쉽지 않다. 특수 조직이 지닌 위계 문화적인 환경 자체가 개방적이지 못하고, 상명하복의 체계로 조직이 운영되는 영향이 크게 작용하기 때문이다.

감정은 정화되지 않고 쌓이면 불특정 대상에게 갑자기 표출하는 위험성을 갖고 있다. 따라서 집단지도자는 감정정화의 원리를 특수집단상담 과정에서 충분히 다루어 집단구성원의 부정 감정을 해소할 수 있어야 한다.

5) 모방학습의 원리

모방학습은 특수집단상담의 과정에서 중요한 부분을 차지한다. 집단의 유형과 형태에 관계없이 집단에 참여한 구성원은 모방학습의 과정을 통해 집단활동에 참여하고, 그 과정에서 자신이 가치 있는 존재라는 사실을 깨닫는다. 집단구성원의 이러한 통찰은 집단지도자로부터 깊은 이해와 존중으로 얻어지는 것이 결코 아니다. 긍정적인 지지와 피드백을 자주 받았다 해서 얻어지는 것도 아니며 모방을 통해 이루어진다.

위계문화 조직은 솔선수범의 행동을 유독 강조하는 집단이다. 상급자나 동료의 바람직한 자세나 행동을 따라 하는 모방학습이 조직력을 강화하기 때문이다. 특수집단상담의 과정도 마찬가지다. 비록 조용하고 말이 없는 집단원이라 하더라도 집단에 참여한 다른 동료나 집단지도자가 보여주는 바람직한 모습을 모방학습으로 본받는다.

2 집단역동의 원리

어느 집단이든 그 집단에는 단일한 힘만이 작동하지 않고 복합적인 힘이 동시에 작동한다. 그래서 두 사람 이상이 모여 활동할 때는 필연적으로 집단역동이 생기기 마련이다. 집단역동은 집단지도자와 집단구성원 간 일어나는 상호작용의 에너지이다. 하나의 공통 장면 또는 환경 안에서 일어나는 상호작용의 힘이자 상호관계를 의미한다(Dinkmyer & Muro, 1979).

집단지도자는 집단에서 일어나는 역동을 빨리 감지하여 이들을 생산적인 방향으로 이끌 수 있는 능력이 있어야 한다. 집단지도자가 집단역동을 감지하기 위해서는 집단구성원에 대한 참여의식과 집단의식, 신뢰수준 등의 여러 요인을 고려하여 주도면밀한 관찰이 있어야 가능하다.

집단에서 생성되는 역동은 관찰이 가능한 것과 불가능한 것이 있어 민감하게 대응해야 한다. 집단역동을 탐지하기 위해서는 집단구성원 사이에 주고받는 대화 내용과 함께 비언어적인 행동에도 주의를 기울이며, 다음과 같은 요소를 고려한다.

집단의 목적을 잘 알고 있는가?
집단원은 서로 어떻게 반응하는가?
말하는 사람과 듣는 사람은 주로 누구인가?
집단원은 소속감과 참여의식이 어느 정도인가?
집단원은 자신에 대해 어떤 느낌을 지니고 있는가?
집단원은 다른 집단원에게 어떤 감정을 지니고 있는가?
집단원이 집단지도자에게 어떠한 태도를 보이는가? 등

특수집단상담은 집단역동으로 변화되고 특정한 방향으로 발달한다. 그렇기 때문에 집단지도자는 집단상담이 이루어지는 과정에서 집단역동을 잘 감지하고, 바람직한 방향으로 발현되도록 촉진한다.

집단역동성은 집단구성원의 명확한 역할이 바탕이 될 때 형성되며, 집단구성원의 행동을 촉진하는 활동이 적극적으로 이루어질 때 발현한다. 집단의 안정적인 분위기와 집단구성원의 자발적인 참여, 집단구성원의 상호작용도 집단역동의 발현에 큰 영향을 준다.

따라서 집단지도자는 집단에 참여한 조직구성원이 허심탄회하게 이야기를 나누도록 허용되고 안정된 집단분위기 조성에 힘써야 한다. 조직에서 부여한 계급이나 직책의 고려없이 조직구성원 개인 각자가 가진 느낌이나 생각을 이해하고 공감하는 따뜻한 태도가 필요하다. 집단에 참여한 구성원 간 평가나 비난의 말을 하지 말아야 하고, 서로에게 긍정적인 관심을 기울이도록 안내할 때 역동성 발현이 가능하다.

의식적인 측면에서 집단역동에 영향을 주는 요인은 다음과 같다.

첫째는 높은 참여의식이다.

집단에 참여한 동기가 자발적인지 아니면 비자발적인지에 따라서 집단역동은 차이를 보인다. 일반집단상담에서는 집단구성원 스스로 자발적으로 집단에 참여하는 경우가 대부분이어서 집단역동의 수준도 높게 발현된다. 이와 달리 특수집단상담의 경우에는 비자발적으로 집단에 참여하는 경우가 대부분이어서 집단상담에 참여하는 동기 수준이 낮다.

따라서 집단지도자는 집단에 참여한 구성원의 참여의식을 고취하기 위해 집단상담이 이루어지기 전 오리엔테이션 시간을 갖는 것이 바람직하다. 집단상담이 이루어지는 과정에서는 집단역동이 높은 수준으로 유지되도록 다양한 프로그램을 도입해서 활용한다.

두 번째는 왕성한 책임 의식이다.

책임감은 참여의식과 함께 집단역동에 영향을 미치는 또 하나의 중요한 요인이다. 책임 의식을 가진 사람은 정신적으로 건강한 사람을 의미하는데, 이들은 집단상담 과정에서 적극적이고 능동적으로 참여한다. 외적 환경이나 상황이 변하기만을 기다리지 않고, 자신을 먼저 개방하고 피드백을 나누는 등 능동적인 행동을 전개한다.

집단에 참여한 구성원이 자율적으로 내린 선택과 결심은 자기 행동에 대한 책임으로 인식하고 수용해야 한다. 이렇게 책임 의식은 집단역동을 촉진하는 요인으로 작용함과 동시에 능동적인 행동으로 이어지도록 촉진하여 개인의 발전과 성장의 가능성을 높여준다.

세 번째는 강한 연대 의식이다.

일반집단상담 과정에서 집단역동에 영향을 주는 또 다른 요인은 집단의 배경, 집단의 참여 형태, 의사소통의 형태, 집단분위기, 집단행동의 규준, 집단원의 사회적 관계유형, 하위집단의 형성, 신뢰수준 등이 있다(이형득 외, 2010).

집단상담 과정에서는 집단구성원이 서로 처음 만났는데도 수년간 함께 지낸 사람처럼 행동하는가 하면, 어떤 집단에서는 같은 조직에서 오랜 기간 함께 생활하면서도 관계 유지에 어려움을 겪기도 한다. 이 같은 현상은 유대감 혹은 연대 의식이 약해서 나타나는데, 집단역동에도 부정적인 영향을 준다.

제2절 특수집단의 변화요인

Yalom(1995)은 집단상담 과정에서 발현되어야 할 변화요인과 치료적 요인을 강조하였는데, 이러한 요인은 상호의존적이어서 각각 독립적으로 기능하지 않는다고 언급한 바 있다(장미경 외, 2022). 본 절에서는 집단이 특정한 방향으로 변화하는 데 영향을 미치는 촉진 요인을 살펴보기로 하겠다.

1 집단변화 촉진 요인

1) 자기 개방

자기 개방은 자기 노출, 자기 공개 등과 같은 뜻으로 사용되는 용어로 개인적인 문제, 관심, 욕구, 기대, 두려움, 개인적 경험 등을 언어 행동과 비언어 행동을 통해 드러내는 것을 말한다. 자기 개방의 내용은 집단구성원의 배경이나 개인사(주로 좋지 않은 일)에 관한 것, 자신에 대한 것, 다른 집단구성원과 집단지도자에게 반응하는 것 등을 포함한다.

자기를 개방하는 방법은 공개하려는 내용이 자신의 문제나 갈등요인과 어떤 관련이 있는지 자문자답이 필요하다. 개방하려는 내용이 집단의 목표나 주제와 관련이 있는지 먼저 생각하고 하는 것이 바람직하다.

자기를 개방할 때는 적절한 속도 조절이 필요하며, 시의적절하고 올바른 자기 개방으로 집단역동과 상호작용을 촉진할 수 있어야 한다. 타인에게 부담을 주거나 압박하는 수단으로 사용되어서는 바람직하지 않다.

집단상담의 과정에서 느껴지는 감정 표출도 자기 개방의 하나이다. 첫 회기에서 집단지도자가 자기 개방의 시범을 보이는 것은 권장할 만하나, 집단지도자의 지나치고 장황한 자기 개방은 바람직하지 않다.

2) 감정정화

개인의 내면에 억압되고 누적된 감정을 표출하여 그 감정을 해소하는 것이 감정정화이다. 감정정화는 다른 말로 카타르시스(catharsis)라고도 말한다. 집단상담 과정에서 억압된 감정을 표출하는 것은 집단원간의 신뢰감 형성을 돕고, 집단응집력을 높이는 데 긍정적으로 작용한다.

이를 위해 집단지도자는 집단구성원을 대상으로 개인의 사고, 행동과 관련한 감정의 인식 방법에 대한 정보를 알려주고, 감정을 통제하고 표현하는 방법을 시연한다.

3) 희망

희망은 자신의 변화 가능성에 대한 믿음이다. 심리적 어려움이 있는 사람은 자신의 적응과 관련한 문제이거나 심리적 갈등과 연관된 문제해결을 어려워하며, 문제의 원인이 외부 환경에 있다고 여기는 경향이 있다. 따라서 집단지도자는 집단구성원에게 개인의 심리적 문제와 대인관계 갈등의 해결, 특수 조직 적응력 강화에 대한 긍정적인 조망과 희망을 갖도록 안내하여 변화를 촉진한다.

4) 유머

유머는 집단구성원이 자신의 문제에 대한 통찰력을 갖고 새로운 시각으로 문제를 바라보게 하여 치료적 효과를 가져온다. 유머는 집단상담의 초기 과정에서 나타나는 어색한 분위기를 부드럽게 바꾸는 데 유용하다. 따라서 집단지도자는 유머 목록집을 사전에 준비하여 집단상담이 이루어지는 과정에서 시의적절하게 활용한다.

집단원을 당황하게 만드는 유머나 웃음거리로 만드는 유머가 사용되어서는 결코 안 되며, 상대방에 대한 애정과 존중을 바탕으로 이루어지는 것이 바람직하다.

5) 보편성

심리적 문제를 포함하여 대인관계의 갈등, 조직 생활의 부적응 등을 겪고 있는 사람이 자기 혼자만이 아니라는 사실을 아는 것이 보편성이다. 다른 사람들도 자신과 비슷한 심리적 고통과 갈등을 경험하고 있다는 것을 아는 것이 보편성이다. 집단상담을 진행하면서 자기를 개방하다 보면 서로 비슷한 유형의 심리적 어려움을 겪고 있음을 알아가게 된다.

집단지도자는 특수집단구성원들이 갖는 관심 주제에 초점을 맞춰 보편성을 깨닫도록 안내하고 응집력을 높일 수 있어야 한다. 보편적인 주제로는 조직에서 거부당하거나 퇴출되지 않을까 하는 두려움, 대인관계 갈등에 의한 외로움, 자신의 역량 부족에 대한 열등감, 외상의 기억, 자신이 잘못한 일에 대한 죄책감 등이 있다.

2 상호작용 촉진 요인

특수 조직에서 이루어지는 집단상담의 과정에서 상호작용을 촉진하는 요인은 다음과 같다.

1) 안정된 집단분위기

집단구성원이 집단 내에서 자기를 탐색하고 개방하기 위해서는 집단분위기가 먼저 안정되게 조성되어 있어야 한다. 집단구성원 상호 간 솔직한 대화를 주고받고, 개인의 다양성을 이해하고 수용하기 위해서는 집단분위기가 따뜻해야 한다. 어느 것에도 억압받지 않고, 누구로부터 비난 없이 자유롭게 말할 수 있으려면 집단분위기가 부드럽고 따뜻할 때 가능하다.

이렇게 집단분위기는 집단의 변화를 가져오게 하는 중요한 요인이다. 위계 문화의 환경적 특성이 있는 특수 조직의 집단상담은 일반집단상담보다 집단분위기를 부드럽고 안정감 있게 조성하는 데 더 많은 관심과 노력을 기울일 수 있어야 한다.

CHAPTER 2에서도 언급한 바 있지만 군·경·소방의 조직은 임무 수행에 적합하도록 위계적 체계로 운영되어 조직의 분위기가 사회의 일반기관이나 단체보다 경직되어 있다. 특히, 조직에 좋지 않은 일이 발생하거나 중요한 과업을 앞둔 경우에는 조직 분위기가 무겁게 가라앉는다.

집단지도자는 이러한 조직의 특수한 상황과 여건으로 집단분위기가 경직된 경우에는 프로그램 중간중간에 집단분위기를 편안하고 안정감 있게 유지하는 활동을 도입하여 집단상담을 촉진해야 한다.

2) 집단원의 신뢰감

집단상담의 과정은 그것이 일반집단상담이든 특수집단상담이든 합리적이지 못한 언행은 배척한다. 인간 존중의 기본적인 태도를 바탕으로 이루어져야 상담 효과를 가져올 수 있으며, 집단구성원 간 신뢰감이 형성되어야 집단상담의 성공을 기대할 수 있다.

집단구성원 간의 신뢰감은 특수집단상담이 성공적으로 이루어지도록 하는데 결정적으로 작용한다. 따라서 집단지도자는 집단의 신뢰수준을 주의 깊게 관찰하고 촉진해 집단상담의 성공을 이룰 수 있어야 한다.

특수집단상담은 일반집단상담보다 집단구성원 간 신뢰감을 유지하기가 어려운 것이 사실이다. 그것은 특수 조직이 개방적이지 못하고 폐쇄적이며 위계적인 특징으로 조직되어 있는 이유가 크다. 평소 과업을 수행하는 과정에서 자주 지적을 하고 꾸중하는 상급자가 존재해도 신뢰감 형성이 어렵다.

집단에 참여한 하급 조직구성원은 집단상담 과정에서 자신에게 해가 되는 일이 발생하지 않을까 하는 염려와 우려로 심리적 안정감을 유지하기가 어렵다. 따라서 집단지도자는 집단상담의 초기 과정부터 집단에 참여한 조직구성원 간 신뢰감 형성에 방해 되는 요인이 무엇인지를 찾아 이를 제거하는데 관심을 두어야 한다.

3) 변화에 대한 기대

변화에 대한 기대는 곧 희망을 뜻한다. 인간은 과거에 만들어진 희생물이 아니며, 스스로 변화하고 발전하는 잠재력을 가진 긍정적인 존재이다. 따라서 변화에 대한 믿음과 의지가 있을 때, 중요한 국면에서 스스로 선택하고 결정할 수 있으며, 그 과정에서 성장과 발전이 이루어진다.

집단에 참여한 구성원 간 활발한 상호작용이 이루어지면 지금까지 불가능하게 여겨졌던 일이 가능하다는 것을 깨닫는다. 이렇게 변화에 대한 기대는 집단상담 장면에서 새로운 통찰을 가져오게 할 뿐만 아니라, 특수 조직에서 빠른 적응력을 강화하는 데에도 도움을 준다.

변화에 대한 믿음을 가진 구성원은 조직에 적응하지 못하는 어려움을 자신이 통제할 수 없는 조직의 문화나 환경의 탓으로 돌리지 않는다. 내가 변화하여 극복할 수 있다고 긍정적으로 여긴다. 따라서 집단지도자는 집단상담을 성공적으로 이끄는 요인이 변화에 대한 조직구성원의 기대와 믿음으로부터 출발한다는 점을 잊지 말아야 한다.

4) 집단의 응집력

집단응집력이란 집단구성원이 우리라는 의식을 갖고 집단 내에서 적극적이고 능동적으로 일심동체가 되려는 정도를 말한다. 이 같은 집단응집력은 내가 혼자가 아니고 우리라는 집단의 소중한 한 일원이라고 인식하는 것으로부터 출발한다.

집단응집력은 집단분위기가 안정되고 집단원의 피드백이 잘 이루어지도록 하는 데에도 도움을 준다. 지금-여기에 초점을 맞추고 집단역동이 발현될 때 집단응집력은 더욱 증진한다. 특수집단상담 과정에서 높은 수준의 집단응집력이 발현되면 다음과 같은 긍정적인 반응이 나타난다.

① 집단상담 과정에 적극적으로 참여한다.
② 자기 자신의 느낌을 적극적으로 개방하고 표현한다.
③ 진솔하게 피드백을 교환하고 따뜻하게 직면한다.
④ 다른 관점과 각도에서 타인을 이해하고 수용하려고 노력한다.
⑤ 집단의 문제를 적극적이고 능동적으로 해결하려고 노력한다.
⑥ 다른 집단구성원과 가까워지고 깊은 관계를 맺으려고 노력한다.

5) 지금-여기에 초점

집단상담은 지금-여기에서 현존하는 모든 것을 있는 그대로 이해하는 학습 과정이다. 이미 지난 것을 이해하려는 것과 지금이 아닌 미래에 관한 생각 등은 특수집단상담의 조건에 합당치 않다. 따라서 집단원은 각자의 생활 문제를 효율적으로 해결할 수 있다는 전제 아래, 현재 자신이 어떻게 느끼고 경험하는지를 탐색하는 데 초점을 두어야 한다.

나와 너의 느낌, 나와 너의 생각, 나와 너의 행동을 서로 관찰하고 느끼는 과정을 통해 피드백을 교환한다. 지금-여기에서의 자기 존재에 대한 자각을 확대하는 것은 집단의 변화를 촉진하는 원동력으로 작용한다. 만약 집단지도자가 지금-여기가 아닌 과거에 초점을 맞춘다면 집단의 변화가 이루어지지 않을 가능성이 크다.

특수집단상담이 이루어지는 과정에서 말하는 지금-여기는 조직 생활을 이루어가는 현재의 이 장소다. 실제 조직 생활을 하는 동안 자신에게 발생한 현실적인 일과 조직 과업을 이행하는 데 영향을 주는 개인적인 일이 모두 여기에 해당한다.

위계 문화의 환경적 특성 속에서 특수한 과업을 수행하며 나타나는 대인관계의 과업, 구태의연한 조직 문화를 새롭게 혁신하는 과업, 인간 존중과 배려를 통해 새로운 변화를 시도하는 일 등이 모두 지금-여기에 해당 한다.

6) 새로운 행동 실천

특수집단상담은 집단구성원에게 새로운 행동과 기술을 연습할 수 있도록 안전한 공간을 제공하는 장이다. 집단상담 과정을 통해 통찰을 얻었다 해도 실제 생활에 적용하기 위해서는 새로운 행동의 연습이 필요하다.

집단에서 실천해 볼 수 있는 새로운 행동과 기술로는 억압되었던 감정표현, 자기주장 훈련, 다른 집단원의 의견에 반대 의견 제시하기, 부모나 자녀와의 대화법 등이 있다. 새로운 행동을 연습한 후 집단지도자와 집단원의 피드백을 듣고 소감을 나누면 그 효과는 배로 커진다.

제3절 특수집단상담의 유형

특수 조직원의 적응과 관련한 심리적 문제를 다루는 일은 결코 쉬운 일이 아니다. 조직 생활에 적응하지 못하면 여러 가지 심리적인 어려움과 대인관계의 갈등을 경험하고 임무 수행에도 부적정인 영향을 미친다.

개인이 처한 심리적인 문제해결이 지연되거나 미온적으로 처리되는 경우는 조직의 약화를 초래한다. 조직에 적응하지 못하는 기간이 장기간 지속될 때에는 자살과 같은 사고로 이어지기도 한다.

이러한 문제가 발생하지 않도록 다양하게 접근하는 특수집단상담의 유형을 살펴보기로 하겠다.

1 심리적 문제해결 집단상담

1) 자살 예방 집단상담

조직구성원의 자살을 예방하기 위한 관심과 노력을 기울이지 않는 특수 조직은 이 세상 어느 곳에도 존재하지 않는다. 군인과 경찰, 소방관 중 자살률이 가장 높은 직업은 소방공무원이다. 재해재난 현장에서 소방관이 목격하는 끔찍한 장면들은 급성 스트레스로 이어져 적시에 치료가 이루어지지 않을 경우, 자살로 이어지는 경우가 많다.

군대에서는 자살을 예방하기 위해 2005년부터 전문상담제도를 도입해 운영하고 있다. 그 결과 자살률이 현저하게 감소하였는데, 2020년 기준 극단적 선택을 한 병사와 간부는 각각 15명과 25명으로 조사되었다. 요즘에는 병사 자살률보다 간부의 자살률이 더 높게 증가하고 있어 또 다른 병영관리의 문제점이 나타나고 있다.

경찰은 마음 행동센터와 민간 위탁상담제도를 통해 자살을 예방하고 있다. 자살을 예방하는 상담 방법은 개인 상담으로 치료하는 방법과 집단상담으로 접근하는 방법이 있다. 이 중 집단상담은 집단 내 타인의 반응과 치유 경험을 함께 나눌 수 있어 자살 예방에 많은 도움을 준다.

2) 트라우마 치료 집단상담

트라우마 증상은 평생 동안 유지되는 경우도 있다. 트라우마에 노출된 과거 경험이 있을 때에는 노출 경험이 없는 사람에 비해 장애로 이어질 위험성이 2배나 높고, 조기에 치료받지 않으면 만성질환으로 발전한다.

충격적인 외상을 경험한 소방관이나 총기 난사 사고와 같은 충격적인 사건을 경험한 장병 중 일부는 아직도 트라우마 후유증으로 고통속에서 생활하는 것으로 알려지고 있다.

강력 사건이나 살인사건과 같은 충격적인 사건을 수사한 경험이 있는 경찰관, 충격적인 악성 사고를 겪은 장병, 자신의 생명이 위협받는 외상 경험이 있는 소방관은 트라우마 치료 집단상담을 통해 적절한 처치와 관리가 필요하다.

3) 중독예방 집단상담

현대는 정보화의 시대다. 정보화시대는 인터넷과 모바일이 한 축을 담당한 다는 의미를 내포할 뿐만 아니라, 세계화의 핵심적 위치에 미디어가 존재한다 는 뜻이기도 하다. 군·경·소방의 특수한 조직은 이러한 정보화의 시대를 맞이 하여 미디어에 대한 혁신적인 제도 마련과 함께 과학화된 조직으로 거듭나기 위해 고군분투한다.

특히, 군대에서는 평상시 장병들에게 병영 내 휴대전화 사용을 승인하고 있어 그 어느 때보다 미디어 중독예방과 치료에 관심이 요구되고 있다. 일과 시간에도 게임에 몰입하거나 사이버 도박에 중독되어 맡은 바 임무를 소홀히 한다거나 사건사고를 일으켜 조직력의 약화를 초래하는 일이 발생되지 않도 록 주의가 필요하다.

군인과 경찰, 소방관을 대상으로 한 미디어 중독예방의 집단상담이 조기에 정착되도록 하는 제도 마련이 시급하다.

2 조직력 강화 집단상담

1) 폭력 예방 집단상담

군·경찰·소방 조직과 같은 위계 조직에서는 언어폭력, 구타, 동성 및 이성 성폭력 등과 같은 폭력 행위가 발생할 가능성이 상존한다. 이러한 폭력 행위 는 급변하는 사회변화에 따라 새로운 양상으로 진화하는 특징이 있다. 폭력적 인 행위가 조직 내에서 근절되지 않을 경우에는 조직의 약화는 물론 조직구성 원의 조직적응에도 부정적으로 작용한다.

특수 조직에서 발생하는 폭력 행위를 예방하기 위해서는 주기적인 인권존 중과 관련된 교육과 강력한 처벌이 요구된다. 집단상담 프로그램을 적극적으 로 도입하여 조직 내 폭력을 단절하고, 조직의 화합과 소통의 역량을 강화하는 노력이 필요하다.

2) 조직문화개선 집단상담

특수한 임무를 수행하는 조직구성원은 임무 수행 중 아차 하는 순간, 소중한 생명을 앗아가는 절박한 상황에 놓이기도 한다. 조직구성원의 생명과 안전을 지키기 위해서는 상급자의 명령과 지시에 절대적으로 복종하고 순응하는 것이 요구된다.

하급자의 인격과 기본권을 무시하고, 계급과 권위의 정당성만을 강조하는 조직 문화와 구태의연한 병영문화의 잔재를 제거하는 조직문화개선 집단상담이 활발히 전개될 필요가 있다. 서로를 존중하고 배려하는 조직문화가 정착되고, 이를 통해 활기차고 명랑한 긍정적인 조직을 육성하기 위해 조직문화개선과 관련한 프로그램개발이 조속히 이루어지길 기대한다.

3) 다문화 인식 집단상담

21세기 큰 흐름 중의 하나는 전 세계가 다문화 국가로 변해가고 있다는 사실이다. 인종과 언어, 종교의 다양성이 공존하는 현실을 마주하는 일은 우리나라만의 현실이 아니다. 특수한 임무를 수행하는 조직구성원 중에는 다문화 출신이 있다. 군에서는 이러한 세계적인 다문화의 흐름과 우리나라의 다문화 현실을 고려해 다문화 군대로의 전환을 준비하고 있다.

특수한 임무를 수행하는 군·경찰·소방 조직은 임무를 수행하는 과정에서 문화적 갈등이 발생되지 않도록 사전에 이를 예방하고 차단할 수 있어야 한다. 다문화 출신 조직구성원의 다양한 잠재력을 활용하여 문화적 충돌을 차단하고, 타문화를 존중하는 조직으로 발전할 수 있도록 다문화 집단상담 프로그램의 활성화가 필요하다.

3 잠재 능력개발 집단상담

1) 긍정심리 강화 집단상담

특수한 임무를 수행하는 군·경찰·소방 조직원을 대상으로 이루어지는 특수 집단상담은 조직구성원의 적응력 강화에 초점을 둔다. 조직구성원의 심리적 어려움과 고충, 혼란 등을 해결하고 대인관계 갈등을 해결할 뿐만 아니라, 개인의 잠재력을 증진하는 긍정심리 프로그램을 구축에 관심을 둔다.

긍정심리학(positive psychology)은 2000년도에 등장하였다. 인간의 긍정적인 측면을 강조하는 긍정심리학이 긍정조직으로 변화하는 데 필요한 학습 과정으로 정착되어 가고 있는 것은 다행한 일이 아닐 수 없다. 조직구성원 각자가 지닌 대표 강점을 찾아내 이를 조직 활동에 활용하고, 개인의 긍정사고와 긍정 정서를 증진하는 집단프로그램 도입으로 긍정조직으로의 변화가 이루어지도록 노력하고 있는 것은 잘 된 일이다.

2) 진로 발달 및 진로지도 집단상담

군에서 의무 복무하는 젊은이들의 인식은 아직도 부정적인 측면이 없지 않다. 의무복무를 하는 시간에 공부와 같은 생산적인 일을 하면 많은 성과를 낼 수 있는데, 실제 생활에서 마주하는 현실은 무의미한 시간뿐이라고 인식하는 경향이 있다. 의무복무를 하고 전역하는 군 생활의 시간이 아무런 가치가 없이 버려진다고 생각한다.

진로지도 집단상담은 특수 조직에서 일하는 구성원의 진로 문제에 효과적으로 대처하는 능력을 배양하게 하여 조직 적응력 강화에 도움을 준다. 군에서 의무복무를 하는 젊은 청년들에게 복무의욕을 고취하고 군 생활 만족감을 증진하는 데 긍정적인 영향을 준다.

특수집단지도자의 관심

집단상담 과정을 안내하고 이끄는 집단지도자는 훈계나 교육, 지시를 하는 사람이 아니다. 집단에 참여한 구성원을 공감하고 이해하며, 적극적인 경청과 피드백을 통해 정서적 체험을 경험하도록 안내하는 조력자이다. 집단구성원의 성장과 변화를 촉진하고, 그들이 경험하는 심리적 고통과 부적응의 원인을 깨닫도록 안내하여 적응력을 강화하는 촉진자이기도 하다.

그러므로 집단지도자는 집단상담의 전체 과정을 생산성 있게 중재하고, 실제 적용하는 프로그램이 조직 목표 달성에 기여되도록 조력하는 능력을 갖추는 것이 필요하다. 특수집단상담을 안내하는 지도자가 관심을 가져야 할 역할은 주로 다음과 같다.

첫째, 특수집단에 참여한 구성원이 편안하고 자유롭게 자기 개방이 유지되도록 촉진하는 역할이다. 집단구성원의 긍정적인 측면에 관심을 두고, 그들의 심리적 특성과 적응 수준을 이해하며, 이를 바탕으로 자발성이 발현되도록 안내한다. 또한 어떤 집단이든 집단의 역동적인 감정 교류가 나타나기 마련인데, 이를 세밀하게 감지하여 적극적으로 활용하는 역할을 한다.

둘째, 특수집단상담 과정에서 집단참여자의 저항을 최소화한다. 저항에 대하여 불필요하게 언급하거나 추궁하지 않으며, 저항 자체를 존중하여 집단역동에 지장을 주지 않는다. 또한 집단에 참여한 자들을 평가하거나 판단하는 태도를 보이지 않는다. 정의적인 영역의 문제는 정답과 오답이 없다는 사실을 명심하고, 집단참여자를 훈계하거나 지시하는 모습을 보이지 않는다.

셋째, 특수집단상담에 적극적으로 참여하지 않는 구성원을 보더라도 그의 권리를 존중한다. 개인적인 적응의 문제로 집단 활동에 소극적으로 참여하는 자가 있으면 집단지도자는 끈기 있는 기다림과 수용으로 그를 존중한다. 그러나 집단상담 활동을 고의로 방해하기 위한 목적으로 침묵하거나 저항하는 경우에는 이를 분명하게 직면한다.

집단지도자와 집단원은 위계적인 관계에 있지 않고 수평적인 관계에 있다. 동등한 인간으로 같은 위치에 있다는 사실을 인식하고 안내자의 역할에 충실한다. 집단지도자가 집단에 참여한 구성원을 대하는 태도에 관심을 가져야 하는 내용은 주로 다음과 같다.

- 집단참여자를 있는 그대로 인정하고 수용한다.
- 집단참여자를 신뢰하여 상호 서로 격의 없는 대화를 한다.
- 집단참여자의 생각이나 의견을 편향적인 시각으로 바라보지 않는다.
- 집단참여자의 실수, 잘못을 꾸짖거나 추궁하지 않고 반응 자체를 존중한다.
- 집단참여자를 이끌어 가야 한다는 생각으로 자기 방식을 요구하지 않는다.
- 집단참여자를 따뜻이 대하며 부드럽고 온화한 상담 분위기 조성에 힘쓴다.
- 집단참여자에게 개인의 종교적 성향을 묻거나 의견을 표출하지 않는다.

특수집단상담이 이루어지는 과정에서는 그것이 어떠한 유형의 상담이든 집단상담을 방해하는 모습이 나타날 수 있다. 개인의 적응과 관련한 문제나 심리적 고통, 대인관계의 갈등, 개인적 욕구 등을 충족하려는 이유가 상담을 방해하는 원인으로 작용되기도 한다. 따라서 집단지도자는 집단에 참여한 각 구성원의 기대와 욕구, 심리적 특성이 어떠한지를 아는 것이 중요하다.

군·경·소방 조직에서 이루어지는 특수집단상담은 위계 문화의 영향으로 하급자 공격하기, 충고하기, 자기 방어하기 등이 나타난다. 따라서 집단상담에 참여한 구성원의 바람직하지 않은 태도가 상담 장면에 나타나지 않도록 집단지도자가 직접 시연을 보일 수 있어야 한다. 집단구성원의 바람직한 태도가 유지되도록 관심을 가져야 할 사항은 대체로 다음과 같다.

- 집단상담 활동에 충실히 참여하도록 촉진하는 관심
- 집단에 참여한 동료의 이야기를 적극적으로 경청하도록 안내하는 관심
- 집단에 참여한 동료를 공격하지 않도록 상담 분위기를 조성하는 관심
- 집단에 참여한 동료를 평가·판단·충고하지 않도록 조력하는 관심
- 관찰자가 되거나 침묵보다는 적극적인 참여자가 되도록 하는 관심 등

CHAPTER 04
특수집단상담의 접근모형

　군·경·소방 조직구성원을 대상으로 이루어지는 특수집단상담은 대체로 다음과 같은 이론적 모형을 적용한다. 인간에 대한 기본관점과 이론의 주요 개념, 집단상담에 적용하는 방법론, 상담 기술, 집단지도자의 역할 등을 살펴보기로 하겠다.

정신분석 집단상담모형

정신분석은 프로이트(Sigmund Freud)가 창시한 이론이다. 프로이트는 정신 (psycho)과 분석(analysis)의 합성어로 이루어진 정신분석이라는 용어를 1896년 부터 사용하기 시작하였다.

정신분석 이론이 만들어진 20세기 초에는 정신분석을 집단상담에 활용할 수 없을 것으로 생각하였으나 20세기 중반부터 집단상담 및 치료에도 적용의 가능성을 인정받아 지금까지 활용되고 있다. 정신분석에서 주장하는 인간에 대한 기본관점과 주요 개념, 상담의 적용 방법 등을 알아보겠다.

1 인간에 대한 기본관점

프로이트는 인간을 비관적이고 결정론적이며 환원론적인 관점에서 바라 보았다. 인간은 근본적으로 비도덕적이고 비합리성을 지닌 상태로 태어나 긍 정적인 존재와는 거리가 멀다고 언급하였다. 인간은 단지 생물학적인 욕구와 충동의 지배를 받는 존재이며, 인간 행동은 무의식적 동기와 어릴 적 경험으 로 결정된다고도 주장하였다.

인간의 기본적 성격 구조는 만 5세 이전에 어떠한 경험을 하였는가에 따라 결정되며, 이러한 성격 구조는 성인기가 되어서도 변하지 않는다고 강조하였 다(Freud, 1915). 이렇게 프로이트는 인간 본성에 대한 비합리성과 생물학적 결 정론을 주장하였다.

2 주요 개념

정신분석은 인간 심리에 대한 구조적인 가정과 여러 가지 형태의 부적응 행동에 대한 역학적 이해의 배경에 기초를 두고 있다. 원초아, 자아, 초자아가 어떻게 기능하고, 서로 어떤 관계에 있는가를 탐색하여 자아의 힘과 자아의 조정 기능을 강화하는 데 초점을 둔다.

이 이론은 심리적 문제의 의미와 원인을 근본적이고도 심층적으로 이해하려고 노력한다는 점이 특징이다. 심리적인 문제를 이해하고 해결하는 데는 출생으로부터 만 5세에 이르기까지의 성장 과정을 중시한다. 특히, 무의식적 심리 과정과 동기에 대한 이해를 촉진하고, 개인사의 근거나 인과관계를 탐색함으로써 현재의 문제행동을 해결하려는 데 초점을 둔다(윤관현 외, 2006). 정신분석은 무의식에 숨어 있는 문제의 원인을 분석하여, 그것을 의식의 세계로 꺼냄으로써 자아의 기능을 변화시키려고 한다.

결국, 이 이론의 주된 노력은 집단상담 활동을 통하여 과거의 일을 다시 경험하도록 함으로써 무의식적 갈등을 의식화해 갈등을 해소하는 것이다. 정신분석 집단상담의 목적은 집단과정을 통하여 집단원의 자아 발달을 촉진하고, 자아의 힘과 자아의 중재 기능을 강화한다. 그 방법은 집단과정에서 전이가 나타나게 하고, 감정정화와 저항 해석 등의 방법을 통해 통찰이 이루어지도록 한다.

3 상담의 적용

1) 상담 목표

일반집단상담의 목표는 집단상담 과정을 통해 집단구성원 개개인의 성격 체계를 재구조화하고 건전한 자아 발달을 이루는 것이다. 심층에 숨어 있는 문제의 원인을 분석하고, 그것을 의식의 세계로 가져와 자아의 기능을 변화시키는 데 목적이 있다.

특수 조직에서 이루어지는 집단상담의 목표는 조직원의 증상과 관련된 무의식을 의식화하고, 성격 구조 중 자아의 기능을 강화하여 조직 생활에서 잘 적응하도록 돕는 것이다. 이를 위해 집단상담에 참여한 구성원의 억압된 감정이나 충동 등을 자유롭게 표현하도록 촉진한다.

원초아의 충동과 초자아의 압력을 적절히 조절하고 통제하는 자아 기능의 역할을 강화하여 자아가 자신을 주도하도록 안내한다. 특수 조직 생활에서 잘 적응하는 구성원, 조직의 위계적 상황과 특수한 문화적 환경에서도 대인관계가 원만한 조직원, 개인의 일과 조직의 과업에 모두 열중하는 조직원이 되도록 조력하는 데 중점을 둔다.

2) 상담 과정

정신분석 집단상담의 과정은 집단원이 지닌 심리적인 문제의 양상과 집단지도자의 접근 방식에 따라 달라진다. 일반적으로 정신분석 집단상담의 과정은 과거의 경험을 재현, 분석, 논의, 해석하며 무의식 수준에서 작용하는 방어와 저항을 훈습하는 데 초점을 둔다.

자기 이해와 연관된 감정과 기억에 대한 통찰 및 인지적 이해에 관심을 가질 뿐만 아니라, 집단구성원의 과거를 재현하고 재구조화하며, 무의식이 현재에 어떻게 영향을 미치고 있는지 이해하도록 억압된 갈등을 훈습한다 (Corey, 2012). 정신분석 집단상담이 진행되는 과정은 대체로 다음과 같이 이루어진다.

---

① 자유연상의 기법을 사용하여 심리적 갈등과 불안을 표출한다.
② 집단지도자 혹은 다른 집단원에게 전이가 나타나도록 한다.
③ 집단원의 언어에서 갈등과 불안의 원인을 심층적으로 탐색한다.
④ 집단원의 전이와 저항적 언어 반응을 해석한다.
⑤ 집단지도자의 해석을 집단원이 수용하도록 격려한다.
⑥ 집단원의 부정 감정을 해소하고 자아 통찰이 이루어지도록 조력한다.

---

3) 지도자의 역할

정신분석 접근모형을 적용하는 집단지도자는 먼저 집단상담에 참석한 집단원에 대한 인간적인 관심과 존중 등을 통해 신뢰 관계를 유지한다. 집단원의 과거 갈등을 현재의 상담 관계에서 전이가 나타나도록 촉진하고, 무의식적 경험에 직면하기를 회피하는 저항 행동을 다룬다.

특히, 집단원이 과거의 중요한 인물에 대한 감정을 현재의 집단지도자에게 투사하도록 촉진한다. 집단구성원이 자신의 내면에 있는 억압과 저항을 충분히 받아들일 준비가 되었다고 판단될 때는 적절한 해석을 통하여 통찰이 이루어지도록 조력한다.

4 상담기법

1) 자유연상(free association)

자유연상은 억압된 내용이나 무의식적 자료를 밝히는 기본적인 기술이다. 아무리 부끄러운 것이라고 할지라도 마음속에 떠오르는 것이면 무엇이든 이야기함으로써 혼자서는 의식화할 수 없는 개인의 무의식을 의식화하는 상담기술이다(천성문 외, 2010).

집단원의 감정을 자기검열 없이 즉각적으로 표현하도록 조력하고, 집단에서 사전 정해진 것 이 외의 어떠한 주제도 자유롭게 의견 개진이 가능하도록 여건을 보장한다. 집단상담 과정에서 자유연상의 적용은 순차적으로 집단원이 돌아가며 한다.

각 집단원이 돌아가며 다른 집단원에 대해 떠오르는 것이 있으면 무엇이든 말할 수 있도록 허용한다. 그렇게 하면 집단원은 내면에 있는 자신의 감정을 표출하여 잠재적인 심리적 갈등을 이해하고 알아차린다.

2) 전이(transference)의 해석

정신분석에서 전이가 나타나지 않으면 정신분석 상담이 아니라고 할 정도로 전이는 매우 중요한 기제다. 전이는 집단원이 어릴 때 자신에게 결정적인 영향을 미친 중요한 인물에 대해 가졌던 긍정적 혹은 부정적인 감정을 집단상담 장면에서 집단지도자에게로 옮기는 것이다. 그러나 전이는 무의식적으로 이루어져 집단구성원은 이를 잘 알아차리지 못한다.

이러한 전이 과정은 전이 관계의 참된 의미를 각성함과 동시에 억압된 감정 및 갈등을 인식하고, 자신의 과거 경험이 현재에 어떤 영향을 미치는지 알도록 하는데 도움을 준다. 군·경·소방 조직에서 이루어지는 정신분석 집단상담은 전이의 해석을 성공적인 치료 요인으로 여긴다.

3) 저항(resistance)의 해석

저항은 상담을 거부하고 집단지도자에게 협조하지 않으려는 집단원의 무의식적인 거부 행위를 말한다. 예를 들어, 집단상담 과정에서 침묵을 유지한다거나 또는 의미 없는 말을 계속하는 경우가 이에 해당한다. 자신은 아무 문제가 없다고 회피한다거나 집단상담의 중단을 요구하기도 한다.

이러한 저항이 나타나는 이유는 불안으로부터 자아를 방어하기 위해서다. 저항은 무의식에 숨겨진 원초적 충동과 욕구가 의식의 표면으로 올라오려고 할 때, 그 고통을 직면하지 않으려는 태도가 반영되어 나타난다.

따라서 집단지도자는 무의식 내용의 각성을 방해하는 것이 저항임을 알고 그것을 잘 해석할 수 있어야 한다. 저항을 해석할 때는 우선 집단원이 보이는 가장 강한 저항에 관심을 둔 다음, 이를 수용한 후, 온화한 표정과 따뜻한 언어로 피드백을 제공한다.

4) 통찰(insight)과 훈습(working through)

정신분석 상담에서의 통찰은 현재 개인이 겪는 어려움의 원인에 대한 인지적·정서적 자각을 의미한다. 집단원의 예리한 통찰력이 발달할수록 일상생활 속에서 나타나는 여러 가지 갈등을 더 많이 알아차릴 수 있다.

훈습은 전이와 저항을 반복적으로 해석하여 새로운 행동으로 변화되도록 하는 하나의 학습 과정이다. 집단원이 아동기 때 경험한 성적(性的) 외상으로 나타나는 역기능적 행동 패턴을 새로운 통찰을 기반으로 변화시키는 것이므로 반복적인 훈습이 필요하다.

행동주의 집단상담모형

행동주의 집단상담은 크게 두 가지 방향으로 발전되어 왔다. 하나는 정서적 학습에 초점을 둔 Pavlov의 학습개념을 토대로 한 것이고, 다른 하나는 강화를 통한 행동 변화에 초점을 둔 Skinner의 행동수정에 기초한 것이다. 전자는 주로 개인 상담 및 심리치료에 많이 활용되는 반면, 후자의 행동수정은 집단상담 및 심리치료에 주로 활용되고 있다.

1 인간에 대한 기본관점

행동주의자들은 이론의 형성 초기에 객관적인 관찰과 과학적 측정이 가능한 연구를 통해 인간의 행동을 설명할 수 있다고 주장하였다. 인간의 행동이 복잡하기는 하나 예측 가능하다고 여겼으며, 초기의 인간관은 기계론적이고 결정론적인 입장이었다.

인간은 흰 백지와 같은 상태로 태어나지만 어떠한 환경에 처하느냐에 따라 선하게도 악하게도 될 수 있다는 중립적인 견해를 취하였다. 환경에 대한 중요성을 강조하면서 인간을 유전적이고 환경적인 영향으로 결정되는 존재로 여겼을 뿐만 아니라, 유전과 환경의 상호작용으로 나타나는 결과물을 인간의 행동으로 설명하였다.

이후, 인간의 자유와 의지적인 선택을 중심으로 한 능동적인 측면을 포함해 인간 스스로 자기의 행동을 바꿀 수 있다는 인지적인 측면을 받아들이게 되었다.

2 주요 개념

행동주의에서는 행동을 주요 과제로 다룬다. 개인이 학습한 행동은 환경과의 상호작용, 특히 다른 사람과 의미 있는 상호작용을 통해 나타난 결과로 본다. 인간 행동의 문제는 부적응 행동을 학습한 것이므로 부적절한 행동을 버리고 보다 바람직한 행동을 학습하면 교정된다고 주장한다.

행동주의에서는 정상 행동이나 이상행동 모두를 같은 학습의 원리로 설명하고 있다. 집단상담 과정에서는 집단원의 행동을 바람직한 방향으로 학습하거나, 부적절한 행동을 변화시키기 위한 특수한 절차와 학습기법의 사용을 강조한다. 특정 자극에 대한 적절한 강화를 통해 바람직한 반응을 학습할 수 있다고도 주장하고 있다.

행동주의에서 말하는 집단상담은 그 자체를 학습 과정으로 여기며, 집단상담을 지도하는 사람 역시 하나의 학습전문가로 여긴다(Krumbolts, 1966).

3 상담의 적용

1) 상담 목표

집단상담의 목표는 집단원의 부적응 행동을 제거하고, 바람직한 행동을 강화하여 이를 습득하는 것에 둔다. 잘못 학습되었다고 생각되는 행동은 소거하고, 바람직하고 긍정적인 행동을 학습하는 데 도움이 되는 조건을 찾아내거나 조성한다. 특수집단상담 과정에서 상담의 목표를 수립하는 과업은 일반집단상담과정과 마찬가지로 중요하다.

상담의 목표는 분명하고 구체적이며, 명확한 행동 용어로 진술한다. 예를 들어, 화를 잘 내는 사람의 경우에는 하루에 화를 참는 것을 몇 회로 할 것인지 구체적으로 계획하여 설정한다.

2) 상담 과정

행동주의 집단상담 과정은 다음에 같이 여러 단계로 이루어진다.

첫째, 따뜻하고 신뢰하는 상담 관계를 형성한다.
둘째, 집단원의 행동 중 부적응 행동을 규명하고 선정한다.

셋째, 행동수정의 시작을 의미하는 현재의 상태를 파악한다.

넷째, 상담 목표를 설정하고 이를 달성하기 위한 상담 기술을 적용한다.

다섯째, 상담 결과를 평가한 후 상담을 종결한다.

이를 다시 정리하면, 신뢰 관계 형성 → 문제행동 규명 → 현재 상태 파악 → 상담 목표설정 → 상담 기술 적용 → 상담 결과 평가 → 상담 종결 순으로 이루어진다.

3) 지도자의 역할

행동주의 집단상담과정에서 집단지도자가 하는 역할은 집단구성원을 이해하고 수용하는 것에 관심을 두는 일이다. 이를 통해 집단구성원과 집단지도자 간 깊은 신뢰 관계를 형성하고 좋은 상담 분위기를 유지해 간다.

집단지도자는 집단상담 과정에서 직극직이고 능동직인 역할뿐만 아니라, 행동 과성을 직섭 설명하는 교사 역할을 한다. 바람직한 행농 시연을 직접 보이며, 집단원의 작은 변화와 새롭게 발달하는 행동에 대해 적극적으로 지지하고 강화하는 역할을 한다. 이러한 과정을 통해 최종적으로는 집단구성원이 지닌 문제행동을 제거한다.

4 상담의 기법

행동주의 집단상담과정에서 사용하는 기법은 무척 다양하다. 주로 사용되는 기법으로는 학습의 기본원리를 적용하여 인간의 행동을 바람직한 방향으로 수정하는 방법과 이를 응용하는 방법이 있다.

기본원리를 그대로 적용한 방법으로는 바람직한 행동의 강화, 부적절한 행동의 소거, 학습된 행동의 일반화 등이 있으며, 자극에 따라 반응을 달리하는 변별학습, 행동의 조형 등이 있다. 행동의 원리를 좀 더 확대한 응용 방법으로는 체계적 둔감법, 행동 계약 등을 주로 활용한다.

1) 정서 심상법

정서 심상법은 상호제지의 변형으로 집단원의 불안과 두려움을 제거하는데 도움을 주는 기법이다. 주어진 장면에서의 공포와 두려움을 차단하기 위해 근육 이완훈련 대신에 사랑, 긍지, 애정, 즐거움과 같은 긍정적인 느낌이 일어나도록 좋은 정서를 상상하는 명상과 유사한 기술이다.

2) 체계적 둔감법

체계적 둔감법은 널리 활용되는 기술 중의 하나다. 불안이나 공포로 야기된 부적응 행동이나 회피 행동을 수정하는데 효과적인 기법으로 3단계로 이루어진다. 먼저 편안한 자세에서 근육 이완훈련을 한 다음, 불안을 일으키는 유발상황에 대한 위계 목록을 작성한다. 그 다음, 위계 목록에 들어 있는 작은 불안 유발 사항부터 천천히 상상하여 불안을 둔감화한다.

3) 홍수법

홍수법은 말 그대로 홍수를 연상하면 이해가 가능한 기술이다. 불안을 일으키는 무시무시한 결과를 아주 생생하게 한꺼번에 상상하여 불안을 극복하는 노출 방법이다. 어떤 장면과 관련된 불안을 최대한 경험하도록 안내하여 불안을 낮추는 기술이다.

그러나 두려움을 감소시키는 것이 아니라, 오히려 두려움을 증가시킬 수도 있어 단계적으로 천천히 하는 것이 무엇보다 중요하다.

4) 심적포화

심적포화는 정적 강화 자극이라 할지라도 계속해서 주어지면 포화상태에 이르게 되어 효과가 감소하는 원리를 기반으로 한다. 포화상태가 되면 나중에는 정적 강화 자극의 기능을 상실하고, 오히려 반대의 효과가 나타나는 것을 활용한 기술이다.

예를 들어, 설탕 음료를 좋아하는 사람에게 쉬지 않고 많은 양의 음료를 마시게 하면 질리고 진저리가 나, 다시는 인스턴트 음료를 마시지 않게 하는 방법이다.

5) 행동 계약

행동 계약은 두 사람 또는 그 이상의 사람이 정해진 기간에 각자의 행동을 분명하게 정한 후, 그 내용을 서로 지키기로 약속하는 것이다. 행동계약을 할 때 그 내용은 어떤 조건에서 어떠한 행동을 해야 하는 것인지 구체적이어야 하고, 성취가 가능한 것이어야 한다.

집단상담에서는 주로 집단지도자와 집단구성원 간 행동 계약이 이루어진다. 집단상담 초기에 서약서 형태로 작성하는데, 이때에는 반드시 적절한 규칙을 포함시켜야 한다.

6) 자기 지시

자기 지시는 불안이나 기타 부적응 행동에 대해 불안을 줄이거나 혹은 적응적인 행동을 하도록 자기 자신에게 지시하는 기술이다. 자기 지시에는 정서적 안정을 위한 근육 이완훈련을 하는 지시, 역기능적 행동을 바람직한 행동으로 바꾸도록 하는 지시, 그리고 구체적인 행동 변화를 이루도록 하는 지시 등 다양한 설정이 가능하다.

인간중심 집단상담모형

인간중심 상담이론은 1940년대 로저스에 의해 창안되었다. 로저스는 처음에 이 이론을 '비지시적 상담'으로 칭하였으나 이론의 발전과정에서 '내담자중심 상담'으로 변경하였고, 이후 '인간중심 상담'으로 바꾸었다.

인간중심 상담이론은 문제해결보다는 인간에 대한 상담자의 태도를 중시하는데, 그 이유는 독특한 인간관에 기초하기 때문이다. 인간은 정신분석 이론처럼 자신도 모르는 무의식에 지배받는 그런 비관적인 존재가 아님을 강조한다. 또한 행동주의 이론에서처럼 인간을 동물과 같은 존재로 보지 않는다.

1 인간에 대한 기본관점

로저스는 인간을 스스로 성장하는 능력을 가진 존재로 규정한다. 인간은 누구나 건강하고 창조적인 성장을 위한 잠재력이 있다고 가정하며, 지속적인 성장을 위해 노력하는 성장 지향적인 존재로 설명한다.

인간은 자신의 인생 목표와 행동 방향을 스스로 결정하고, 그 결정에 따르는 책임을 수용하는 능동적이고 자유로운 존재로 규정한다. 인간은 현실적이고 합리적인 존재라서 보다 자유로워질 때 더욱 선천적인 자아실현의 경향성이 강해지는 존재라고 말한다(Rogers, 1970).

인간의 선한 본성 안에는 자기지향적인 성향이 내재되어 있어 스스로 자기 이해가 가능하며, 현재의 삶과 미래 역시 창조적으로 살 수 있다고 주장하고 있다.

2 주요 개념

인간중심 집단상담은 어느 정도의 촉진적인 집단분위기를 형성하면 집단원이 지닌 잠재적인 가능성으로 스스로 성장과 발전을 이룬다는 가정으로부터 출발한다. 그러므로 인간중심 집단상담은 상담의 방향을 정하지 않고, 집단 활동에 필요한 특별한 계획이 없이 이루어진다.

단지, 자기 경험을 왜곡하지 않고 있는 그대로 받아들이며, 자기개념을 경험과 일치하도록 재조직하는 데 초점을 둔다. 인간이 자기의 모습을 숨기고 거짓과 꾸밈 그리고 가면을 쓴 삶을 살지 않도록 안내하며, 참된 자아를 찾아 자기 본연의 모습으로 살아가도록 조력한다(Rogers, 1951).

인간중심 집단상담은 자기와 모든 경험이 일치하는 성숙한 인간이 되도록 안내하는 과정이다. 여기서 성숙한 인간이란 자기 경험을 방어하지 않고 있는 그대로 받아들이는 존재라는 의미를 내포하고 있다. 자기 감각에 기초하여 경험을 평가하고, 평가 결과를 새로운 경험 안에서 변화시켜가는 존재로 여기고 상담을 이어간다.

3 상담의 적용

1) 상담 목표

인간중심 집단상담은 자기실현에 목표를 둔다. 다른 집단상담의 이론이 심리적인 문제해결과 행동 변화에 주안을 두는 것과는 달리, 인간중심 집단상담 과정에서는 인간 그 자체에 초점을 둔다.

단순히 문제를 해결하는 것이 아닌, 집단원이 현재 직면하는 문제와 앞으로 닥칠 문제까지도 극복하게 하는 등 그들의 성장 과정에 관심을 둔다. 로저스가 말한 상담 목표를 특수 조직 집단상담과정에 적용하면 조직구성원이 조직에 들어오기 전 사회생활을 통해 내면화된 부정적이고 가면적인 모습을 벗도록 하는 것에 주안을 둔다.

위계적 조직 문화에 대한 부정적인 생각과 그에 따른 왜곡된 자기개념을 변화시키는 것에 관심의 초점을 둔다. 이러한 상담 과정을 통해 조직구성원은 자신의 참된 모습을 발견하여 특수한 조직에서 생활하는 그 자체를 자신이 성장하는 기회로 삼는다.

2) 상담 과정

인간중심 집단상담은 그 특성상 상담 과정을 구체적으로 구분하지 않는다. 통상 특수집단상담의 초기과정에는 집단구성원의 신뢰 관계를 형성하는 것으로 부터 시작한다. 집단분위기를 따뜻하게 조성하고, 자유롭게 자신의 감정을 표현하도록 안내하는데 관심을 둔다.

온화하고 수용적인 집단분위기를 형성하여 자기개념과 경험 간 불일치에 따른 심리적 어려움을 이야기하도록 촉진한다. 집단상담 과정이 진행되는 동안에는 지금까지 자기개념에 맞추기 위해 왜곡하거나 부정해 왔던 자신의 감정, 사고, 욕구를 새로운 방식으로 지각하도록 조력한다.

집단구성원은 이러한 과정을 통해 자신의 감정에 솔직해지려고 노력한다. 동시에 자기 자신을 보다 잘 이해하고 수용하면서 긍정적이고 건설적인 행동을 하려고 시도한다. 그 과정에서 집단에 참여한 구성원은 충분히 기능하는 인간으로 성장한다.

인간중심 집단상담 과정을 쉽게 이해하도록 정리하면 상담 관계 형성 → 부정적 감정표현과 자기 이해 및 자기 수용 → 긍정적 감정표현 → 명료화, 통찰 → 긍정적 행동 → 상담 종결 순으로 이루어진다.

3) 집단지도자의 역할

인간중심 집단상담은 집단지도자의 지식이나 정해진 상담 절차 등의 사용을 강조하지 않는다. 한 인간이 지닌 자질과 덕목을 중요하게 여긴다. 집단지도자는 집단구성원이 그들의 감정과 기대를 개방적으로 표현하도록 촉진하는 데 관심을 둔다.

상담 분위기를 따뜻하게 만들어 집단구성원이 안정감과 친밀감을 느끼고, 새로운 행동을 시도하도록 안내한다. 집단지도자와 집단원의 상호작용보다 집단구성원 간 상호작용이 더 활발하게 이루어지도록 하는 동시에 의사소통을 막는 장애물을 제거하는 데 역량을 집중한다.

특히, 집단구성원에게 위협이 되었던 경험을 이해하고 공감하며 존중한다.

집단구성원의 경험을 스스로 더 이상 왜곡하거나 부정하지 않도록 조력하며, 자기개념의 테두리 안에서 모든 걸 수용하도록 안내한다.

4 상담기법

로저스는 집단구성원의 긍정적인 변화를 이루기 위한 조건으로 세 가지의 지도자 태도를 강조하고 있다. 집단원의 심리적인 문제해결과 인간적 성장을 위해서는 집단지도자의 진실성, 무조건적 긍정적 존중, 공감적 이해를 중요하게 여긴다. 로저스는 이러한 세 가지 태도가 일관성 있게 유지될 때, 집단원의 긍정적인 변화가 가능하다고 말한다.

1) 진실성(genuineness)

진실성은 집단구성원을 대함에 있어서 가식이나 왜곡 그리고 어떠한 신분에도 구애받지 않고 인간 대 인간으로 솔직하게 대한다는 의미를 내포하고 있다. 로저스의 이론은 진실성을 갖춘 집단지도자여야 집단원의 심리적인 갈등과 문제를 해결하고, 자아 성장의 조력이 가능하다고 말한다.

집단지도자의 진실성은 집단원의 감정과 반응을 정확하게 지각하도록 촉진하고, 동시에 지도자의 진실한 모습을 통해 집단구성원 스스로 자신이 누구인지, 또 자신이 어떤 잠재력을 가진 존재인지를 이해할 수 있게 한다.

2) 무조건적 긍정적 존중(unconditional positive regard)

집단구성원의 변화를 가져오기 위한 또 다른 중요한 요인은 무조건적 긍정적 존중이다. 무조건적 긍정적 존중은 집단지도자가 집단구성원을 평가하거나 비난 또는 판단하지 않는 태도를 말한다.

집단구성원이 보이는 감정이나 행동 특성을 그대로 수용하고, 그들을 소중히 여기는 태도가 곧 존중하는 모습이다. 이러한 무조건적 긍정적 존중이 집단상담 장면에서 보장이 될, 집단에 참여한 집단원은 긍정적인 변화와 성장을 이룬다.

3) 공감적 이해(empathic understanding)

공감적 이해는 집단지도자가 집단원의 감정에 빠져들지 않으면서 그들의 감정을 자신의 것처럼 느끼는 것을 말한다. 집단원의 눈으로 보는 것처럼 보고, 집단원의 귀로 듣는 것처럼 듣고, 집단원의 코로 냄새를 맡는 것처럼 하는 것이다(박성희, 1994).

다시 말해, 집단지도자가 집단원의 내면세계를 정확히 감정이입적인 태도로 경험하는 것으로써 집단원이 느끼는 아픔과 슬픔, 두려움, 우울, 공포, 분노 등의 감정을 정확히 이해하는 것이다. 집단원이 느끼는 감정과 경험을 정확히 이해한 후, 이를 다시 집단구성원에게 되돌려 주는 것까지가 공감적 이해의 범주에 해당한다.

제4절 현실치료 집단상담모형

현실치료는 미국의 정신과 의사인 윌리엄 글래서(William Glasser)가 창안한 이론이다. 현실치료는 실존주의 철학과 학습이론에 기초를 두고 1950년대 창안되어 발전하였다. 현실치료는 성공적인 자기 정체성을 확립하도록 고안된 행동수정의 한 형태로써 집단상담 과정은 자기 자신과 다른 사람의 성공적인 자아 정체감을 확립하는데 도움을 주는 활동으로 이루어진다.

1 인간에 대한 기본관점

현실치료는 인간 본성에 대한 결정론적인 철학에 의존하지 않는 반결정론적인 입장을 취하며, 실존적이고 현상학적인 관점을 기반으로 한다. 인간은 소속감, 힘, 즐거움, 자유 그리고 생존 욕구 등 다섯 가지의 욕구를 가진 존재이며, 자기 행동과 자기 삶에 책임을 지는 존재로 설명한다.

인간은 성공적인 정체감을 발달시키며 이러한 성공적인 정체감을 통해 만족스럽고 의미 있는 인간관계를 유지하는 존재로 설명한다. 현실치료 이론에서 규정하는 인간에 대한 기본적인 관점은 다음과 같다.

---

① 인간은 기본적인 욕구 충족이 가능한 존재다.
② 인간은 자기 결정이 가능한 존재다.
③ 인간은 자신을 성장시키는 힘을 가진 존재다.
④ 인간은 자신이나 환경 통제가 가능한 존재다.
⑤ 인간은 성공적인 자기 정체성을 발전시키는 존재다.
⑥ 인간은 자기 행동을 포함해 자신에 대하여 책임을 지는 존재다.

---

2 주요 개념

현실치료 집단상담은 자신이 선택한 행동에 대해 스스로 책임을 지는 것으로부터 출발한다. 이 이론은 적극적이고 지시적이며 구조화되어 있다. 집단구성원의 현재 행동에 초점을 맞추고, 스스로 자신을 정확히 발견하여 성공적인 정체감을 확립하도록 조력할 뿐만 아니라, 현실에서 바람직한 행동을 하도록 도움을 주는 활동으로 이루어진다.

집단구성원이 스스로 자신의 인생 방향을 설정하고 이를 위해 좀 더 효율적인 행동을 선택하도록 한다. 과거에 어떤 큰일이 일어났거나 어떤 환경에 있었더라도 그런 것에는 관심을 갖지 않는다.

자기 행동을 스스로 주도적으로 선택하여 이에 책임을 지는 것에 초점을 두며, 현재와 미래를 즐겁게 살아가도록 하는 데 역점을 둔다. 자기 삶을 자기 뜻대로 주도하지 못하고 통제하지 못하는 자아존중감이 낮은 집단구성원에게는 자신의 욕구를 정확히 인식하도록 조력하여, 스스로 자신의 현재 삶의 방향을 바꾸도록 안내한다.

1) 상담 목표

현실치료 집단상담의 목표는 집단원이 추구하는 인간관을 정립하고 독립된 인격체로 자립하는 데 둔다. 책임감과 자율성을 성취하도록 돕는 것이 집단상담의 궁극적인 목표다. 집단구성원이 자신의 현재 행동을 평가하는 심리적인 힘을 기르고, 자신의 욕구가 충족되지 못하더라도 책임 있는 행동을 하는 것에 중점을 두는데, 이를 구체적으로 제시하면 다음과 같다.

첫째, 책임감과 자율성을 갖고 자신의 욕구를 충족한다.

둘째, 자신의 인생 목표와 행동을 스스로 선택하고 결정한다.

셋째, 자신의 각성 수준과 통제력을 높이고, 환경과 상호작용하며 살아간다.

넷째, 긍정적으로 행동하고, 느끼고, 생각하고, 행동한다.

2) 상담 과정

현실치료 집단상담은 지도자와 집단원 간 이루어지는 합리적인 대화를 강조한다. 감정보다는 행동에 중점을 두고 현재에 초점을 맞춘다. 집단원은 집단상담이 이루어지는 과정에서 자신의 현재 행동을 자각하고 이에 대한 가치판단을 한다. 그런 다음, 행동 변화를 위한 계획을 세우고, 이를 실천하는 학습 과정이 이루어진다(김현수 등, 2006).

집단상담이 시작되면 먼저 집단분위기를 안정되게 조성하고, 집단의 규칙과 비밀보장에 관한 설명을 하는 등 상담 구조화를 설명한다. 그 다음에는 집단의 상호작용이 활발하게 이루어지도록 조력하고, 왕성한 피드백이 오갈 수 있도록 안내한다.

집단원의 불안과 갈등, 저항을 다루며, 집단구성원 간 비난과 평가 없이 활발하게 소통하면서 상담 목표를 달성하기 위해 노력하는 과정으로 이루어진다.

3) 집단지도자의 역할

집단지도자의 역할은 우선 신뢰하는 상담 관계를 형성하는 일이다. 현실치료의 선택이론을 바탕으로 이를 가르치는 교사 역할을 하며, 이상적인 모델의 모습을 보인다. 즉, 선택이론의 기본원리와 절차를 이해하고 이를 적용하는 방향으로 집단을 지도하고 촉진하며 안내하는 역할을 한다.

개인이 선택한 행동의 책임을 인식하고, 책임을 받아들이는 과정을 통해 삶이 효과적으로 통제가 가능하다는 점을 깨닫도록 하는 것이 집단지도자의 주된 역할이다. 가치관에 대한 논의나 건설적인 의견 개진도 활발히 나타나도록 안내한다(Glasser, 1998).

이러한 과정을 통해 자신의 바람직한 행동과 사고를 선택하여 자신의 감정을 통제할 수 있다는 것을 알아간다. 집단상담이 이루어지는 기간에는 집단원이 적극적으로 합리적인 계획을 세우고 행동적인 대안을 마련하도록 조력한다. 이후에는 이를 실천하고 실천한 결과를 평가하여 집단원이 바라는 것을 얻을 수 있도록 안내한다.

4 상담기법

현실치료 집단상담은 행동수정의 기술을 주로 이용한다. 집단원 스스로 자기 행동에 책임을 지도록 역할 놀이의 방법을 적용한다. 변명하거나 책임을 회피하는 집단원의 행동을 수정하기 위해서는 맞닥뜨림(confrontation)의 기술을 이용한다. 그리고 집단구성원이 현실에 직면하고 바람직한 행동 방식을 학습하여 성공적인 자아 정체감을 확립하도록 특수한 교육 방법을 활용한다.

1) 역설적 기법

필자는 과거 시골에서 자랐다. 하루는 풀을 뜯기고 소를 외양간으로 끌고 갔으나, 무슨 이유에서인지 소가 외양간으로 들어가지 않으려고 할 때가 있었다. 한참 실랑이를 하다 화가 나 소의 꼬리를 냅다 뒤로 잡아당겼더니 소가 외양간 안으로 쏙 들어가는 것을 경험하였다. 이것이 바로 역설의 원리이다.

역설적 기법은 집단구성원에게 모순된 요구나 지시를 통해 오히려 딜레마에 빠지게 하는 기술이다. 그러나 역설적 기법은 위기 상황, 자살, PTSD, 성폭력 등 생명의 위협을 받는 상황에서 절대 사용되어서는 안 된다. 이러한 상황에서 역설적 기법을 사용하는 것은 비윤리적일 뿐만 아니라, 반드시 역효과가 나타나기 때문이다.

2) WDEP 질문

현실치료에서는 집단상담이 이루어지는 과정마다 적절한 질문을 한다. 집단과정의 초기 단계에서는 집단원의 욕구가(W: Want) 무엇인지를 질문하며, 현재에 초점을 두는 단계에서는 행동(D: Doing)에 초점을 두고 질문을 한다. 행동을 평가하는 단계에서는 집단원의 행동이 자신이 원하는 바의 충족 여부를 평가(E: Evaluation)하는 질문을 하며 변화를 촉진한다.

마지막으로, 행동계획을 수립하는 과정에서는 집단원의 바람직하지 않은 행동을 찾아내고, 이를 긍정적으로 바꾸기 위한 계획(P: Plan)과 관련한 질문을 한다. 이렇게 질문하기는 WDEP 순으로 이루어진다.

3) 유머

현실치료는 교육과 토의, 논쟁, 질문 등이 많이 다루어 집단원이 긴장하기 쉽다. 따라서 집단지도자는 재치 있는 유머를 통해 집단원의 긴장감을 풀고 친밀한 상호관계가 유지되도록 촉진한다.

유머는 집단원의 소속감 욕구를 충족시키며, 직면으로부터 받은 상처를 감소하는 효과를 가져다준다. 그러나 집단구성원 간 신뢰 관계가 형성되기도 전에 무분별하게 사용되는 유머는 오히려 집단분위기를 어색하게 만들 수 있어, 때와 장소를 가려서 하는 것이 중요하다.

4) 직면

현실치료에서는 집단원의 책임을 강조한다. 변명을 허용하지 않으며 곧장 직면을 한다. 직면하기는 토의와 논쟁, 질문이 이루어지는 과정에서 집단원의 말이 일관성이 없거나 모순될 때 주로 한다.

집단원이 정말 달성하기를 소망하는 바람과 현재 하는 행동이 그러한 바람을 달성해주는지를 논할 때도 직면을 한다. 집단원이 선택한 행동에 대해 책임을 지도록 할 때에도 주로 직면한다.

특수집단상담의 방법론

CHAPTER 05
특수집단상담의 단계

특수집단상담의 준비

특수집단상담은 집단역동의 흐름과 집단의 변화요인을 충분히 고려하여 안내해야 하는 과정이다. 집단지도자는 상담을 시작하기 전 집단구성에 관련된 몇 가지 사항을 기본적으로 준비한다. 집단상담의 목표를 설정하고, 목표 달성에 적합한 집단의 크기와 상담회기, 상담 기간 등을 정한다.

집단상담을 시작하기 전 오리엔테이션을 통해 집단상담에 대한 잘못된 기대가 있으면 이를 바르게 인식하도록 지도하고, 상담 참여 동기를 높이는 작업을 한다. 이 외에도 특수집단상담의 준비단계에서 이루어지는 주요 활동은 다음과 같다.

1 집단의 준비

1) 오리엔테이션

집단지도자는 집단상담을 시작하기 전 집단에 참여할 구성원을 대상으로 상담 동기를 부여하기 위한 준비를 한다. 오리엔테이션은 상담에 대한 비현실적인 기대와 불안을 줄이고, 적극적이고 능동적인 자세로 상담에 참여하는 데 도움을 주기 위한 일련의 활동이다.

오리엔테이션 시간에는 집단상담의 의미와 필요성, 집단규칙, 집단원의 역할과 집단과정 등을 자세히 설명하고, 집단상담을 통해 얻을 수 있는 성과를 일러준다. 집단상담이 이루어지는 장소와 시간, 회기, 전체 상담 기간 등 집단 운영과 관련된 정보를 제공하고 질의와 응답하는 시간을 갖는다.

2) 집단의 크기

집단 크기의 선정은 집단에 참여하는 구성원의 규모를 얼마로 할 것인가를 결정하는 일이다. 집단의 크기가 너무 작으면 집단원의 상호작용이 잘 나타나지 않을 수 있고, 집단역동 또한 충분히 발현되지 않을 가능성이 있다. 침묵을 유지한다거나 혹은 집단 활동에서 뒤로 물러나 있으면서 관망하는 자세를 취하게 되면 집단역동이 나타나지 않을 수 있을 뿐만 아니라, 집단분위기가 경직되어 상담 효과가 반감한다.

반면, 집단의 크기가 너무 커도 집단상담 과정에 바람직하지 않다. 집단의 규모가 크면 집단에 참여한 구성원 중 일부는 상담 활동에 적극적으로 참여할 기회를 얻지 못하며, 집단지도자가 구성원 모두에게 적절한 주의를 기울이지도 못한다.

따라서 집단의 크기를 결정할 때는 집단이 추구하는 가치와 목표를 우선적으로 고려한다. 집단의 크기는 학자마다 다르게 주장을 하나, 통상 일반집단상담의 경우에는 10~15명 정도로 구성하는 것이 일반적이다.

군·경·소방과 같은 특수 조직은 임무 수행을 위해 만들어진 조직편성표를 고려하여 정한다. 특수집단상담은 조직의 목표 달성과 조직 적응력 강화를 위한 하나의 수단으로 10명 이내로 구성하는 것이 적절하다. 군대의 경우는 통상적으로 반 및 분대 규모인 6－12명으로 구성하는 것이 일반적이다.

3) 집단상담 시간

특수집단상담의 시간은 실시하는 프로그램에 따라 다를 수 있다. 기본적으로 특수 조직의 일과시간 규정을 고려할 때 1시간에서 1시간 반 정도가 적당하다. 통상 특수 조직의 일과시간 기준은 오전 9시에서 오후 5시까지 1시간 단위로 운영하는 것을 규정하고 있다.

그러나 집단에 참여한 구성원의 수와 집단상담의 참여 횟수, 성숙도, 그리고 조직의 당면과제와 상황에 따라 달리한다. 집단지도자는 이러한 점을 고려하여 집단상담의 시간을 상황에 따라 유연하고 적절하게 편성할 수 있어야 한다.

특수 조직에서 이루어지는 집단상담은 위계적 특성을 고려하여 결정된 회기 시간을 엄수하고, 집단상담의 시작과 종결시간을 지켜야 한다. 집단상담을 연속적으로 실시하는 경우에는 각 회기의 소요 시간을 알려주고, 종결 예정 시간도 미리 알려준다.

4) 집단상담 장소

집단지도자는 집단상담이 이루어지는 장소를 미리 선정한다. 집단상담 장소로는 외부로부터 상담이 방해받지 않는 곳이어야 한다. 군대에서는 주로 병영생활관에서 하며, 경찰과 소방 조직은 회의실에서 하는 것이 적절하다. 만약, 새로운 별도의 장소를 선정한다면 집단에 참여한 구성원이 편안하게 느낄 수 있고, 시끄럽지 않은 곳으로 선정한다.

연구실이나 체육시설, 휴게시설 등도 집단상담 장소로 가능하나, 주변에서 소음이 발생하지 않도록 사전에 주의사항을 공지한다. 시설물 출입문에 집단상담이 진행되고 있음을 알리는 별도의 표시를 하여, 집단상담이 방해받지 않도록 한다.

2 집단의 구성

특수집단상담이 이루어지기 전 준비하는 또 다른 사항은 집단을 구성하는 일이다. 집단상담의 형태는 구조화 집단과 비구조화 집단, 반구조화 집단 등이 있으며, 상황과 여건에 따라 동질 집단과 이질 집단으로 구성하기도 한다. 집단을 어느 형태로 구성할 것인가 하는 문제는 형태마다 장단점이 있으므로 상황에 맞게 적절히 선정한다.

1) 동질 집단과 이질 집단

동질 집단은 비슷한 특성을 가진 참여자들로 구성한 집단을 말한다. 남성으로만 집단을 구성한다던지 혹은 청소년으로만 구성한 집단이 이에 해당한다. 동질 집단은 집단에 참여한 동료 간 갈등이 적고, 서로에게 지지하는 위치에 있어 집단응집력이 빨리 나타나는 특징이 있다.

자기와 비슷한 동료가 있음을 알고 안심되어 긴장감을 덜 느끼는 장점이 있는 반면, 서로 주고받는 피드백과 상호작용이 피상적으로 이루어져 행동 변화에 지장을 주는 단점도 동시에 갖고 있다.

이질 집단은 다양한 특성을 가진 사람으로 구성된 집단을 말한다. 통상 특수 조직에서는 성별 구분 없이 다양한 사람들을 혼합하여 구성한다. 이질 집단의 장점은 이질적인 특성의 차이점을 이해하려고 노력하는 과정에서 다양한 상호작용의 경험이 가능하다. 그러나 자신을 솔직하게 개방하기가 어려워, 집단역동이 충분히 나타나지 않을 가능성이 있다.

2) 개방집단과 폐쇄 집단

개방집단은 집단상담이 진행되는 과정에서 집단에 참여하기를 희망하는 새로운 사람이 나타나면 이를 받아들이는 형태이다. 개방집단은 처음부터 집단의 크기를 작게 하고 출발하거나, 중간에 이탈한 집단원이 발생하면 그 자리를 다른 사람으로 채운다. 특수 조직에서 이루어지는 집단상담은 대부분 개방집단의 형태를 취한다.

군·경·소방 조직은 임무 특성상 갑자기 상황이 발생하면 집단에 참여한 구성원이 자리를 비우거나 뒤늦게 합류하는 일이 발생한다. 일부 집단참여자가 상담이 이루어지는 과정에서 집단을 이탈하는 경우에는 집단의 크기가 작아져 구성원의 상호작용이 위축되기도 한다.

개방집단으로 운영하던 중 결원된 집단원이 채워졌다고 해서 긍정적인 측면만 있는 것은 아니다. 휴가를 갔다가 조직에 복귀하여 새롭게 집단에 참여했다거나, 긴급한 상황출동에서 복귀한 구성원이 집단에 들어오면 기존 집단에 참여한 조직원과의 의사소통이나 상호작용이 제대로 발현되지 않는다.

한편, 폐쇄 집단은 상담을 시작할 때 참여했던 사람을 상담 종결 시까지 함께 상담을 진행하는 형태를 말한다. 폐쇄 집단은 상담 과정에서 이탈자가 생겨도 새로운 사람을 채워 넣지 않는다. 군대의 경우에는 주로 병영 캠프에서 폐쇄 집단을 운영하는데, 그 이유는 캠프에서는 오직 캠프에 입소한 장병만을 대상으로 상담 활동이 이루어지기 때문이다.

이렇게 폐쇄 집단은 정해진 인원과 시간을 미리 정해놓고 이루어지는 관계로 집단의 안정성이 개방집단에 비해 높게 유지된다. 또한 집단에 참여한 구성원 간 상호작용과 피드백, 집단역동이 활발히 나타나는 장점이 있다.

3) 구조화 집단과 비(반)구조화 집단

특수 조직은 주로 구조화 집단으로 구성한다. 명령과 복종 그리고 위계 체계를 중요하게 여기는 조직이므로 조직원의 자발적이고 자유로운 의사소통이 원활하게 나타나지 않기 때문이다. 하지만 상황에 따라서 비구조화나 반구조화 집단을 구성하기도 하는데 그 빈도수는 적은 편이다.

구조화 집단은 집단지도자가 집단의 목표와 과정을 정해놓은 후, 계획된 프로그램을 지도자 주도하에 집단을 운영하는 형태이다. 집단의 목표와 기대효과를 정확히 주지시키고 진행하는 것이 특징이다.

반면, 비구조화 집단은 집단의 목표, 과제, 활동 방법을 미리 정해놓지 않고, 집단 스스로 정해나가는 형태로 집단에 참여한 구성원의 자발성을 중요하게 여긴다. 집단구성원의 심리적 관계를 작업 대상으로 삼으며, 집단에 참여한 구성원의 갈등 해결을 주요 목표로 삼는다.

한편, 반구조화 집단은 비구조화 집단으로 운영하다 필요할 때, 구조화 집단으로 전환하여 활용하는 형태이다. 구조화 집단과 비구조화 집단을 혼용한 집단의 형태로 통상 특수 조직에서는 잘 활용하지 않는 집단형태이다.

특수집단상담의 절차

특수 조직에서 이루어지는 집단상담의 과정은 집단의 변화와 발달을 집중적으로 다룬다. 따라서 집단지도자는 집단의 변화와 발달에 대한 통찰력을 바탕으로 집단상담의 과정을 안내할 수 있어야 한다.

집단상담의 단계는 여러 과정이 복합적으로 이루어지는데, 학자마다 다양한 의견을 제시하고 있다. 이형득(2010)은 시작단계·준비단계·작업단계·종결단계로 나누어 설명하고 있으며, 이장호(1982)는 참여 단계·과도적 단계·작업단계·종결단계로 구분한다. Corey(2012)는 집단 시작 전 단계·초기 단계·과도기 단계·작업단계·종결단계 등 5단계로 설명하고 있다.

특수집단상담은 마라톤 형식으로 하루 내내 또는 1박 2일 동안 집중적으로 다루는 것은 어려움이 따른다. 통상 일일 1시간 내외로 주별 1회기 정도를 실시하는데, 시작단계 과정·참여단계 과정·해결단계 과정으로 이루어진다.

<표 5-1> 특수집단상담의 절차

구 분	내 용
시작단계 과정	집단참여자 간 친밀하고 신뢰하는 관계 형성
참여단계 과정	집단참여자의 저항과 갈등을 처리하고 응집성 발달
해결단계 과정	개인 문제해결과 성장, 조직 적응력 강화, 조직 목표 달성

출처: 심윤기 등, 2022.

1 상담 절차의 특징

1) 시작단계 과정

집단상담의 시작단계 과정은 주로 집단에 참여한 집단원 간 탐색이 이루어진다. 집단에 처음 참여한 사람은 집단에서 어떻게 행동해야 하는지 잘 몰라 불안을 느끼기도 한다. 침묵을 유지한다거나 관망하는 자세를 보이는 집단원도 있어 집단분위기가 가라앉기도 한다. 그러나 시간이 지나면서 집단에서의 자기 역할과 위치를 파악하기 위해 노력하고, 불안한 심리상태에서 벗어나려고 시도하는 모습이 나타난다.

시작단계 과정의 과업은 집단의 분위기를 안정되게 조성하고, 예기불안을 제거하는 데 초점을 둔다. 집단에 참여한 집단원 간 신뢰감을 형성하고, 상담 목표를 구체적으로 설정하며, 행동으로 실천하는 작업을 준비한다.

시작단계 과정에서 집단지도자가 하는 역할은 집단에 참여한 구성원이 자신의 심리적 문제를 해결하고, 의미 있는 조직 생활을 위해 집단 활동에 적극적으로 참여토록 안내하는 것이다.

집단에 참여한 구성원 간 서로 친밀하고 지지적인 관계가 유지되도록 촉진하고, 존중과 배려를 경험하도록 안내한다. 또한 집단 활동에 적극적이고 능동적으로 참여하도록 참여의식을 고취하는데 주력한다.

<표 5-2> 시작단계 과정의 집단지도자 역할

① 집단참여자 소개
② 예기불안에 대한 집단지도자의 자기 노출 시연
③ 집단상담의 구조화
  • 집단성격과 목적, 상담 절차, 각자의 역할, 지켜야 할 규칙 등 설명
④ 행동 목표설정 구체화
  • 특수 조직 발달에 도움이 되는 목표설정(예: 지지하기, 격려하기, 공감하기 등)
  • 개인이 도움을 받고자 하는 목표(예: 대인관계 기술, 의사소통 기술, 적응력 기술 등)

2) 참여단계 과정

참여단계 과정은 주요 문제를 해결하는 중간과정에 해당한다. 시작단계 과정에서 비교적 무난하게 집단참여자의 소개와 집단 구조화가 이루어졌다면

이제부터는 문제해결을 위한 본격적인 작업으로 들어간다. 집단의 관심과 상호작용의 초점이 구성원 개인에게로 옮겨가는 과정이다.

이 과정에서는 집단에 참여한 구성원 중 일부가 심적 부담을 느껴 집단 활동에 적극적으로 참여하지 않고 주저하는 모습을 보이기도 한다. 따라서 이때에는 집단분위기를 더욱 따뜻하고 안정 되게 조성하고, 집단참여자의 상호작용이 활발하게 이루어지도록 조력하는 데 관심을 둔다.

집단에 참여한 각 개인의 느낌과 생각을 공유하고, 새로운 행동을 시도해도 가능한 곳이라는 믿음을 갖도록 안내한다. 온정적이고 긍정적이며 수용적인 태도로 집단원을 대하고, 적극적으로 지지하며 격려한다.

특수 조직에서 이루어지는 집단상담은 위계 문화적 특성상 하급자를 비난하거나 충고, 저항, 방어, 침묵하는 모습이 나타난다. 조직에 대한 불평불만이 표출되기도 하고, 직급이 높은 상급자 사이에서는 경쟁이 벌어지기도 한다. 그 결과 집단구성원 간 신뢰감이 약화되어 상호작용이 피상적으로 이루어지고, 깊이 있는 자기 개방과 피드백이 나타나지 않는다.

따라서 집단지도자는 집단에 참여한 구성원이 서로 깊이 있는 상호작용을 통해 집단역동이 일어나도록 촉진하는 데 온 역량을 집중 한다. 참여단계 과정에서의 집단지도자 역할은 주로 다음과 같다.

<표 5-3> 참여단계 과정의 집단지도자 역할

---

① 집단에 대한 수동적 행동 근절(집단 활동의 책임과 역할을 개인에게 이양)
② 개인 문제해결에 대한 저항 처리(침묵, 충고, 독점, 피상적 행동 처리)
③ 반항적인 행동, 힘겨루기, 경쟁 처리(부정적 감정 표출과 따뜻한 직면 개입)
④ 구성원의 행동 변화 촉진(깊은 상호작용, 우리 의식, 소속감 발달 조력)

---

3) 해결단계 과정

해결단계는 가장 관심을 가져야 하는 과정이다. 시작 과정과 참여 과정에서 집단참여자 상호 간 신뢰감을 형성하고 집단역동이 유지되면 이제는 각자의 개인 문제를 드러내 놓고 피드백을 주고받는다. 특수집단상담의 궁극적인 목적인 조직 적응력 강화를 위한 문제해결과 개인의 성장을 위한 행동 변화를 촉진하는 과제를 다룬다.

해결단계 과정에서는 각자의 바람직하지 않은 생활 태도를 버리고 생산적인 대안 행동을 학습한다. 이 단계에서는 자기 노출과 감정정화, 비효과적인 행동 패턴의 취급, 바람직한 대안 행동을 다루는 것이 주요 과업이다.

자기 노출과 감정정화는 집단에 참여한 어느 한 집단원이 자기의 조직 부적응에 대한 문제를 노출하는 것으로부터 시작한다. 이때 다른 집단원은 공감과 자기 개방을 통해 부적응 문제와 관련한 여러 감정적 응어리를 토해낸다.

비효율적인 행동 패턴을 다루는 것은 적극적인 조직 생활을 회피하는 개인의 부적응 행동을 탐색하고 이를 수용하는 것이다. 바람직한 대안 행동은 자기의 비효율적인 조직행동 패턴을 통찰한 후, 생산적이고 바람직한 조직 생활의 대안 행동을 선택하고 학습하는 것이다. 해결단계 과정에서 이루어지는 집단지도자 역할은 대체로 다음과 같다.

<표 5-4> 해결단계 과정의 집단지도자 역할

① 집단참여자의 자기 노출과 감정정화 조력
  • 부정 감정을 노출할 수 있도록 지도자의 유사 경험 자기 개방
  • 적절한 공감과 지지로 집단에서 이해받고 수용되고 있음을 경험
② 역기능적 행동 패턴을 탐색하고 이해, 수용하는 작업 안내
  • 효과적인 피드백과 맞닥뜨림으로 자신의 비합리적 행동 패턴 자각
  • 조직 생활의 행동 패턴과 집단 내에서 나타난 행동 패턴 연결
③ 바람직한 조직 생활의 대안 행동 탐색과 선택 및 학습 촉진
  • 브레인스토밍을 활용한 자유로운 대안 제시
  • 학습과제 선정, 역할 놀이, 반복연습으로 대안 행동 실천 등

특수집단상담의 종결

1 종결 과업

특수집단상담은 일반상담과 마찬가지로 시작 단계에서 설정한 상담 목표를 달성하면 집단상담을 종결한다. 종결과정이 잘 다루어지지 않으면 상담에 대한 부정적인 감정을 지닌 채 집단을 떠날 가능성이 있다. 집단상담의 과정에서 학습한 것을 실제 조직 생활에 적용하는 데에도 지장을 준다. 따라서 상담 종결이 가까워지면 종결에 대한 느낌과 소감을 서로 충분히 나누는 시간을 갖는 것이 바람직하다.

집단참여자 스스로 학습한 결과를 정리하고 이를 실천하겠다는 의지와 희망의 이야기도 서로 나눈다. 자신을 깊이 이해할 수 있었던 것처럼 동료에 대한 이해와 행동 변화에 대한 다짐을 나눈다. 집단상담을 통해 배우고 경험한 것을 자기 삶에 실제 적용하겠다는 의지의 이야기도 나눈다.

종결 과업은 집단원 감정 다루기, 미해결과제 다루기, 작별 인사 등의 주제를 주로 다룬다. 특수집단상담 종결단계에서는 조직 생활을 하는 과정에서 일어난 개인의 문제이거나, 혹은 조직 적응력과 관련한 개인 문제이건 간에 해결하지 못한 과제가 있다면 이를 종합적으로 마무리한다.

이때 집단참여자의 역할은 학습한 것을 실제 조직 생활에서 실천하기 위한 준비를 하는 것이다. 집단이 자신에게 미친 영향을 평가하고, 자기가 원하는 변화를 위해 어떻게 행동할 것인가를 허심탄회하게 이야기를 나눈다. 그동안 집단상담을 통해 어떠한 것을 경험하였으며, 그러한 경험에 대한 느낌도 자유롭게 대화한다.

집단상담의 종결은 집단 밖에서 새로운 삶에 대한 시작의 의미이자, 학습한 대안 행동을 조직 생활에 적극적으로 실천하겠다는 각오와 의지를 다지는 과정이다. 따라서 종결단계에서는 집단경험에 대한 긍정적인 느낌과 집단 밖에서 새로이 시도할 행동 실천에 대한 다짐과 희망을 갖도록 안내하는 것이 중요하다.

종결과제는 그동안 이루어진 학습 결과를 정리하고 통합하는 일이다. 새로운 관점에서 집단경험의 의미를 찾고, 변화된 관점의 틀을 새롭게 구조화한다. 만일, 이 단계가 적절히 이루어지지 않으면 그동안 학습한 것을 실천하는 데 지장을 받을 뿐만 아니라, 집단상담에 대한 부정적인 생각을 지닌 채 집단을 떠날 가능성이 있다.

군·경·소방 조직은 시간을 매우 중요하게 여긴다. 약속 시간에 집단상담을 종결하지 않으면 집단지도자의 책임을 제대로 이행하지 않은 것으로 인식한다. 만약, 미해결된 과제가 많이 남아 있어 규정된 시간에 상담 종결이 어려울 경우에는 추후 시간을 갖고 조력할 것을 약속하고 상담을 종결한다.

2 집단상담의 평가

특수집단상담의 평가는 상담목표가 얼마나 달성되었는지를 알아보고, 이를 차기 상담에 활용하기 위한 목적으로 이루어진다. 집단에 참여한 구성원이 집단과정을 어떻게 느꼈는지 의견을 종합해야 다음에 이루어지게 될 상담에 활용할 수 있으며, 집단과정에서 나타난 여러 문제점 개선이 가능하다.

특수집단상담의 평가는 모든 상담단계에서 이루어지지만 종결단계에서 집중적으로 다룬다. 주로 집단에 참여한 구성원의 태도, 갈등, 저항, 집단응집성, 집단역동성 등을 평가한다.

1) 집단 참여 태도 평가

집단지도자는 집단에 참여한 구성원의 집단 참여 태도를 평가하는데, 다음 상담에서 어떤 전략으로 개입할 것인가를 판단하기 위해서다. 집단에 참여한 구성원의 상담 활동 중 어느 측면이 활발하게 이루어졌고, 어느 장면에서 비활동적이었는지를 알아야 추후 개입방법에 대한 전략 수립이 가능하다. 집단에 참여한 조직구성원의 태도를 평가하는 내용은 주로 다음과 같다.

- 집단과정에 적극적으로 참여하였는가?
- 서로의 의견을 자유롭게 제시하고 받아들였는가?
- 서로의 느낌을 이야기하고 서로 공감하며 경청하였는가?
- 각자의 진실한 모습을 개방하려고 노력하였는가?
- 자유가 보장되고 개인의 인격이 존중되었는가?
- 허용된 분위기 속에서 신뢰와 안정감을 느꼈는가? 등

2) 집단응집성 평가

집단응집성은 구성원으로 남아 있으려는 일체감의 정도를 말한다. 이는 집단에 참여하여 경험한 만족감을 의미하는 정서적 응집성이 있고, 자신의 이익을 획득하기 위한 소속감을 뜻하는 도구적 응집성이 있다.

이러한 집단응집성의 순기능은 다른 구성원으로부터 관심과 지지를 받아 만족감과 자신감, 자존감, 몰입의 증대가 가능하며, 시너지 효과를 통한 집단 생산성의 증대도 이루어진다. 집단에 참여한 구성원의 응집성 평가는 주로 다음과 같은 사항을 다룬다.

- 집단에 참여한 구성원들 간 배려심이 있었는가?
- 집단에 참여한 구성원들 간 일체감이 있었는가?
- 집단에 참여한 구성원들이 서로를 신뢰하였는가?
- 집단에 참여한 구성원들 간 교류가 활발하였는가?
- 집단상담 과정에서 지금-여기의 활동에 충실하였는가? 등

3) 갈등과 저항 평가

특수집단상담 과정에서 일어난 갈등을 어떻게 인식하고 처리하였는가에 대한 평가는 추후 이루어지는 상담에 큰 영향을 미친다. 갈등이 무엇으로부터 야기되었는지, 갈등을 해결하기 위해서 어떻게 조력하였는지에 대한 평가가

있어야 한다.

　저항은 집단상담을 진행하는 과정에서 나타나는 피할 수 없는 현상이다. 이러한 저항을 탐색하지 못하면 특수집단상담은 실패할 수 있다. 특수집단상담 과정에서 평가되어야 할 갈등과 저항의 내용은 주로 다음과 같다.

- 장난과 농담: 상담과 관련 없는 이야기와 장난 및 농담
- 공격: 감정을 상하게 하고 약점을 이용하는 행동
- 충고: 자신이 우월하며 타인은 열등하다는 메시지를 전달하는 행위
- 지시: 자신도 실천하지 못하면서 타인에게 강요하는 행위
- 독점: 대화 중에 자주 끼어들거나 혼자 관심을 받고자 하는 행동
- 불필요한 질문: 상담과 관련 없는 질문을 자주 하는 행위 등

4) 집단생산성 평가

특수집단상담 과정에서 집단생산성을 평가하는 항목은 주로 다음과 같다.

- 비효율적이고 역기능적인 행동에 대해서 자기를 개방하였는가?
- 조직구성원의 비합리적인 행동에 대해서 피드백이 이루어졌는가?
- 조직구성원의 비효율적인 행동 패턴에 대해서 자기 수용을 하였는가?
- 조직구성원의 대안적인 행동이 적절하게 선정되었는가?
- 조직구성원의 행동 변화를 위한 연습은 이루어졌는가?
- 조직구성원의 변화를 위한 모험을 감행하였는가? 등

CHAPTER 06
특수집단상담의 기법

1 개요

특수집단상담은 상담이 이루어지는 과정 내내 집단지도자와 집단참여자 간 신뢰감 형성이 잘 유지되어야 상담 효과를 거둘 수 있다. 이를 위해서는 집단에 참여한 구성원이 심리적 안정감 속에 따뜻함과 편안함을 느낄 수 있는 집단분위기가 조성되어 있어야 한다.

집단상담의 기술은 집단지도자의 특별한 능력과 지식을 요구하는 것이 아니다. 일반적으로 사용하는 상담 기술을 특수한 조직의 상황과 여건에 적절하게 적용하면 된다. 그러나 집단구성원 간 이루어지는 상호작용과 집단역동은 특별한 능력과 기술을 요한다. 특수 조직에서 이루어지는 집단상담의 과정에서는 다음과 같은 기술이 필요하다

첫째, 특수집단의 기능을 활용하는 기술이다. 이는 특수집단의 목적과 가치에 맞는 기능을 활용하는 것인데, 조직이 존재하는 목적을 달성하기 위해 필요한 기술이다.

둘째, 감정을 다루는 기술이다. 이 기술은 조직구성원 각자가 자기감정을 이해하고, 표현하며, 수용하는 기술이다.

셋째, 실제적인 현실 적용의 기술이다. 이는 스스로 자신의 문제를 해결할 수 있다는 가능성을 전제로 한다. 조직구성원에게서 나타나는 부적응적인 행동을 특수임무 수행이라는 현실적인 관점에서 이해함은 물론 이에 대한 책임을 자각하게 하는 기술이다.

넷째, 집단 내에서 서로 지지하는 기술이다. 이는 집단구성원 서로 간의 관계가 수동적이고 피동적이지 않게 능동적인 관계가 되도록 촉진하는 기술이다.

다섯째, 집단지도의 기술이다. 조직구성원이 겪는 심리적 갈등과 부적응의 어려움을 새로운 관점에서 이해하고, 현재의 경험이 미래의 능력으로 축적되게 하는 기술로써 특수 조직 본연의 임무 수행에 도움을 주는 심화 기술이다. 이 외에도 의사소통 기술, 정서적 관계에 관한 기술 등 여러 가지가 있는데, 이를 자세히 살펴보기로 하겠다.

2 주요 기법

1) 구조화하기

특수한 임무를 수행하는 군·경·소방 조직의 구성원은 어떠한 악조건 상황에서도 부여된 임무를 완수한다. 아무리 어렵고 힘든 상황이라 하더라도 자신의 힘으로 스스로 해결할 수 있다는 자신감과 용기, 자긍심으로 악조건을 이겨 낸다. 군인은 적으로부터 국토를 지키고, 경찰은 시민의 안전을 책임지며, 소방관은 각종 재난 상황에서 시민을 보호하는 일에 최선을 다한다.

이러한 막중한 임무 수행에 있어 자신의 힘으로 문제를 해결하지 못하고, 타인에게 도움을 받는 상황이 오면 부끄럽게 생각한다. 위계 문화적 특성이 있는 특수 조직에서 일하는 구성원이 평소 상담을 기피하는 것도 이 같은 이유에서다. 자신의 힘으로 어려운 악조건 상황을 극복해야 하는 것이 당연한데, 상담을 통해 도움을 받는다는 것은 약한 사람이나 하는 행동으로 생각한다.

이러한 편견과 오해를 불식시킬 수 있는 것이 상담의 구조화다. 상담 구조화는 집단상담의 시작 단계에서 주로 다룬다. 집단에 참여한 조직구성원을 조력하는 방법과 영역을 설명하고, 상담에 참여한 구성원의 역할과 집단상담의 규칙, 비밀보장 등에 관한 내용을 알려준다.

특수집단상담의 운영과 절차에 관한 내용을 비롯해 집단상담의 한계에 관한 내용도 포함한다. 집단상담 과정에서 나온 이야기는 상담이 끝난 후에도 개인정보보호 차원에서 비밀 보장이 되어야 함을 설명한다.

2) 관심 기울이기

관심 기울이기는 집단에 참여한 구성원에게 주의를 기울이고, 그가 말하는 메시지에 집중하는 것이다. 사람은 누구나 자신에게 관심을 기울여줄 때 이야기할 마음이 생긴다. 그렇지 않은 경우에는 거부되고 무시당하는 느낌을 받아, 하고 싶은 말도 하지 않고 입을 다물어 버리게 된다.

집단참여자를 향한 관심은 집단지도자가 가져야 할 기본 자세다. 집단구성원이 말할 때 시선을 부드럽게 바라보는 것부터, 간단한 말이나 동작으로 즉각 반응을 보이는 것까지 관심을 보이는 형태는 다양하다. 이러한 관심 기울이기는 집단에 참여한 구성원이 활발한 상호작용을 하도록 촉진하는 데 도움을 준다.

"고개 끄덕이기, 으음, 그래요" 등으로 반응하고, 몸짓과 표정을 통해 "나는 당신에게 관심을 기울이고 있습니다. 나는 당신의 이야기에 집중하고 있습니다. 나는 당신이 하는 말의 의미를 이해하려고 최선을 다하고 있습니다."라는 메시지를 전달하는 것이 곧 관심 기울이기다.

3) 지지하기

특수 조직에서 일하는 구성원은 명예를 중시한다. 군인은 국가안보를 책임진다는 높은 명예심을 갖고 국방의 임무에 충실히 임한다. 경찰과 소방관 역시 시민의 안전을 지키고, 재난으로부터 국민을 보호한다는 명예심으로 악조건에서도 최선을 다한다. 이러한 명예심을 가진 특수 조직의 구성원은 상관과 동료로부터 지지를 받고 싶은 욕구가 있다.

집단지도자는 이러한 인정과 지지 욕구를 인식하여 특수집단에 참여한 구성원에게 적극적인 지지와 격려를 할 수 있어야 한다. 격려와 지지는 집단분위기를 따뜻하게 조성하고, 집단구성원의 상호작용이 활발하게 나타나도록 하는데 긍정적으로 작용한다. 그러나 때와 장소를 가리지 않고 아무 때나 성의 없이 무분별하게 이루어지는 지지와 격려는 효과가 없다.

집단에 참여한 구성원이 무엇인가에 불안하여 말하기를 주저한다거나, 자기 행동에 자신감이 없을 때, 또는 저항이나 방어적인 태도를 보일 때 지지하는 것이 적절하다. 집단에 참여한 구성원 간 의견의 불일치나 갈등이 있을 때, 이를 적극적으로 해결하는 과정에도 격려와 지지가 필요하다.

4) 경청하기

경청은 자기 개방이 잘 이루어지도록 하는 기술이다. 만일, 자기 말이 경청되지 않는다고 느껴지면 집단구성원은 마음의 문을 닫고 자신의 심리적 문제나 혼란, 갈등, 부적응 등의 이야기를 꺼내지 않는다.

집단상담을 처음 경험하는 사람은 집단에 참여한 다른 사람의 말을 어떻게 경청해야 하는지 잘 모르는 경우가 있다. 그래서 집단상담이 진행될수록 복잡한 형태의 의사소통이 이루어져, 집단에 참여한 구성원 간 오해와 갈등이 빚어지는 일이 발생되기도 한다.

이와 같은 문제를 해결하기 위해서는 집단상담을 시작하기 전 집단에 참여한 구성원의 역할과 집단규칙, 경청하는 방법, 의사소통 방법 등을 교육하고 논의하는 오리엔테이션 시간을 갖는 것이 바람직하다.

경청하지 않는다는 것은 말하는 사람에게 주의를 기울이지 않고, 자신이 하고 싶은 말만 한다거나 혹은 애매모호한 질문을 하는 것 등을 포함한다. 경청하기는 집단에 참여한 구성원의 언어적·비언어적 메시지에 깊은 관심을 기울이는 것이다. 자신이 듣고 싶은 말만 선택적으로 듣는 것이 아닌, 집단에 참여한 모든 구성원의 말과 행동에 주의를 기울이는 모습이 경청을 잘하는 모습이다.

5) 공감하기

공감은 상대가 느끼고 지각하는 주관적인 경험을 있는 그대로 이해하고 체험하는 능력으로 인지적 공감과 정서적 공감으로 구분한다. 집단에 참여한 구성원이 이러한 공감을 얻으면 자신이 이해받고 수용되고 있다고 믿어 집단구성원 간 신뢰 관계를 한층 강화한다. 또한 자신의 심리적 문제와 부적응의 어려움을 잘 드러낸다.

특수집단상담을 안내하고 촉진하는 지도자는 집단에 참여한 구성원을 비판하거나 평가하지 말아야 하며, 그보다는 적절한 수준의 공감 반응을 자주 보일 수 있어야 한다. 공감의 기술은 학습을 통해 주입식으로 이루어지면 하나의 수단으로 전락하여 참신성을 잃게 되며, 자기방어를 위한 목적으로 악용될 가능성이 있다.

바람직한 공감을 위해서는 집단지도자가 먼저 시범을 보이는 것이 효과적이다. 공감 반응이 자연스럽게 나타나도록 조력하여 공감의 생동감을 집단참여자 스스로 느끼도록 한다. 가르쳐서 하는 공감보다 스스로 깨우쳐서 나오는 공감일 때 우리는 진정성을 더 느낄 수 있다.

6) 존중하기

군·경·소방 조직은 국가와 국민을 위해 존재하는 집단이다. 명령과 복종의 위계 체계하에서 일하지만 모든 조직원을 따뜻이 대해야 한다. 위계 문화적 환경과 경직되고 폐쇄적인 분위기에서는 조직구성원에 대한 존중이 더 필요하다.

존중은 한 인간 개체를 개성 있는 특별한 존재로 인정하고 수용하는 것이다. 솔직하고 정직하게 상대의 모습을 바라보는 것이며, 상대방이 나와 다를 수 있다는 권리를 인정하는 의미를 내포한다.

특수집단상담의 과정에서 조직구성원 간 서로 존중받고 있다는 것을 느끼면 보다 자신을 개방적으로 노출하고 적극적으로 피드백을 주고받는다. 위계 문화 조직에서 개인이 진정한 존중을 경험하면 개인 자존감뿐만 아니라, 집단 자존감이 높아져 조직 적응력 강화에 긍정적인 영향을 미친다(심윤기, 2014).

자신을 힘들게 하고 고통스럽게 했던 과거의 부정적인 정서로부터도 자유롭게 해방되어 사랑받는 체험으로 확장된다. 나아가 타인을 깊이 이해하고 수용하며, 배려하는 데에도 주저하지 않는다.

7) 반영하기

반영은 경청을 통해 파악한 말의 핵심과 본질을 집단지도자가 적절한 말과 행동으로 되돌려 줌으로써 상호작용을 촉진하는 기술이다. 이 기술은 자기가 이해받고 있음을 인식하는 긍정적인 효과를 가져온다.

반면, 집단원이 한 말을 그대로 되풀이하는 식으로 반영하면 지도자의 반복적인 말에 가식을 느끼기 쉬워, 내가 한 말이 잘못되어 저러는 건가 하고 되돌아보게 된다. 따라서 반영의 핵심은 말의 본질을 살려 진술하거나 바라는 기대가 무엇인지 정확히 전달하는 것이 중요하다(김태현 등, 2013).

사람의 감정은 흔히 바다에 비유하기도 한다. 바다는 겉으로 보이는 수면이 있고, 눈으로 볼 수 없는 깊은 심해도 존재한다. 집단지도자는 수면 위에 있는 잔물결과 같은 감정만 볼 것이 아니라, 바닷속 깊은 심해에 있는 감정을 파악하는 능력을 갖추어야 한다. 또한, 파악한 감정을 참신한 언어나 메타포(metaphor)로 반영할 수 있어야 한다.

제2절

집단상담의 촉진 기법

1 주요 기법

1) 자기 노출하기

집단지도자는 적절한 때 자신에 대한 정보를 개방할 줄 알아야 한다. 집단지도자의 자기 노출은 집단구성원이 심층 깊은 자기 탐색을 가능하게 도와준다. 집단지도자의 자기 생각과 경험, 느낌을 솔직하게 개방하면 참여자는 지도자를 따뜻하고 진실한 인간으로 여기고 친밀감을 갖는다.

자기 노출은 집단원의 경험과 느낌에 초점을 둘 때 효과적이다. 집단에 처음 참여한 사람이 불안한 행동을 하고, 위축된 모습을 보이면 집단지도자는 자기 경험을 개방하여 집단원의 불안을 해소한다.

집단상담 참여자 중 한 사람이 조직에 처음 들어올 때 가졌던 불안한 감정을 털어놓으면 집단상담에 처음 참여한 사람은 자신의 심리적 불안과 긴장을 덜 느낀다. 가정에 대한 걱정, 대인관계의 갈등, 조직 적응의 심리적 어려움 등에 관한 자기 노출은 집단구성원 간 깊은 유대감을 형성하는데 도움을 가져다준다.

2) 피드백

특수집단상담은 조직 생활을 함께하는 동료가 자기를 어떻게 보고 또 어떻게 느끼고 있는지에 대한 학습 기회를 제공한다. 이러한 학습은 피드백을 통해서 획득할 수 있는데, 피드백은 타인의 행동에 대해 자신의 반응을 솔직히 이야기하는 것을 말한다.

집단지도자가 피드백을 잘하면 집단에 참여한 구성원의 특정 행동 변화에 많은 도움을 준다. 피드백을 줄 때는 집단참여자가 피드백을 받아들일 마음의 준비가 되어 있을 때 하는 것이 적절하다. 그리고 관찰한 행동에 대해서 구체적으로 하고, 행동이 일어난 직후에 하는 것이 효과적이다.

유의해야 할 점은 피드백을 받는 대상이 조직의 하급자라 해서 충고와 조언에 가까운 형태로 하는 것은 바람직하지 않다. 피드백을 나눈다고 해서 내 생각이나 느낌을 노출하는 데 그쳐서는 안 되며, 조직 생활과 관련한 변화 가능한 행동에 대해서 한다.

3) 명료화하기

명료화는 집단참여자가 한 말에 함축된 뜻을 다시 그 사람에게 요약 정리해서 전달하는 것을 말한다. 집단참여자의 말이나 감정, 생각 속에 내포된 의미를 분명하고 명확하게 전하는 것이다. 주의해야 할 사항으로는 명료화의 내용이 어디까지나 집단참여자가 한 말 속에 포함된 범주에서 해야 한다는 점이다.

명료화는 집단참여자가 알지 못하는 의미나 관계 또는 애매하고 혼란스럽게 여기는 내용을 정리해 준다는 점에서 자신이 이해받고 있음을 인식하게 한다. 자신이 미처 생각하지 못했던 측면을 다시 생각하도록 하는 반성적 효과는 물론, 집단상담에 적극적이고 능동적으로 참여하게 하는 효과를 가져다 준다.

4) 직면하기

직면은 적극적인 상담 개입의 한 방법이다. 언어적 메시지와 비언어적 메시지가 일치하지 않을 때 혹은 말과 행동이 일치하지 않을 때, 말과 정서가 일치하지 않을 때 이를 직접 지적하여 자기 각성에 이르게 하는 기술이다. 이러한 직면은 집단참여자의 변화와 성장을 증진하는 반면, 심리적인 위협과 상처도 안겨줄 수 있어 주의가 필요하다.

직면할 때는 집단참여자가 그것을 받아들일 준비가 되어 있는지를 점검하고 한다. 집단에 참여한 구성원 전체를 일반화하거나 규정지어 말하는 직면은 바람직하지 않다. 취급해야 할 특정 행동에 대해서만 구체적으로 하되, 자신의 느낌을 따뜻하고 솔직하며 진정성 있게 한다.

5) 질문하기

질문은 자신의 감정을 구체적이고 솔직하게 표현하도록 촉진하고, 감정의 근원을 밝히도록 하는 기술이다. 질문하기는 사건이나 경험을 지금−여기에 초점을 맞추고자 할 때 주로 사용한다. '왜'라는 질문보다 '어떻게'라고 묻는 개방적 질문이 더 효과적이다.

특수집단상담 과정에서 이루어지는 개방적인 질문의 예를 제시하면 다음과 같다.

- "왕자님(별칭)은 지금 집단에 참여해서 어떠한 느낌을 받고 있는지요?"
- "사랑님(별칭)은 지난번 발생한 화재진압 출동에 대해 어떻게 느끼셨는지요?"
- "겸손님(별칭)은 지금 피드백을 받은 것에 대해 어떤 느낌이신지요?"
- "용서님(별칭)은 방금 겸손님이 표현한 것에 대해 어떻게 느끼셨습니까?"
- "토끼님(별칭)은 조금 전 얼굴이 찡그리는 것 같았는데 무엇 때문에 그러셨는지요?"

6) 해석하기

해석은 다른 각도에서 자기의 행동과 내면세계를 파악하도록 안내하는 기술이다. 자신의 문제를 새로운 각도와 관점에서 바라보게 하고, 생활 경험과 행동의 의미를 새롭게 부여하여 설명하는 것이 해석이다.

이러한 해석은 집단참여자의 사고, 감정, 행동에 숨겨진 심리적인 문제나 패턴을 설명함으로써 자신의 문제를 다른 관점에서 조망하고 통찰할 수 있게 도와준다. 감정을 경험하도록 촉진하고, 문제의 원인이 자신에게 있음을 깨닫도록 하여 새로운 내적 참조의 틀을 형성하는 데에도 도움을 준다.

해석은 집단지도자가 집단구성원에게 직접 하는 것이 적절하지만 집단구성원 상호 간에 하는 것이 더 효과적이다. 예를 들면, "왕자님은 우리 중 누군가가 이태원 참사 사건을 이야기할 때마다 개입하시는데, 혹시 과거에 있었던 자신의 아픈 경험이 떠올라서 그런 건지요?"라고 묻는다.

"토끼님은 애인과 헤어진 후 유독 힘들어하는 것 같은데, 혹시 부모님의 이혼에 대한 아픈 경험과 관련이 있어서 그런 건 아닌지요?"라고 질문하여 다른 각도에서 자신을 돌아보도록 한다.

7) 제지하기

집단지도자는 집단원의 바람직하지 않은 행동을 보면 이를 분명하게 제지할 수 있어야 한다. 그렇다고 인격 자체를 비난하거나 평가하는 것은 결코 바람직하지 않으며, 부적절한 행동을 제지하는 것에만 초점을 둔다. 집단참여자의 행동을 제지해야 하는 경우는 주로 개인 중심적인 태도로 나타나는 행동이 대부분이다.

예를 들어, 지나치게 동료를 비난하거나 험담하고, 집단분위기를 혼란스럽게 하는 경우다. 만약, 다른 집단원의 단점과 아픈 상처를 캐내려고 할 때는 개인의 사적 영역을 침범하는 행위임을 명확히 지적하여 제지한다.

장황하고 길게 말을 하거나 피드백을 독점하여 다른 집단원이 말할 권리를 빼앗는 경우에도 이를 제지한다. 자신의 문제를 마치 다른 사람의 이야기처럼 떠넘겨 말하거나 충고, 상처 싸매기 등을 할 때도 집단지도자가 직접 나서서 제지한다.

제3절 집단상담의 종결 기법

특수집단상담을 종결할 때에는 다음과 같은 기술을 주로 사용한다.

1 주요 기법

1) 돌아보기

특수한 임무를 수행하는 조직에서는 훈련, 시범 등 주요 활동을 마무리하는 단계가 되면 그 과정을 돌아보는 시간을 갖는다. 특수집단상담도 집단 활동을 종결하기 전 집단에 참여한 구성원을 대상으로 그동안 경험하고 느낀 점을 돌아보는 시간을 갖는다. 집단상담을 통해 깨달은 것은 무엇이고, 또 어떤 교훈을 얻었는지 뒤돌아보고 집단상담 경험을 통합해 자기화한다.

자신이 경험한 상담 활동의 주요 순간을 뒤돌아보는 방법은 여러 가지다. 그중 하나는 지나온 상담 과정을 조용히 머리에 떠올리는 것이며, 다른 하나는 집단상담 과정에서 깨달았던 점과 좋았던 점 그리고 싫었던 점, 개선할 점 등의 이야기를 허심탄회하게 나누는 방법이 있다.

2) 두려운 감정 다루기

일반집단상담에서는 집단 활동이 끝나간다는 사실을 알게 되는 순간 상담 활동에 소극적으로 참여하는 집단원이 있다. 자신을 존중하고 관심과 지지를 보냈던 사람들과 관계가 단절되는 안타까운 감정이 작용하기 때문이다.

특수집단상담의 경우에는 조직 생활을 함께하는 동료들이 대부분이라서 이별의 아쉬움이나 상실감을 크게 갖지는 않는다. 그러나 직급이 낮은 참여자나 조직에 들어온 지 얼마 되지 않은 집단원의 경우는 집단을 떠나 일상의 조직 생활로 복귀한다는 사실에 불안을 느낀다. 집단에서 배운 것을 조직 생활에 잘 실천할 수 있을지에 대한 두려움을 갖기도 한다.

집단상담 종결단계에서는 이 같은 이별의 아쉬운 감정과 불안을 다루고 처리한다. 유대감과 신뢰감이 형성된 사람들과 헤어진다는 점에서 느끼는 불안과 두려움은 잘못된 감정이 아닌, 자연스러운 감정임을 설명하여 두려운 감정을 해소한다.

3) 미해결과제 다루기

집단상담을 마무리하는 시간에는 미해결과제를 다루어 해결하지 못한 과제가 남아 있지 않도록 한다. 집단상담의 과정에서 개인의 심리적 문제와 성장 과제, 적응력 증진 과제 등 모든 과제를 해결하는 것은 현실적으로 어렵다.

그렇다고 하더라도 집단지도자는 집단목표와 관련한 미해결 문제를 종결단계에서 해결하도록 필요한 시간을 할애한다. 개인의 문제를 해결하지 못한 참여자에게는 그 문제를 추후 다시 논의할 수 있는 별도의 시간을 마련해 조치한다. 만약, 미해결과제가 가벼운 경우는 다음 회기 시간에 도움을 줄 수 있도록 시간을 반영한다.

4) 마무리하기

특수집단상담은 사전 규정된 시간에 시작하여 약속된 시간에 마칠 수 있어야 한다. 규정된 시간에 집단상담을 마치지 못하면 집단참여자들은 약속을 지키지 않은 집단지도자로 인식할 가능성이 있다.

이 같은 현상이 초래되면 집단원의 신뢰를 잃어, 차기 집단상담이 이루어지는 과정에서 참여의식이 저조하게 나타날 수 있다. 특수집단상담의 마무리는 다음과 같은 내용을 주로 다룬다.

- 집단상담을 계속해서 경험할 수 있는 후속계획과 방법을 논의한다.
- 집단상담을 종결한 후 개인 상담을 할 수 있는 방법과 절차를 안내한다.
- 상담에서 학습한 것을 실제 조직 생활에 실천하는 실용적인 방법을 찾는다.
- 집단을 떠나 조직으로 복귀할 때 마주하는 심리적 문제를 논의한다.

CHAPTER 07
집단구성원의 역할

집단지도자의 문제행동

1 부적절한 문제행동 유형

일반집단상담 과정에서 집단지도자가 흔히 범하기 쉬운 행동은 지나친 개입과 방어적 태도, 과도한 자기 개방 등이다. 특수집단상담 과정에서도 이와 유사한 집단지도자의 부적절한 행동이 나타나는데 이를 알아보겠다.

1) 지나친 개입

집단지도자가 범하기 쉬운 부적절한 행동은 집단상담이 이루어지는 과정에서 너무 과도하게 개입하는 문제이다. 지나친 개입은 집단에 참여한 구성원의 대화에 일일이 집단지도자가 참여해야 집단역동이 발현된다고 착각해서 나타나는 행동이다.

집단역동은 집단참여자 간 상호작용으로 발현되는 것이지, 집단지도자가 시도 때도 없이 개입한다고 해서 나타나는 것이 아니다. 오히려 집단지도자의 지나친 개입은 집단역동의 발현과 흐름을 막는 방해 요인으로 작용한다. 따라서 집단지도자는 집단구성원이 여러 의견을 제시할 때마다 지나친 반응을 하는 것을 삼가야 한다.

집단에 참여한 어느 특정한 구성원과 계속해서 대화를 주고받거나 반응하는 행동 또한 바람직하지 않다. 일일이 집단지도자가 반응하는 것보다 집단에 참여한 다른 구성원의 반응이 나올 때까지 기다린 후, 적절한 시기에 개입하는 것이 바람직하다.

2) 방어적 태도

집단지도자가 흔히 범하기 쉬운 또 다른 문제행동은 방어적 태도다. 집단과정에서 집단원의 비판적인 태도와 평가, 부정적인 반응이 나타나면 집단지도자는 방어적인 태도를 보이기 쉽다. 만약, 집단지도자가 집단원의 반응을 과민하게 받아들여 방어적 태도를 보이면 집단구성원 역시 방어적 태도를 보이게 된다.

예를 들어, 구조화된 집단상담을 하는 경우에 집단의 자율성을 구속한다고 집단원이 불평하면서 지도자의 집단상담 조력에 저항할 수 있다. 비구조화 방식으로 집단상담을 하는 경우에는 집단방향을 제시하지 않아 복잡하고 혼란하다며 불평하고 저항하는 일도 벌어진다.

집단지도자는 이러한 경우에 방어적 태도보다는 오히려 개방적이고 허용적인 태도가 필요하다. 비판적인 태도나 부정적인 반응을 보이는 구성원을 오히려 더 따뜻하고 진정성 있게 대한다. 집단에 참여한 구성원이 부정적이고 저항적인 태도를 보인다 하더라도 집단지도자는 이에 흔들리지 않고, 집단 활동을 안정감 있게 안내하는 것이 집단지도자의 능력이다.

3) 폐쇄적 태도

집단지도자가 범하기 쉬운 또 다른 부적절한 행동은 폐쇄적인 태도다. 폐쇄적 태도란 집단상담의 과정에서 개인의 사적 내용 노출을 최소화하는 행동을 말한다. 집단지도자의 태도와 자기 개방의 수준은 집단참여자의 소통과 상호작용에 큰 영향을 준다. 특히, 폐쇄적인 태도는 집단참여자의 의사소통을 저해하고, 집단역동의 흐름을 가로막는다.

집단지도자가 폐쇄적인 태도를 보이는 이유는 자신의 이미지가 손상받지 않고, 불편한 상황에 놓이는 것을 원치 않기 때문이다. 또한 집단지도자의 사적 내용의 노출이 집단역동을 가로막고, 집단목표 달성을 어렵게 한다고 잘못 이해하고 있기 때문이다.

그러나 집단지도자의 적절한 자기 개방은 집단역동을 촉진하는 촉매제 역할을 한다. 그러므로 집단지도자는 자신을 언제, 얼마나 노출을 할 것인지를 심사숙고한 후, 적절한 자기 개방을 할 수 있어야 한다.

4) 과도한 자기 개방

집단지도자가 과도하게 자기 개방을 하는 것도 부적절한 행동이다. 자기 개방을 지나치게 하는 집단지도자는 자기 개방을 많이 할수록 집단역동에 도움이 되고, 상호작용을 촉진한다는 왜곡된 자기 신념에서 비롯된다.

이러한 집단지도자는 자신의 세세한 일상을 털어놓는 데 많은 시간을 할애하는데, 심지어는 자기 노출이 불필요한 개인의 사적인 내용까지도 개방하여 집단이 나아가야 할 방향을 혼란스럽게 만든다. 집단지도자의 과도한 자기 개방은 집단지도자가 지도자의 역할을 하기보다는 집단구성원의 한 일원이라고 착각해서 나타나는 행동이다.

집단지도자는 역할과 태도에서 집단구성원과 엄격히 구분되어야 한다. 적절한 수준의 자기 개방을 통하여 집단참여자 간 상호작용이 원활하게 나타나도록 조력해야 할 뿐만 아니라, 집단역동의 발현과 흐름을 촉진함은 물론 집단의 방향을 분명하게 안내한다.

제2절 집단지도자의 역할

특수집단상담이 생산적이고 성공적으로 이루어지도록 하기 위해서는 집단지도자의 역할이 매우 중요하다. 그렇다고 집단지도자의 역할이 일반집단지도자의 역할과 상이하다거나 차별화된 행동이 필요하다고 말하는 것은 아니다. 특수한 임무를 수행하는 조직이나 집단의 목적, 집단의 형태, 집단지도자의 철학, 상담의 이론 등에 따라서 지도자의 역할이 일부 달라질 수 있으나 큰 틀에서 보면 동일하다.

1 안내자·조력자의 역할

1) 집단방향 안내자

집단지도자는 집단상담을 준비하는 단계에서 오리엔테이션을 통해 상담 목적, 상담 절차와 내용, 방법 등을 설명한다. 집단상담을 시작하는 초기 과정에서는 집단이 나아가야 할 방향을 제시한다. 조직의 목표와 조직구성원의 개인 목표를 동시에 달성할 수 있도록 집단의 방향을 구체적으로 설명한다.

집단지도자는 집단의 방향을 안정되게 유지하는 집단규준을 마련하고, 여러 가지 적절한 시범과 시연으로 그 규준을 설명한다. 집단규준에서 벗어나는 행동을 하는 구성원에게는 그릇된 행동을 분명히 지적하여 집단상담이 나아가고자 하는 방향을 명확히 한다.

2) 집단분위기 조성자

따뜻한 집단분위기란 집단원의 불안과 갈등을 허심탄회하게 털어놓을 수 있는 허용되고 안정된 환경을 말한다. 집단에 참여한 집단구성원이 심리적 안정감을 느끼는 온화하고 다정다감한 집단분위기를 의미하기도 한다.

군·경·소방 조직은 위계 문화적 환경 특성으로 마음속에 있는 내밀한 자신의 이야기를 선뜻 꺼내기가 어렵다. 피드백을 주고받는 것조차도 어려워 머뭇거리며, 자기 노출을 꺼리고 주저한다.

특수집단상담이 성공하기 위해서는 집단상담 과정에서 이 같은 모습이 나타나지 않아야 가능하다. 집단지도자의 권위주의적인 경직된 자세와 폐쇄적인 태도는 따뜻하고 온화한 집단분위기 조성과는 거리가 먼 모습이다.

안정감 있는 집단분위기 조성을 위해서는 집단에 참여한 구성원을 이해하려는 집단지도자의 인간적인 태도가 반영되어야 한다. 집단참여자의 생각과 의견을 수용하고 존중하며, 진정으로 공감하는 모습을 보일 때, 집단은 자연스럽게 안정감 있는 집단분위기로 발전한다.

3) 지금-여기 조력자

특수집단상담은 지금—여기에 현존하는 것을 이해하는 학습 과정이다. 과거의 문제를 다루거나 지금의 상황이 아닌 다른 문제를 취급하는 것은 특수집단상담의 조건에 적합하지 않다. 특수한 조직 생활에서 겪는 여러 쟁점을 집단상담 장소로 가져와 허심탄회하게 논의하고 적극적으로 해결한다.

이를 위해서는 지금—여기에서의 자기 존재와 역할에 대한 자각, 현재의 경험 등을 탐색하도록 집단지도자의 촉진적인 조력이 필요하다. 너와 나의 느낌, 너와 나의 생각, 너와 나의 행동을 동료 상호 간 관찰하고 활발한 피드백이 이루어질 때 상담효과가 나타난다.

2 보호자·모범자의 역할

1) 집단원 보호자

특수한 조직에서 이루어지는 집단상담은 평소 위계적인 조직 환경의 영향으로 침묵하는 모습이 나타난다. 상담이 이루어지는 과정에서 집단의 압력이 느껴지면 조직 생활에 대한 위협으로 지각하여 자기 개방을 어렵게 하고 침묵하게 만든다. 그 결과 집단분위기는 무겁게 가라앉고, 형식적인 피드백과 상호작용이 유지된다.

따라서 집단지도자는 집단에 참여한 구성원 모두를 심신의 위협으로부터 보호하는 보호자의 역할을 하고, 다른 동료로부터 어떠한 부당한 압력이나 위협을 받지 않도록 한다. 집단상담 과정에서 나타날 수 있는 비인간적인 언행을 통제하고 배제하며, 인격을 존중하지 않는 어떠한 형태의 모습도 나타나지 않도록 집단원을 보호한다.

2) 행동의 모범자

특수상담지도자는 바람직한 행동의 모범자이다. 집단지도자가 매 순간 자기 개방의 바람직한 모습과 피드백, 소통의 모범적인 행동을 보여야 위계 체계에 익숙한 조직원들은 이를 솔선하여 따라 한다.

특수 조직은 지도자가 먼저 솔선하여 정직한 모범행동을 보이면 그 조직의 하위 구성원들은 그 지도자를 따라 한다. 이는 특수임무를 수행하는 위계조직만이 지닌 고유한 특성이다. 타인을 존중하는 행동, 바람직한 대화의 모습, 모범적으로 집단규정을 준수하는 집단원이 되도록 하기 위해서는 무엇보다 집단지도자의 솔선수범적인 모습이 선행되어야 한다.

3 촉진자의 역할

1) 상호작용 촉진자

특수집단상담의 성공은 집단 내 의사소통의 걸림돌을 찾아내 이를 제거하고, 바람직한 상호작용과 의사소통이 확립되어야 가능하다. 그뿐만 아니라, 집단참여자 간 지지와 격려, 따뜻한 피드백을 통해 신뢰감을 형성하고, 자기노출이 적극적으로 이루어질 때 상담 목표 달성이 가능하다.

집단지도자는 이를 위해 집단원의 비언어적 메시지를 표면화하여 자기 각성과 상호 간의 이해 증진을 안내하고, 상호작용을 촉진하는 촉진자의 역할을 충실히 수행한다.

2) 집단역동 촉진자

특수집단상담은 목표가 분명해야 한다. 국가에 대한 충성과 국민의 생명을 지키는 과업을 충실히 수행하고, 집단구성원 개인의 조직 적응력을 강화하며, 개인의 성장 발달과 관련한 목표를 달성하는 데 관심을 둔다.

그러나 집단상담의 방향을 잘못 설정하거나 집단역동이 발현되지 않을 경우에는 상담 목표 달성이 어려워진다. 집단구성원 간 원활한 피드백이 이루어지지 않고, 활발한 의사소통이 나타나지 않을 경우에도 상담은 성공적으로 마치기 어렵다. 그러므로 집단지도자는 솔선하여 자신을 노출하고, 활발한 피드백이 이루어지도록 촉진하며, 집단 활동기간 내내 집단역동이 발현되도록 힘써야 한다.

3) 집단과정 촉진자

특수집단상담은 자발적이고 실천적이며 능동적인 상담 참여가 요구되는 과정이다. 위계 문화의 영향을 받아 집단 활동이 수동적이고 폐쇄적이며, 획일적으로 이루어져서는 상담 목표 달성이 어렵다.

특수집단상담 경험이 없는 지도자가 집단 활동을 안내하는 경우에는 간혹 집단에 참여한 구성원이 졸거나 장난치는 일이 발생한다. 상담 수련이 부족한 지도자가 집단과정을 진행하는 경우에는 틀에 박힌 집단 활동이나 프로그램을 적용하여 집단원의 참여의식이 저조하게 나타나기도 한다.

집단 참여의식이 낮은 이 같은 집단원의 모습은 집단 내 활발한 피드백과 상호작용을 저해하고, 집단역동을 가로막는 역할을 한다. 그러므로 집단지도자는 집단에 참여한 구성원이 자발적으로 집단과정에 참여하도록 촉진자의 역할을 충실히 수행할 수 있어야 한다.

제3절
집단참여자의 문제행동

일반집단상담에서는 집단참여자 개인의 욕구 충족을 위해 개인 중심적인 행동과 집단 활동을 방해하는 행동이 나타난다. 특수집단상담이 이루어지는 과정에서도 별반 다르지 않다. 일반집단상담 과정에서 볼 수 있는 유사한 행동들이 나타나는데, 침묵으로 저항하거나 집단 활동을 회피하는 행동이 주로 나타난다.

그 뿐만이 아니라, 집단에 참여하지 않기, 하급자 공격하기, 충고하기, 자기 방어하기 등도 나타난다. 집단지도자는 집단 활동에 방해되는 이러한 행동들이 나타나지 않도록 지도할 수 있어야 상담 목표 달성이 가능하다.

1 자기중심적 행동

1) 독점

독점하기는 자신이 주위로부터 초점이 되고 싶은 욕구를 가진 사람에게서 나타나는 행동이다. 이 같은 욕구를 지닌 사람은 집단에 참여한 동료와 집단지도자의 관심을 독차지하려고 지나치게 말을 많이 하는 특징이 있다.

독점행동은 자신의 불안을 은폐하고, 자신 내면의 문제에 다른 집단구성원이나 집단지도자의 접근을 멀리하기 위한 수단으로 이용된다. 독점자는 자신의 목적을 이루기 위해 집단을 지배하고 조종하려는 의도에서도 행동하게 되는데, 통상 상급자에게서 자행된다.

독점자가 집단상담 과정에서 지나치게 많은 말을 하여 집단 활동을 독점하면, 결국 상대적으로 다른 구성원이 말할 기회와 시간이 줄어든다. 이 같은 문제를 해결하기 위해서는 집단에 참여한 구성원 각자가 독점자로부터 모두 피해를 받고 있다는 사실을 인식시킨 후, 적극적인 피드백을 통해 독점행동이 나타나지 않도록 지도한다.

2) 충고

충고는 충고하는 사람의 주관적인 느낌이나 가치관이 개입되어 나타나는 모습으로 충고 받는 사람의 위치에서는 별로 도움 되지 않는 행동이다. 특수집단상담의 과정에서는 주로 상위직위에 있는 조직원이 하위직위에 있는 자에게 충고하는 경향이 나타난다.

문제는 자신의 의견을 허심탄회하게 개진하는 것이 아니라, 지적하고 충고하고 지시하는 말로 타인을 조종하려 한다는 점이다. 충고를 싫어하는 집단참여자는 '내가 이런 대우를 받으려고 집단 활동에 참여했나!'라며 후회하기도 하며, 충고하는 말에 불편한 감정을 느껴 침묵하기도 한다.

집단지도자는 집단참여자에게 자기 자신의 충족되지 못한 욕구를 무의식 중에 충족시키려는 행동이 충고하기라는 점을 바르게 인식시킬 수 있어야 한다. 자신의 우월성을 보이거나 특정 집단원에 대한 적개심을 은폐하기 위해 나타나는 행동이 충고라는 점을 깨닫도록 하는 것이 집단지도자의 능력이다.

3) 상처봉합

상처봉합은 진정한 의미의 돌봄과 관심, 공감과 상반되는 개념의 말이다. 다른 집단원의 상처를 어루만지고 고통을 덜어주려는 행동뿐만이 아니라, 기분을 좋게 해주려는 성급함에서 나타나는 행동이다. 충분한 여유를 갖고 아픔과 상처를 체험하는 것은 개인의 성장과 발달에 큰 도움이 된다.

하지만 조급하게 상처를 봉합하면 집단원의 성장 기회가 상실될 뿐만 아니라, 집단에 참여한 한 개인의 권리를 보호하지 못하는 결과로 이어진다. 따라서 집단지도자는 집단원의 의사소통과 상호작용 과정을 잘 감지하여 상처봉합하기가 나타나지 않도록 주의한다.

2 집단상담 회피 행동

1) 소극적 참여

어떤 집단원은 시종일관 집단상담에 참여하지 않고 침묵을 유지하거나 움츠려 있고 관망하는 모습을 취하기도 한다. 이러한 집단원은 스스로 보고 듣는 것만으로도 충분히 많은 것을 배운다고 주장하지만, 침묵이 계속되고 습관화되면 집단적인 문제로 이어진다(Corey & Corey, 1992). 집단상담에 적극적으로 참여하지 않는 주된 이유는 대체로 다음과 같다.

- 집단을 신뢰하지 못하거나 자신의 부끄러움이 탄로날 것 같아서
- 잘못 개입하였다가 상급자에게 헛된 트집이 잡히지 않을까 염려되어서
- 집단지도자와 상급자의 계급 등 위계적인 분위기에 눌려서
- 과거 집단상담 과정에서 거부당하였거나 공격당한 경험이 있어서
- 여러 가지 무의식적인 자기방어가 작동되어서 등

2) 자기방어

자기방어는 집단 내 긴장감과 폐쇄적인 분위기가 지배적이면 강화되는 특성이 있다. 특수집단상담과정에서 나타나는 자기방어는 주로 자기 자신에 대한 신뢰와 자신이 속한 집단에 대한 신뢰가 낮을 때 나타난다(심윤기, 2014).

자기방어를 두드러지게 하는 사람은 집단구성원과 신뢰 관계를 형성하지 못했거나 계급이 낮은 조직구성원들이 해당한다. 이러한 사람은 자신의 의견을 피력하는 것을 매우 조심스러워하고, 다른 사람의 견해를 간접적으로 전달하는 모습을 보인다.

그러므로 집단지도자는 집단분위기가 긴장되거나 경직되지 않도록 온화하게 유지하고, 집단상담이 개방적으로 운영되도록 촉진하여 자기 방어하는 집단원이 나타나지 않도록 관심을 기울인다.

3) 침묵

현재 상황을 잘 파악하지 못할 때 우리 인간은 통상 침묵한다. 특수집단상담 과정에서는 위계적인 조직 문화와 폐쇄적인 분위기 때문에 침묵하는 경향이 나타난다. 그렇다고 침묵하는 것이 결코 부정적이거나 좋지 않은 단점만 있는 것은 아니다.

집단지도자는 집단상담 과정에서 침묵하는 자가 있더라도 조급하게 개입하려고 시도하는 것은 적절하지 않다. 조급한 개입보다는 우선적으로 위계적인 집단분위기를 따뜻하게 조성하고, 참여자들이 자유롭게 의견을 개진할 때까지 기다리는 것이 바람직하다.

4) 불평

불평은 집단에 대해 불만을 늘어놓는 것을 말한다. 이러한 불만은 집단상담 초기 과정에서 나타나는데, 비자발적인 참여자들이 주로 불평한다. 습관적인 불평은 집단분위기를 경직되게 만들고 집단상담의 진행과 흐름을 방해하며, 집단의 상호작용과 피드백, 집단역동에 부정적인 영향을 준다.

집단상담 과정에서 습관적으로 불평하는 집단구성원이 있으면 그 사람과 별도의 장소에서 이야기하는 시간을 갖는다. 휴식 시간이나 회기가 끝난 시간에 별도의 만남을 갖고 불평하는 원인 파악과 시정을 통해 집단 활동에 도움이 되어 줄 것을 요청한다.

3 집단과정 저해 행동

1) 공격

공격은 집단참여자로부터 관심과 인정을 받고 싶은데 오히려 실망하거나 상심할 때 주로 나타난다. 공격은 집단에 참여한 동료의 의견을 신랄하게 비판하거나 의도적으로 집단상담을 방해하고 회피하는 행동으로 이어진다.

집단 활동 중 동료 구성원의 말을 비꼬고 지나친 농담을 하며, 질문받은 것을 무시하고 뭉개는데 이러한 모습이 모두 공격에 해당한다. 이러한 공격하기가 적대 감정의 간접적인 형태로 표출될 때는 다루기가 무척 어려워진다. 이러한 경우는 매우 강한 직면과 따뜻한 관심 기울이기를 동시적으로 활용하는 것이 효과적이다.

2) 우월

특수집단상담 과정에서 어떤 참여자는 자신을 다른 동료보다 우월하다고 생각하거나 다양한 정보를 지닌 유능한 사람으로 자처한다. 자신은 아무 문제가 없고, 무엇이든 잘한다는 태도로 동료에게 우쭐대는 교만하고 우월적인 행동을 한다. 이러한 경우에는 집단지도자가 그에 맞는 적절한 시연을 보이는 것이 바람직하다.

교만한 언어와 좋지 못한 불손한 태도를 보이는 행동보다 겸손하고 예의 바른 언어 사용과 바르게 행동하는 것을 직접 시연한다. 이후에는 문제없는 사람으로 자처하는 구성원을 대상으로 지도자가 보인 시범을 따라 하도록 요구하고 반복적으로 실행하면 행동의 변화가 나타난다.

3) 적대

적대는 내면에 누적된 부정적인 감정을 여러 방식으로 집단지도자나 참여자에게 표출하는 것을 말한다. 적대적 태도는 집단구성원에게 똑같은 적대적 태도와 감정을 불러일으키고 자기 개방을 어렵게 만든다.

이에 대한 대처로는 우선 적대적 태도를 보이는 집단원이 원하는 바를 직접 표현하도록 조력한 다음, 적대적인 행동을 하는 집단원에게 여러 동료가 동시에 피드백을 제공한다. 이러한 과정이 반복해서 이루어지면 적대행동은 우호적인 행동으로 변화한다.

제4절 집단참여자의 역할

집단구성원이 집단상담 과정에서 해야 하는 역할은 학자들마다 주장하는 바가 조금씩 다르다. 일반적으로 집단의 과업 달성을 위한 역할과 집단의 유지 및 발전을 위한 역할로 크게 나누어 설명한다. 특수집단상담에 참여한 구성원의 역할을 살펴보기로 하겠다.

1 주요 역할

1) 집단과업 달성의 역할

군·경·소방 조직에서 이루어지는 집단상담 과정이 성공하려면 특수집단의 공동목표 달성이 우선되어야 한다. 특수집단의 목표 달성에 도움이 되는 역할은 다음과 같다.

① 솔선해서 제안

당면한 집단의 문제해결 방법이나 공동의 목표 달성을 위해 집단구성원이 생각하는 창의적이고 참신한 아이디어를 자유롭게 피드백으로 제안한다.

② 정보요구 및 제공

집단의 문제해결 방법과 목표 등에 관한 여러 정보를 집단지도자나 집단 참여자에게 질문하고 또한 자신이 알고 있는 정보를 솔선해서 제공한다.

③ 의견 묻고 제시

집단상담 과정에서 취급되는 문제나 목표 및 과제에 대해서 집단원의 의견을 묻고, 평소 자기 신념이나 가치관에 관한 견해를 자유롭게 개진한다.

④ 자세한 설명

자신이 제안한 내용의 실증적인 사례나 근거를 자세히 설명한다.

⑤ 활기차게 하기

집단의 상호작용과 집단여동이 활발하게 일어나도록 적극적으로 의견을 개진하고, 따뜻한 피드백을 제공한다.

⑥ 진행 과정 돕기

집단을 위해 정해진 과업을 돕거나 자료를 나누어 주고, 자리를 정돈하는 등 진행을 돕는다.

2) 집단과정 발전의 역할

집단목표를 달성하기 위해서는 앞서 설명한 집단과업 성취를 위한 역할이 중요하지만, 그에 못지않게 집단에 참여한 사람 간 좋은 관계를 유지하는 것도 중요하다. 집단상담 과정의 발전을 위한 역할로는 집단에 참여한 구성원을 서로 존중하고 신뢰하는 관계를 유지하도록 하는 것이다.

① 존중하기

집단에 참여한 구성원은 칭찬과 존중, 수용 받기를 원한다. 따라서 서로 따뜻하고 온화한 태도로 동료 집단원을 대하며, 제기된 여러 의견을 이해하고 수용한다.

② 화해하기

집단에 참여한 구성원 간 의견 차이가 있으면 이를 서로 이해하고 화해한다. 갈등 상황에서는 오해와 긴장을 해소하기 위해 서로 노력한다.

③ 협조하기

협조는 자신을 양보하는 행동이다. 자신이 갈등 상황에 관계되었을 때 잘못을 시인하거나 집단의 화합을 위해 집단 의사를 따르려고 적극 노력하는 행동을 한다.

④ 지지하기

지지는 다른 집단원의 집단 활동 참여를 격려하는 태도이다. 집단구성원 간 상호 작용이 원활하게 이루어지도록 공감하는 자세를 갖는다.

⑤ 규범 지키기

집단목표 달성을 위해 필요한 규준과 집단의 기능이 원활하게 이루어지도록 제정한 규범과 약속을 지킨다.

⑥ 잘 따르기

집단구성원 간 의견을 나누고 결정할 때 잘 듣고, 집단원의 의견을 수용하며 집단상담 과정을 잘 따른다.

CHAPTER 08
집단지도자의 자질

인간적 자질

1 기본 요소

집단지도자는 상담에 관한 이론적 지식을 갖추고 전문적 기술을 사용할 줄 아는 능력을 갖추어야 한다. 상담학 분야의 학자들은 대부분 효과적이고 생산적인 상담을 위해 집단지도자가 지녀야 할 자질을 강조한다. 인간에 대한 긍정적인 관심을 포함한 자기 각성, 용기 있는 태도, 창의적 사고, 윤리적 생활양식, 가치중립적 자세, 유머 등을 갖출 것을 언급한다.

1) 긍정적 인간관

인간에 대한 긍정적인 관심과 집단참여자의 안녕, 행복에 관해 관심을 가지는 것은 성공적인 집단상담을 위한 필요 조건이다. 집단지도자는 집단 구성원을 진심으로 위하고 신뢰하는 마음이 있어야 한다. 집단원의 가치를 높이 인정하고 존중할 때 특수집단상담의 성공을 기대할 수 있다.

특수 조직의 구성원 중에는 부정적이고 왜곡된 신념을 가진 사람도 존재한다. 인간적인 존중과 지지, 격려, 관심이 필요한 구성원도 존재한다. 특수한 임무를 달성하기 위해 일하는 조직구성원의 과업은 결코 쉬운 일이 아니다. 조직 생활이 힘들고 지쳐 절망하고 포기하려 할 때, 집단지도자의 따뜻한 관심과 온정은 그 자체로서 치료적인 효과를 가져온다.

2) 자기 이해

집단지도자는 집단원과 같은 동일한 인간이다. 자신의 세계관과 정체성, 가치관, 강점과 단점 등에 대해 객관적으로 이해하고 있어야 가식이 없는 인간다운 모습으로 집단원에게 다가갈 수 있다.

집단지도자는 새로운 삶의 경험에 대해 개방적인 태도를 갖고 끊임없는 자기 이해를 추구해야 한다. 지도자 자신이 지금 집단에 참여한 구성원에게 무엇을 어떻게 하고 있는지 인식하지 못한다면 집단원의 자기 이해에 관한 조력이 어렵다. 그 이유는 집단원의 행동 변화가 자기 이해를 바탕으로 이루어지기 때문이다.

3) 정서적 성숙

특수집단상담 과정에서는 조직 부적응, 대인관계 갈등, 다양한 심리적 문제와 예민한 정서적 변화 등을 다룬다. 따라서 집단지도자는 자신의 정서적 변화를 철저히 통제할 수 있어야 한다. 집단지도자의 정서적 성숙도가 높을수록 집단에 참여한 구성원은 안심하고 자신의 이야기를 자유롭게 꺼낸다.

정서적으로 미성숙한 집단지도자는 집단 활동을 방해하는 집단구성원을 만나면 싫은 모습을 보이는 경우가 있다. 자신의 감정을 숨기고 마치 좋은 감정이 있는 것처럼 위장한 모습을 보이지만 집단원은 이를 쉽게 알아챈다.

정서적으로 성숙한 집단지도자가 되기 위해서는 먼저 자신의 모순되고 미성숙한 감정을 탐색하여 침착성과 포용성을 갖추는 것이 필요하다. 자신의 미성숙한 정서로 나타나는 행동을 지속적으로 탐색하고 이를 수정 및 통제할 수 있어야 성공적인 집단상담이 가능하다.

4) 인내와 끈기

특수집단상담이 늘 성공적으로 종결되는 것은 아니다. 때로는 상담 과정이 답답하고 힘들어 심리적 에너지가 소진될 때도 있다. 특수집단상담은 대부분 비자발적으로 참여한 자가 많아 상담이 이루어지는 시간 동안 침묵을 유지한다거나 소극적으로 집단 활동에 참여하기도 한다.

집단상담을 시작할 때부터 집단분위기를 안정감 있게 유지하지 못하면 집단참여자의 상호작용과 집단역동이 제대로 나타나지 않는다. 이러한 상태에서는 어느 집단지도자라도 집단 활동을 중단하고 싶은 마음이 생긴다.

그러나 집단지도자는 어떠한 어려움과 난관이 있더라도 인내와 끈기로 극복하고 지혜롭게 헤쳐 나가야 한다. 특수집단상담을 성과적으로 끝낼 수 있는 요인 중 하나는 이러한 지도자 인내와 끈기 덕목이다.

5) 창의적 태도

창의적 태도는 끊임없이 새로움을 추구하는 모습이다. 특수집단상담은 방어적이거나 경직된 상담 분위기로 인해 집단역동과 상호작용이 발현되지 않으면 성공하기 어렵다. 또한 집단 활동이 과거에 초점을 두고 이루어진다거나 창의적이지 못하면 상담 성과 또한 기대할 수 없다.

일부 집단참여자가 왜곡된 신념으로 부적절한 모습을 보인다 하더라도 이를 회피하지 않고 마주한다. 집단원의 부적절한 모습을 한 차원 높은 창의적인 시선으로 바라보고 품어야 한다.

합리적인 이성과 바람직한 태도로 집단참여자들과 마주하고, 늘 새로운 경험에 창의적인 태도로 대한다. 독창적이지 못하고 타성에 젖은 구태의연한 모습을 집단원이 보인다 하더라도 창의적인 모습으로 다가가는 것이 지도자가 지녀야 할 바람직한 자질이다.

2 인간적 요소

특수집단상담의 성과를 촉진하는 지도자의 자질은 여러 상담이론에서 제시하고 있다. 인본주의 학자는 인간적 자질이 상담의 성패를 가름하는 결정적인 요소로 여긴다. 이는 집단지도자의 인간성과 인간적 자질이 집단원의 성장을 촉진하고 발달 조력이 가능하다고 여기기 때문이다. 대부분의 학자들이 주장하는 상담자의 인간적 자질은 대체로 다음과 같다.

1) 진실한 태도

집단지도자의 진실성은 집단상담의 전 과정에 요구되는 자질이다. 모르면 모른다고 하고, 두려우면 두렵다 하고, 싫으면 싫다고 말하는 것이 진실한 태도다. 만약 집단지도자가 불일치한 행동과 진실하지 못한 모습을 보인다면 집단원은 이러한 행동을 은연중에 학습한다. 집단지도자가 진실한 모습을 보이면 집단원은 지도자를 따라 진실한 사람이 되고자 노력한다.

이처럼 진실성은 집단상담 과정에서 집단구성원 간 의미 있는 만남이 이루어지게 하고 상호작용을 촉진한다. 진실성을 가진 인간의 모습을 지니기 위해서는 다음과 같은 질문을 늘 자신에게 한다.

- 나는 과연 진실한 사람이 맞는가?
- 내 생각과 감정, 행동은 진정 일치하는가?
- 나는 겉과 속이 같은 솔직한 인간으로 행동하는가?
- 나는 가식이 없는 태도로 집단참여자와 마주하고 있는가?
- 나는 내 감정을 정확하게 지각하고 또 진솔하게 표현하는가? 등

2) 존중의 마음

존중은 소유와 반대되는 비 소유에 해당하는 말이다. 소유하려는 욕구를 가진 사람은 인간의 자율성을 인정하지 않고, 자아실현의 성향을 구속하거나 억압한다. 또한 복종과 비굴, 반항, 속이기, 이중적 태도와 같은 바람직하지 않은 행동을 유발한다.

존중은 인간 자체를 스스로 성장하는 하나의 완전한 유기체로 보고 이를 신뢰하는 것을 의미한다. 집단지도자가 갖추어야 할 존중은 집단에 참여한 구성원의 생각과 느낌, 의견, 인간성에 대해 인정하고 수용하는 것이다.

집단지도자는 집단에 참여한 구성원 한 명 한 명을 다른 인격체로 여기고, 마땅히 존중해야 하는 사람으로 신뢰한다. 능력이 부족하면 부족한 대로, 불안

해하면 불안한 모습 그대로 받아들이고 존중하는 것이 곧 지도자의 자질이다.

3) 공감적 이해

집단구성원의 아픔이나 좌절, 슬픔을 함께하는 집단지도자는 무기력하게 소진된 사람에게 희망을 품게 한다. 집단지도자의 공감적 이해는 집단원의 감정과 경험을 마치 자기의 것처럼 정확하고 민감하게 이해하고 반응하는 능력이다. 이는 집단지도자가 집단원의 감정에 빠져들지 않으면서 집단원의 감정을 자신의 것처럼 느낄 수 있어야 가능하다.

집단구성원의 눈으로 보는 것처럼 보고, 집단원의 귀로 듣는 것처럼 듣고, 집단원이 느끼는 것처럼 느끼는 것이 공감적 이해(박성희, 1994)이다. 이러한 공감적 이해는 집단구성원 스스로 자신의 억압된 감정이나 부적응적 모습을 탐색하는 것을 촉진한다.

또한, 집단구성원 개인이 진정으로 수용받고 있음을 자각하도록 이끌며 인정받는 느낌을 갖도록 촉진하여 자신을 돌아보게 한다.

4) 심리적 안정

집단참여자 중에는 몹시 불안하게 행동하거나 침묵하는 사람이 존재한다. 공격과 충고를 반복하고, 자기의 모습을 부정적으로 왜곡하여 지도자를 시험하기도 한다. 집단지도자는 이 같은 집단구성원의 태도에 말려들지 않는 심리적 안정감으로 집단과정을 안내하는 능력을 갖추어야 한다.

심리적 안정감이 있는 집단지도자는 특이한 문제적 상황에서도 집단구성원을 존중하며, 집단구성원 한 사람 한 사람을 인간적으로 대한다. 집단에 참여한 구성원 역시 심리적 안정감을 가진 집단지도자 앞에서는 자기의 모습을 부정·왜곡하지 않고 솔직하게 드러내며, 적극적으로 집단상담에 참여한다.

5) 반응의 민감성

민감성이란 자기방어적이고 소극적인 성격 특성이 아니라, 타인의 태도에 섬세함을 나타내는 반응이다. 민감성은 공감적 이해와 무조건적으로 존중하는 마음에서 발현한다. 비자발적으로 집단에 참여한 사람 중에는 심리상태가 예민하거나 긴장하고 불안한 모습을 보이는 자도 있다.

집단지도자는 집단에 참여한 구성원이 어떠한 상황에서도 불안해하거나 위협을 느끼지 않도록 따뜻하게 조력하며 부드러운 민감성으로 안내할 수 있어야 한다.

3 리더의 요소

집단지도자는 상황을 판단하고 행동할 때 신속하고 정확히 해야 한다. 특수 조직구성원을 대상으로 이루어지는 집단상담 과정에서는 예기치 못한 일이 갑자기 생겨 그때마다 신속하게 상황을 판단하고 계획을 변경해야 할 일이 발생한다. 특수집단상담을 안내하는 집단지도자가 갖추어야 할 리더로서의 자질을 살펴보겠다.

1) 진정한 용기

특수임무를 수행하는 조직구성원이 갖추어야 할 중요한 덕목 중의 하나는 용기이다. 용기는 실패할 가능성이 있음에도 불구하고 불굴의 투지로 도전하는 자질을 뜻한다. 시간과 장소, 상황에 따라 어떤 것이 옳고 그른 것인지 확실하지 않은 상태에서도 자신의 신념대로 감행하는 것이 용기다.

특수집단상담의 지도자는 실수나 실패의 가능성이 있음에도 불구하고 새로운 행동을 실천하는 용기가 있어야 한다. 조직 적응에 힘들어하는 자나 부당한 취급을 받는 조직구성원을 보호하고, 구태의연한 조직 문화의 구습을 혁신하는 일은 진정한 용기를 가진 자만이 할 수 있다.

2) 소통 능력

집단지도자는 소통 능력을 충분히 갖춘 자여야 한다. 자신도 모르게 자기 능력을 과신하거나 보여주기 위한 행동은 소통을 가로막는다. 소통은 타인을 수용하고 포용하는 마음에서 출발한다. 잘 들으려는 마음이 바탕이 될 때, 소통은 원활히 이루어진다.

소통은 집단구성원 간 대화하는 과정에서 적절한 공감과 따뜻한 피드백을 제공하여 집단목표를 효과적으로 달성하도록 도움을 준다. 소통을 잘하는 집단지도자는 절대 앞에 나서지 않는다. 조용히 머물러 있으면서 집단구성원을 관찰하고 그들이 하는 말을 적극적으로 경청한 후, 적절한 때에 나선다.

3) 화합 능력

특수임무를 수행하는 군·경·소방 조직은 어떤 기관이나 단체보다도 구성원의 화합과 단결이 필요한 집단이다. 집단지도자는 집단 활동을 안내하거나 조력하는 과정에서 다양한 성격 특성을 지닌 참여자와 마주한다. 집단구성원 개개인의 가치관이 달라 의견이 대립하는 상황이 발생되기도 한다.

특수집단상담 과정에서는 어떠한 경우라도 집단참여자 간 서로 감정이 격해지거나 다투는 일이 발생되어서는 결코 안 된다. 넓은 아량과 포용, 이해심으로 집단구성원 간 화합과 소통이 이루어지도록 하는 것이 진정한 지도자의 자질이다.

4) 웃음과 유머

오래전 군대에서는 미소 짓거나 웃는 장병이 있으면 이빨을 보인다며 군기 빠진 자로 취급하였던 적이 있었다. 그래서 계급이 낮은 하급자들은 웃어야 하는 상황임에도 불구하고 웃지 못하고 무표정한 모습으로 군 생활을 해야 하는 시절이 있었다.

특수집단상담은 하나의 학습 과정이다. 그래서 그 과정에 웃음과 유머가 꼭 필요하다. 조직의 특수한 위계적 상황과 상명하복이 요구되는 분위기에서는 긴장을 해소하기 위한 웃음과 유머가 절대적으로 필요하다.

유능한 집단지도자는 집단상담 과정에서 유머와 위트를 적절히 사용하는 안내자일 뿐만 아니라, 집단구성원의 웃음을 자아내게 하는 유쾌한 촉진자이다.

제2절 전문적 자질

1 기본 요소

상담의 전문적 자질을 갖춘 집단지도자는 상담이론을 이해하고, 상담과정을 효율적으로 안내하는 전문적인 방법과 절차를 잘 알고 있는 자다. 상담의 이론적 지식을 바탕으로 충분한 상담 실습 경험을 쌓고, 수련전문가로부터 지도 등을 받아 상담역량을 갖춘 자이다.

상담 전문성이 부족한 지도자가 집단을 지도하면 소경이 소경을 이끌고 가는 것과 같은 우를 범할 가능성이 있다. 이처럼 집단지도자의 전문적 자질은 특수집단상담의 과정에서 중요한 위치를 차지한다.

1) 상담이론의 이해

상담이론은 심리적 갈등이나 부적응과 같은 문제의 원인을 잘 이해하고, 자기 성장을 이루는 틀과 가설을 제공한다. 아울러 집단이 나아가야 할 방향을 안내하고 앞으로 일어날 일을 예측하며, 집단원의 행동 변화를 이끈다.

상담이론을 충분히 이해하고 있는 집단지도자는 상담이론에서 제시하는 인간관, 이론적 배경, 주요 개념, 상담 기술 등을 정확히 이해하고 상담과정에 적용한다. 집단구성원의 심리적 어려움이나 대인관계 갈등, 조직 부적응 등을 이론을 근거로 진단하고 문제를 해결한다.

2) 성격의 이해

집단지도자는 인간적 자질뿐만 아니라 상담을 수행하는데 필요한 학문적 소양과 인간 이해에 대한 기본 지식을 갖추어야 한다. 성격 이론과 성격 발달, 이상 성격의 요인과 특징, 사회문화적 요인과 성격의 관계에 대해서도 잘 알고 있어야 한다.

개인의 심리적 특성을 측정하고 평가하는 능력도 갖추어야 한다. 개인의 다양한 성격 특성을 이해하는 학문적 지식을 습득하고, 심리적 특성을 측정하는 도구 사용 능력을 겸비할 때, 비로소 집단구성원의 부적응행동에 대한 변화와 성장 조력이 가능하다.

3) 상담의 역량

집단지도자가 갖추어야 할 중요한 전문성 중의 하나는 상담역량이다. 집단지도자가 갖추어야 할 상담역량은 첫째, 집단구성원을 공감하는 능력과 통찰, 자각하는 능력이다. 집단구성원의 시각에서 그들이 무엇을 경험하는지를 느낄 수 있어야 한다. 둘째, 관찰 능력이다. 집단원의 말을 적극적으로 경청할 뿐만 아니라, 비언어적인 표현과 반응을 관찰하는 능력이 있어야 한다. 셋째, 집단원을 불안하게 하는 과거의 고통스러운 기억이나 경험을 잘 드러내게 하는 능력이 있어야 진정한 집단지도자라 할 수 있다.

4) 상담의 기술

집단지도자는 상담이론을 통해 집단원의 심리적 갈등이나 부적응에 관한 원인을 정확히 파악하고 해결책을 마련한다. 그러나 이것은 상담이론의 지식만으로는 부족하며 구체적인 상담 방법과 기술을 적용하는 역량이 뒷받침 될 때 가능하다.

상담 기술은 심리적 증상이나 부적응 행동을 완화하고 경감하는데 필요한 여러 가지 방법론적 기법을 말한다. 신뢰 관계를 맺는 방법과 기술, 집단상담의 전략, 단계별 상담 안내 방법, 집단상담의 제한사항 등을 극복하는 기술적 역량을 갖춘 자여야 진정한 집단지도자라 할 수 있다.

2 경험적 요소

1) 경험적 지식

집단지도자는 상담을 시작하기 전 집단구성을 계획하고, 집단역동의 흐름과 집단의 변화요인을 충분히 고려하여 전체 집단상담 회기를 구상한다. 집단목적을 달성할 수 있는 다양한 기법과 전략도 수립한다.

집단원의 자율적인 의사결정을 촉진하고, 문제해결 능력을 증진하여 궁극적인 행동 변화가 이루어지도록 조력하는 것이 지도자이다. 인간의 다양한 쟁점이 되는 문제해결에 필요한 폭넓은 경험적 지식을 갖추고 있어야 진정한 집단지도자라 할 수 있다.

2) 내담자 경험

집단상담 전반에 대한 교육과 훈련을 목적으로 하는 실습은 상담 과정에 대한 통찰력과 이해력을 길러준다. 집단상담의 실습 경험은 집단지도자가 되기 위한 요구조건이다. 집단을 직접 지도해 보는 실습은 집단 운영에 필요한 다양하고 유용한 실무를 익히고, 전문가로서의 경험과 기술 능력을 축적하게 하는데 도움이 된다.

집단의 한 일원으로 참여하는 경험도 충분히 쌓아야 하는데, 이는 집단원의 입장 이해에 도움을 준다. 집단지도자의 내담자 경험은 집단구성원과의 효과적인 의사소통과 상호작용, 피드백 등을 촉진하는 데 이바지한다.

윤리적 자질

어떤 한 사람이 다양한 상담 관련 지식과 자격을 취득하였다면 우리는 과연 그 사람을 상담전문가라고 인정할 수 있을까?라는 의문을 가질 수 있다. 전문적인 지식과 기술을 갖추고, 상담 경험과 자격을 충분히 갖추었다 해도 윤리적 자질이 없다면 그는 진정한 상담전문가가 아니다. 상담전문가의 윤리적 자질에 대해 살펴보자.

1 기본 요소

1) 윤리의식

상담의 윤리규준은 집단과정에서 이루어지는 모든 행위와 결정에 대한 해답을 제시하지 않는다. 그래서 집단지도자는 윤리적 가치와 정신을 근거로 자신만의 윤리적 상담 행동 기준을 만들어 지키도록 노력해야 한다.

윤리의식이 높은 집단지도자가 된다는 것은 단순히 윤리강령이나 제도적 규범, 법 등을 준수한다는 의미만 내포하는 것이 아니다. 지도자 개인 삶의 영역을 포함한 상담과 관련한 제반 영역에서 높은 수준의 윤리의식을 유지하는 것을 의미한다.

2) 권리 존중

집단상담에 참여한 사람은 여러 가지 권리를 가진다. 그중에서도 알 권리와 선택의 권리가 중요한 부분을 차지한다. 알 권리는 상담목적, 목표, 사용기법, 상담 절차, 발생할 가능성이 있는 위험 요소, 상담 결과로부터 얻을 수 있는 성과나 효과 등에 관한 것이다.

선택의 권리는 상담에 참여할지를 포함해 상담전문가를 선택할 수 있는 권리를 포함한다. 특수집단상담은 비자발적인 집단원 참여가 대부분이라서 집단구성원의 선택권이 제한받을 위험성이 있다. 이러한 경우에 집단지도자는 선택권 제한에 대해 사전에 충분히 설명해 줄 의무가 있다.

3) 문화 존중

집단지도자는 집단원의 나이, 피부색, 문화적 배경, 장애 여부, 인종, 성, 종교, 성적 지향성, 결혼 여부, 사회경제적 지위, 인종적 정체성, 태도나 가치관, 신념 등을 기준으로 차별해서는 안 된다.

동성애 문제와 장애에 대한 배려가 부족한 점, 종교적 가치에 위배 되는 문제 등에 관해서도 차별이 없도록 집단과정을 안내하며, 집단구성원의 문화적 다양성을 존중할 수 있어야 한다. 이렇게 문화적 다양성을 존중하는 환경 조성은 상담전문가의 중요한 역량이자 자질이다.

참고로, 군에는 2014년 기준으로 다문화가정 출신 장병 1,000여 명이 입대하였는데, 2030년경에는 대략 10,000여 명에 이를 것으로 판단하고 있다. 이러한 점을 고려할 때 특수 조직에서 일하는 다문화가정 출신의 집단원에 대한 차별의식은 철저히 배제되고 차단되어야 한다.

4) 독립성 존중

집단구성원이 지도자에게 의존하지 않도록 안내하는 것도 지도자의 윤리적 책임이다. 특수임무를 수행하는 조직 경험이 부족한 의존적인 집단원이거나, 조직 적응과 대인관계 능력이 다소 부족하여 부적응을 경험하는 조직원은 집단지도자의 관심이 절대적으로 필요하다.

집단지도자는 집단원을 하나의 독립된 주체로 인정하고 스스로 문제를 해결할 수 있도록 안내하는 역량을 갖추어야 한다. 상담방식이나 기술 적용도 인간의 독립성 측면에서 집단원이 선택할 수 있도록 존중하는 것이 바람직하다(Corey & Corey, 1992).

2 관계적 요소

1) 이중관계

이중관계는 집단지도자와 집단구성원 간 상담과 관련되지 않은 이외의 다른 관계를 맺는 것을 의미한다. 부적절한 채무 관계나 사업관계, 스승과 제자의 관계, 연인 관계 등을 맺는 것은 비윤리적 행위이다.

특수집단상담은 조직의 상급자와 하급자가 동시에 집단에 참여한다. 평소 조직 생활을 영위하며 맺어진 상하급자의 관계는 집단과정에서 하위직급의 구성원에게 이중관계의 영향력 행사가 발생할 가능성이 있다. 이 같은 경우를 대비하여 집단지도자는 상담 전 서약서를 작성하여 이중관계 형성을 차단할 수 있어야 한다.

2) 금전 관계

사회에서 이루어지는 사설 상담 비용은 사전에 고정된 금액을 제시한다. 그러나 정해진 상담료가 집단원의 재정 상태에 비추어 적정 수준을 넘어가는 경우는 집단원과 원만히 협조하여 상담 서비스를 제공한다.

집단지도자와 집단구성원은 상담료 이 외의 어떠한 금전적인 관계나 채무 관계를 맺는 것은 부적절한 행위이다. 어떠한 작은 물질적 거래관계를 맺는 것도 윤리규정 위반이다. 다행히 특수 조직 내에서 이루어지는 집단 상담은 개인이 상담료를 지불하지 않아도 되므로 이 부분에 대해서는 대체로 자유롭다.

3) 성(性)적 관계

2022년경 경찰에서 근무하던 최면 상담전문가가 최면수사 동영상 자료를 불법 유출한 사건이 일어났다. 범죄 피해자인 여성 내담자를 최면하는 과정에서 성적 추행도 이루어졌다는 언론 기사가 난 적이 있다. 최면 상담전문가인 경찰관이 성적 추행을 시도한 이 사건으로 국민들이 받은 충격은 이만저만이 아니었다. 결국, 최면 전문가인 경찰관은 응분의 법적인 처벌을 받았다.

특수집단상담이 이루어지는 과정에서 발생하는 성적인 문제는 상담윤리 규정에서 깊이 다룬다. 특수집단상담 과정에서 집단지도자와 집단원 간 부적절한 성적 문제 발생은 조직력을 약화시키는 결과를 초래한다.

집단지도자는 어떠한 이유와 형태로든지 현재 집단상담 과정에 있는 집단원과 성적 관계를 맺어서는 안 된다. 성적인 관계를 맺었던 사람과 추후 상담을 진행하는 것도 부적절한 행위이다. 상담이 종결된 후라도 성적으로 친밀한 관계를 맺는 것은 비윤리적 행위이다.

4) 집단 참여

비자발적으로 집단상담에 참여하는 경우는 위계 문화적 환경 특성을 가진 특수 조직에서 주로 나타난다. 집단 활동에 참여할 것인지 말 것인지를 결정하는 권한은 집단원에게 있다. 자발적인 집단 참여는 집단상담에 대한 동기와 직결되며 상담을 성공적으로 마치는 데 큰 영향을 준다.

비자발적인 상담 참여는 참여자의 선택권이 제한되어 집단 참여의식이 저조하고 저항이 일어나기 쉬운 특징이 있다. 집단상담 활동 자체를 일종의 편향된 이념교육 정도로 생각해 상담을 회피하는 일도 있다.

집단지도자는 이런 경우를 대비하여 집단상담을 시작하기 전 오리엔테이션 시간을 통해 비자발적으로 집단에 참여해야 하는 현실적 문제에 대해 자기 생각을 충분히 드러내도록 안내한다. 그 이유는 비자발적인 집단 참여가 반강제적이고 비윤리적이라는 집단참여자들의 의구심을 해소할 수 있는 과정이 되기 때문이다.

5) 비밀보장

특수집단상담 과정에서 오간 이야기는 비밀을 지켜야 한다. 자살이나 자해의 위험성이 있거나 전염성이 강한 질병과 관련성이 있을 때처럼 집단원이나 그 주변인에게 위험을 줄 가능성이 있을 때는 예외로 한다. 법원의 명령이 있는 경우에도 비밀보장은 제한이 된다. 이때에는 비공개를 원칙으로 하되, 정보공개를 해야 할 경우에는 그 사실을 사전 집단원에게 알리고 최소한의 정보만을 공개해야 한다.

특수집단상담은 조직 목표 달성상 비밀 유지가 제한된다. 조직 목표 달성과 조직의 성공적인 임무 수행을 위해서 상담 결과가 그 조직의 상급자나 지휘관(자)에게 보고되고 공유되어야 하기 때문이다. 따라서 이러한 경우에는 집단상담에 참여한 개인에게 자세한 설명과 함께 사전 동의를 얻어야 한다.

PART

03

특수집단상담 프로그램

CHAPTER 09
긍정성 증진 프로그램

군·경·소방 조직에서 일하는 조직구성원은 대체로 조직 환경과 위계적 문화에 잘 적응하며 생활한다. 하지만 일부 조직원은 특수 조직에 적응하지 못하고 힘겹게 생활하기도 한다. 조직 적응에 긍정적인 영향을 주는 보호 요인에는 자기 존중감을 포함해 회복탄력성, 자기효능감 등 여러 요인이 있다.

원만한 대인관계능력과 긍정 정서도 조직적응의 보호 요인이며, 창의적인 긍정심리 프로그램의 적용도 도움을 주는 요인이다. 필자는 긍정심리학의 이론과 연구 결과를 참고하여 특수 조직에서 활용 가능한 집단상담 프로그램을 제시하고자 한다.

본 프로그램은 김미숙(2016)의 긍정심리 집단상담 프로그램을 특수 조직의 특수성과 위계적 문화, 조직체계 등을 반영하여 일부 내용을 수정·보완하여 재구성하였다.

[프로그램의 회기별 내용]

구 분	중 점	세부 내용
1회기	즐거운 만남	• 닉 부이치치 영상보기 • 긍정적 자기 소개하기
2회기	성격 강점 찾기와 활용하기	• 나의 대표 강점 알아보기 • 강점을 행동으로 옮기는 방법 실천하기 • 의미 있는 일상생활 유지하기
3회기	미소와 긍정 대화 배우기	• 진정한 나의 미소 만들기 • 긍정 대화법 배우기와 실천하기
4회기	감사 편지 쓰기	• 자신의 인생에서 영향을 준 사람 떠올리기 • 감사의 대상을 찾고 감사 편지 쓰기 • 감사 일기 쓰기
5회기	미래를 향하여	• 솔개 동영상 감상하기 • 나의 변화된 모습 찾기, 미래의 꿈과 희망 찾기 • 소감 나누기

[1회기: 즐거운 만남]

목표	• 프로그램 구조화와 집단분위기를 안정되게 조성한다. • 집단에 참여한 조직구성원 상호 간 유대감을 형성한다.

활동과정	진행내용	소요 시간	준비물
도 입	• 지도자와 참여자를 소개한다. • 서약서를 작성하고 프로그램을 설명한다.	10분	워크북 ☞ 1-①
전 개	• 함께 지킬 약속 정하기 　- 집단에 대한 기대 나누기 　- 프로그램을 진행하는 동안 지켜야 할 규정 알려주기 • 별칭을 작성하고 소개하기 　- 자신을 자신이 직접 워크북을 활용하여 소개해도 좋 　　고, 자기 짝을 동료에게 소개하는 형식도 무방하다.	30분	펜
전 개	• 닉 부이치치 동영상 시청 • 영상을 보고 느낀 점을 작성한 후 돌아가며 발표한다. 　(조용한 음악을 틀어주거나 충분한 시간을 준다) • '나 표현하기'를 발표한다. 　- 지도자가 먼저 시범을 보인다. 　- 발표자를 격려하고 지지하며, 공감하는 분위기가 되 　　도록 안내한다.	30분	워크북 ☞ 1-② 워크북 ☞ 1-③
과제부여	• 자신의 긍정적인 강점을 생각하고 다음 회기 참석을 준비한다.	20분	
마무리	• 오늘 프로그램에 대한 짧은 소감 나누기		

서약서

우리의 만남은 긍정 강점 찾기 프로그램을 통하여 새로운 변화와 발전을 목표로 만들어진 모임입니다. 우리는 이곳에서 한층 더 당당하고 멋진 자기모습과 동료의 모습을 보게 될 것입니다. 자신과 동료의 모습을 알아가면서 기쁠 수도 있겠지만 때로는 동료에게 실망하고 화가 나는 일이 생길 수도 있습니다. 그러나 이 모임으로 더 나은 자기의 모습과 새로운 가능성을 만날 것입니다. 보람 있고 즐거운 만남이 되기 위해 서로를 존중하는 우리의 약속을 정해 봅시다.

1. 내 마음에 있는 생각이나 느낌을 솔직하게 표현한다.
2. 동료가 하는 말을 비판이나 편견 없이 있는 그대로 듣는다.
3. 여기서 나눈 이야기는 절대로 밖에서 말하지 않는다.
4. 동료가 이야기할 때는 끼어들거나 방해하지 않고 잘 경청한다.
5. 집단 모임 시간을 잘 지키고 성실히 집단 활동에 참여한다.
6. 개인에게 부과된 과제는 성실히 수행한다.

년   월   일

이름: 서명:

느낀 점

내가 생각하는 행복이란?

워크북 1-③ 나를 표현하기

조직 생활에서 나는 어떤 존재인지 생각해 보고, 자신을 무엇으로 상징할 수 있는지 정의한 후 그 이유를 설명해 봄으로써 자신감을 향상한다.

나는 --다

예시) 나는 실타래다.
나는 지금 엉킨 실타래처럼 고민과 걱정으로 꽁꽁 묶여 있지만 한 올 한 올 뜨개질을 하다 보면 언젠가는 훌륭한 작품으로 변할 것이다.

[2회기: 성격 강점 찾기와 활용하기]

목 표	• 성격 강점 찾기 검사를 통하여 자신의 강점에 대해 알아본다. • 대표 강점을 활용했던 경험을 탐색하고 강화한다.

활동과정	진행내용	소요 시간	준비물
도 입	• 지난 시간 새로운 변화의 이야기를 나눈다. • 강점 검사 프로그램을 설명한다.	5분	
전 개	• 성격 강점 검사를 한다. - 마틴 셀리그먼의 긍정심리학에서 발췌된 '대표 강점 찾기' 설문지를 활용한다. • 집단참여자들에게 설문지를 배부하여 작성하게 하고, 자기의 대표 강점 순위를 알아본다.	30분	워크북 ☞ 2-①
	• 자신의 강점을 돌아가며 이야기한다. - 참여자 전원이 돌아가며 이야기하는 것이 좋다.	20분	워크북 ☞ 2-②

	• 나의 강점을 강화하는 방법에 대해 알아본다.
	  - 나의 대표 강점을 활용했던 경험에 대해 알아본다.
	  - 강점을 활용할 수 있는 방안에 대해 알아본다.
	• 나의 강점 강화 방법의 이야기를 나눈다.
		25분	워크북
			☞ 2-②

과제부여	• 자신의 강점 행동을 세 가지 실천하기		
마무리	• 회기를 마친 후 느낌을 이야기한다.	10분	

☞ 워크북 2-① 나의 성격 강점 찾기

내가 가지고 있는 강점과 덕목은 무엇인지 알아봅시다. 문항을 읽고 '매우 비슷'에서 '전혀 다름'에 이르기까지 해당하는 정도의 칸에 ✓ 표시합니다.

강점의 영역과 의미		매우 그렇다	그렇다	보통이다	그렇지 않다	전혀 그렇지 않다	소계	평균	미덕
1 호기심	1) 언제나 세상에 대해 호기심이 많다.	5	4	3	2	1			
	2) 쉽게 싫증을 낸다.	1	2	3	4	5			
2 학구열	1) 새로운 것을 배울 때 전율을 느낀다.	5	4	3	2	1			
	2) 박물관이나 다른 교육적 장소에 한 번도 가지 않았다.	1	2	3	4	5			
3 판단력	1) 판단력이 필요할 때면 아주 이성적 으로 사고한다.	5	4	3	2	1			
	2) 성급하게 판단하는 경향이 있다.	1	2	3	4	5			지 혜 와 지 식
4 창의성	1) 어떤 일을 하는데 새로운 방법을 찾 는 걸 좋아한다.	5	4	3	2	1			
	2) 내 친구들은 대부분 나보다 상상력 이 뛰어나다.	1	2	3	4	5			
5 사회성 지능	1) 어떤 성격의 단체에 가도 잘 적응할 수 있다.	5	4	3	2	1			
	2) 다른 사람들의 감정에 아주 둔하다.	1	2	3	4	5			
6 예견력	1) 항상 꼼꼼히 생각하고 더 큰 것을 볼 줄 안다.	5	4	3	2	1			
	2) 내게 조언을 구하러 오는 사람은 거 의 없다.	1	2	3	4	5			

7 **호연지기**	1) 강력한 반대도 무릅쓰고 내 주장을 고수할 때가 많다.	5	4	3	2	1			**용 기**
	2) 고통과 좌절로 내 의지를 굽힐 때가 많다.	1	2	3	4	5			
8 **끈기**	1) 한번 시작한 일을 끝까지 해낸다.	5	4	3	2	1			
	2) 일할 때면 딴전을 피운다.	1	2	3	4	5			
9 **지조**	1) 약속을 반드시 지킨다.	5	4	3	2	1			**사 랑 과 인 간 애**
	2) 친구들은 내게 솔직하게 말하는 법이 없다.	1	2	3	4	5			
10 **친절**	1) 자발적으로 이웃을 도와준다.	5	4	3	2	1			
	2) 다른 사람들의 행운을 내 일처럼 좋아한 적이 거의 없다.	1	2	3	4	5			
11 **사랑**	1) 본인의 기분과 행복 못지않게 내 기분과 행복에 관심을 기울이는 사람이 있다.	5	4	3	2	1			
	2) 다른 사람이 베푸는 사랑을 제대로 받아들이지 못한다.	1	2	3	4	5			
12 **시민정신**	1) 어떤 단체에 가입하면 최선을 다한다.	5	4	3	2	1			**정 의 감**
	2) 소속 집단의 이익을 위해 내 개인적인 이익을 희생시킬 생각은 없다.	1	2	3	4	5			
13 **공정성**	1) 어떤 사람에게든 똑같이 대한다.	5	4	3	2	1			
	2) 내가 싫어하는 사람을 공정하게 대하기가 힘들다.	1	2	3	4	5			
14 **지도력**	1) 일일이 참견하지 않고도 사람들이 단합해 일하도록 이끌어 준다.	5	4	3	2	1			
	2) 단체 활동을 조직하는데 소질이 없다.	1	2	3	4	5			

		5	4	3	2	1			
15 **자기** **통제력**	1) 내 정서를 다스릴 줄 안다.	5	4	3	2	1			**절** **제** **력**
	2) 다이어트를 오래 하지 못한다.	1	2	3	4	5			
16 **신중성**	1) 다칠 위험이 있는 일은 하지 않는다.	5	4	3	2	1			
	2) 나쁜 친구를 사귀거나 나쁜 사람들을 만나는 경우가 있다.	1	2	3	4	5			
17 **겸손**	1) 다른 사람들이 나를 칭찬할 때면 슬그머니 화제를 돌린다.	5	4	3	2	1			
	2) 스스로 한 일을 추켜세우는 편이다.	1	2	3	4	5			
18 **감상력**	1) 음악, 미술, 연극, 영화, 스포츠, 과학, 수학의 아름다움과 경외감을 보고 전율한 적이 있다.	5	4	3	2	1			**초** **월** **성**
	2) 평소에 아름다움과는 전혀 무관하게 지낸다.	1	2	3	4	5			
19 **감사**	1) 아무리 하찮은 일이라도 항상 고맙다고 말한다.	5	4	3	2	1			
	2) 내가 받은 은혜에 대해 거의 생각하지 않는다.	1	2	3	4	5			
20 **낙관주의**	1) 항상 긍정적인 면만 본다.	5	4	3	2	1			
	2) 내가 하고 싶은 일을 하기 위해 철저하게 계획한 적이 거의 없다.	1	2	3	4	5			
21 **영성**	1) 삶의 목적이 뚜렷하다.	5	4	3	2	1			
	2) 사명감이 없다.	1	2	3	4	5			
22 **용서**	1) 과거의 것을 문제 삼지 않는다.	5	4	3	2	1			
	2) 기어코 복수하려 애쓴다.	1	2	3	4	5			
23 **유머감각**	1) 되도록 일과 놀이를 잘 배합한다.	5	4	3	2	1			
	2) 우스운 얘기를 거의 할 줄 모른다.	1	2	3	4	5			
24 **열정**	1) 무슨 일을 하든지 전력투구 한다.	5	4	3	2	1			
	2) 의기소침할 때가 많다.	1	2	3	4	5			

[채점 방법]

생각하는 숫자에 표시한 뒤 1)과 2)의 점수를 더하여 소계란에 기록한다.

1번~6번까지 더한 점수 ÷ 6 = 평균 점수 = 지혜와 지식 점수

7번~9번까지 더한 점수 ÷ 3 = 평균 점수 = 용기 점수

10번~11번까지 더한 점수 ÷ 2 = 평균 점수 = 사랑과 인간애 점수

12번~14번까지 더한 점수 ÷ 3 = 평균 점수 = 정의감 점수

15번~17번까지 더한 점수 ÷ 3 = 평균 점수 = 절제력 점수

18번~24번까지 더한 점수 ÷ 7 = 평균 점수 = 초월성 점수

워크북 2-② 나의 대표 강점 다섯 가지 발표

영역	내용
나의 강점들 (평균 9-10점을 받은 강점)	
나의 대표 강점 다섯 가지 (상위 다섯 가지 강점)	

☞ 워크북 2-③ **나의 대표 강점 활용 방법**

대표 강점을 활용했던 경험이나 앞으로 활용할 수 있는 방안을 세 가지 이상 적어
봅시다.

1. 대표 강점 1:

2. 활용했던 경험:

3. 앞으로 활용 방안:

1. 대표 강점 2:

2. 활용했던 경험:

3. 앞으로 활용 방안:

1. 대표 강점 3:

2. 활용했던 경험:

3. 앞으로 활용 방안:

[3회기: 미소와 긍정 대화 배우기]

목 표	• 진정으로 행복한 미소를 배워 본다. • 긍정 대화법을 배워본다.

활동과정	진행내용	소요 시간	준비물
도 입	• 지난 시간의 과제 이야기를 나눈다. • 프로그램을 소개한다.	5분	
전 개	• 진정한 미소를 알아보고 이를 만들어 본다. • 거짓 미소와 진짜 미소를 비교해 본다. 　- 뒤센 미소와 팬암 미소에 대한 소개 　- 서로 어떻게 다른지 느낌 나누기 　- 지도자가 시연하고 두 명씩 짝을 지어 마주 보고 두 　　가지 미소에 대해 연습해 본다. 　- 두 명씩 연습을 한 후 전체 집단 앞에서 돌아가면서 　　시연 후 피드백을 받는다. ex) 볼펜을 가로로 물고 TV를 시청할 경우와 볼펜 꼭지 　　를 물고 TV를 시청하는 경우 재미를 느끼는 정도에 　　차이가 있다. 　- 뒤센 미소의 여러 가지 연구들에 대한 안내 　　(졸업사진, 수녀들의 자필 소개서 등) 　- "누군가에게 미소를 짓는 것은 사랑을 보내는 것이 　　며, 선물을 보내는 것이요, 아름다운 대화를 하는 것 　　이다(마더 테레사)"	30분	워크북 ☞ 3-①
	• 긍정 대화법에 대해서 배워본다. 　- 세 가지의 대화 법칙 　- 긍정 대화법 연습하기	30분	워크북 ☞ 3-②
과제부여	• 하루에 한 번 이상 긍정 대화와 미소를 지어 본다.		
마무리	• 회기를 마친 후 느낌을 이야기한다.	10분	

여러분! 사진을 찍을 때 어떤 표정을 하고 찍으시나요?

1960년대에 캘리포니아의 버클리대학교에서 두 명의 심리학 박사가 재미있는 실험을 합니다. 여학교에서 졸업생 140명을 대상으로 30년 동안 종단 연구를 했는데요. 사진을 찍을 때 진짜 미소로 웃음을 지었던 사람과 가짜 미소를 지었던 사람을 추적했는데 놀라운 결과가 나옵니다. 진짜 미소를 지었던 사람의 인생에 행복, 만족, 성공, 건강까지 모든 것이 월등하게 높은 수준으로 나타났던 것이지요. 이것을 연구했던 사람이 바로 뒤센 박사인데요, 그는 눈 주위의 근육을 연구했던 사람입니다.

우리가 사진을 찍을 때는 보통 김치~ 하고 미소를 짓지만 진짜 웃음은 입꼬리가 올라가고, 눈 주위가 움직여지게 되는데 이것이 바로 뒤센 미소라는 겁니다. 뒤센 미소를 짓는 사람은 그 삶 속에서 대단한 큰 에너지와 긍정을 나오게 하는데 진짜 웃을 때는 얼굴이 펴지면서 눈 주위까지 웃게 된다는 겁니다. 앞서 이야기했던 것처럼 뒤센 미소는 입꼬리가 올라가고 눈 주위에 주름이 잡히며 웃는 것입니다. 그런데 참 재미있는 것은 한순간의 사진이 전체 인생을 결정한다는 사실입니다.

이게 뭐냐면 인생은 지금 여기, 순간순간의 연속이기 때문에 그렇습니다. 삶의 여기에 긍정을 더하면 다른 쪽에 최선을 다하게 되고 다른 쪽에도 마찬가지 결과가 나온다는 것이지요. 그래서 뒤센 미소를 지을 수 있는 최고 좋은 방법은 크게 웃는 겁니다. 오늘 이 시간에 여러분들에게 쉽고 크게 웃을 수 있는 멋진 방법을 하나 말씀드리겠습니다. 손가락을 펴서 입술에 무는 시늉을 한번 해보세요. 이렇게만 하더라도 얼굴 눈 주위의 주름이 잡힙니다.

또 하나는 손뼉을 치면서 크게 웃는 운동을 해보는 겁니다. 저를 한번 따라 해보세요. 짝짝짝~ ~ 하하하~ ~ 손바닥을 부딪치는 것만으로도 혈액 순환에 도움이 될 수 있다는 것인데, 웃으면서까지 하면 더 효과적이겠죠. 지금 이 방법은 뒤센 미소를 지을 수 있는 가장 좋은 방법입니다. 여러분 삶 속에서 한 순간순간마다 얼굴 전체를 펴주게 되고 눈 주위까지 웃는다면 여러분의 삶 속에 인생까지 펴질 거라고 확신합니다. 웃으면 복이 오기 때문이죠. 여러분 함께 손뼉 치고 하하하하~ ~ 웃어 봅시다.

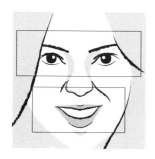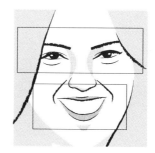

○ 세 가지 대화 법칙

1. 대화는 "너"가 아니라 "나"로 시작한다.

2. 대화는 불만이 아니라 소망을 표현한다.

3. 긍정적인 감정 단어를 사용한다.

○ 긍정 대화법의 예)

불만: 너는 왜 늘 그러니?

소망: 나는 네가 다음부터는 이렇게 해 주었으면 좋겠어.

불만: 너는 왜 툭하면 짜증 내고 화를 내니?

소망: 나는 네가 조금은 다정하게 말해주었으면 고맙겠어!

불만: 너는 왜 이렇게 게으르냐?

소망: 나는 네가 조금만 더 성실하게 생활해주면 무척 기쁠 것 같아.

워크북 3-③ **긍정 대화법 실천하기**

1. 일하는데 동료가 소란스럽게 하여 집중이 안 된다.

2. 내 동료가 계속 나를 갖고 장난치고 놀린다. 지나친 것 같아 불쾌하다.

3. 나보다 하급자가 내 말을 잘 안 듣고 회피한다.

4. 조직의 간부가 동료들 앞에서 나를 공개적으로 무시한다.

5. 상위직급에 있는 자가 내 금융 카드를 빌려 달라고 한다.

6. 툭하면 욕을 하는 사람이 있어 정말 화가 난다.

7. 개인 시간을 이용해서 책을 읽으려고 했는데 일을 시켜 짜증 난다.

8. 휴일도 없이 일을 시켜 정말 미치겠다.

9. 휴가 일정이 또 미루어져 열심히 하고 싶은 마음이 사라져 버렸다.

[4회기: 감사 편지 쓰기]

목표	• 감사의 유익과 감사를 많이 느끼는 사람의 특징을 알아본다. • 나와 타인에 대한 감사한 일을 찾아 감사 편지를 써본다. • 감사 일기를 작성하여 매일매일 감사하는 습관을 기른다.

활동과정	진행내용	소요 시간	준비물
도 입	• 지난주의 과제 이야기를 나눈다. • 지난주 긍정적인 변화가 있었다면 이야기를 나눈다. • 프로그램을 소개한다.	5분	편지지 펜
전 개	• 감사하는 방법에 대해 강의한다.	5분	워크북 ☞ 4-①
	• 평소 감사한 일을 찾아 적어본다. • 감사한 일을 돌아가며 발표하고 공감한다.	30분	워크북 ☞ 4-②
	• 감사 편지를 써 본다. 　- 내 주위에 있는 소중한 사람에게 감사 편지를 쓰고 　　그들에 대한 감사한 마음을 가져 본다. 　- 그들에게 어떤 도움을 받았는지, 그 도움으로 인해 　　어떻게 어려움을 극복하거나 힘을 얻었는지, 어떻게 　　변화되었는지 등을 써본다. • 감사 편지를 읽을 희망자를 선정하고 읽는다. • 감사하는 마음을 이해하고 공감한다. • 집단원이 받은 느낌에 대해 피드백을 나눈다.	40분	워크북 ☞ 4-③
과제부여	• 매일 감사한 일 세 가지 이상에 대해 일기를 써보기		
마무리	• 프로그램에 대한 평가와 마무리를 한다.	10분	

[감사가 행복을 증진하는 이유!]

    1) 감사하게 생각하면 삶의 긍정적인 경험을 더욱 음미할 수 있다.

    2) 감사를 표현하면 자기의 가치와 자존감이 강화된다.

    3) 감사는 스트레스나 정신적 외상에 대처하는 데 도움이 된다.

    4) 감사의 표현은 도덕적인 행동을 촉진한다.

    5) 감사는 사회적 유대를 쌓고 기존의 관계를 강화하고 새로운 관계를 맺는 데 도움을 준다.

    6) 감사를 표현하면 다른 사람과의 비교를 억제하는 경향이 나타난다.

    7) 감사는 분노, 비통함이나 탐욕과 같은 감정을 억제하거나 감소시켜준다.

[감사하는 방법!]

1. 현재 가진 것에 감사하라.

    - 현재 내가 가지고 있는 것, 누리고 있는 것이 무엇인지 찾아본다.

    - 우리가 현재 가진 것에 집중해야 함을 아는 것이 바로 만족(감사)의 시작이다.

    - 참된 만족은 우리가 기본적으로 필요한 것을 갖는 것에 만족하는 것이다.

    - 계속해서 더 많은 것을 갖기를 원한다면 다른 사람에게 감사할 수 없다.

    - 위대한 사람은 자신이 가진 것에 감사하지만 불평하는 사람은 만족하지 못한다.

2. 현재는 가진 것이 없지만 미래에 가질 것을 소망하고 감사하라.

    - 현재는 가진 것이 없지만 미래에 가지고 싶은 것이 무엇인지 찾아보라.

     (예: 결혼, 성공, 가치 있는 목적 등).

    - 우리가 직면한 어려움이 미래의 성숙한 나로 만듦으로 유익한 것으로 볼 수 있다.

3. 과거에 가졌던 것이지만 현재는 잃어버린 것이나 고통에도 감사하라.

    - 모든 문제에는 긍정적인 의도가 숨어 있다.

    - 지극히 작은 것의 소중함을 깨닫는다.

    - 감사한 마음이 있으면 우리가 당하는 고통과 어려움까지도 긍정적으로 본다.

    - 감사의 마음은 고통스럽고 힘든 상황에서도 긍정적인 측면을 찾아낸다.

    - 어려움 중에도 감사하는 것은 우리 자신이 선택하는 것이다.

☞ 워크북 4-② **감사한 일 찾아 기록하기**

구분	감사한 일
1	
2	
3	
4	
5	
6	
7	
8	
9	
10	
11	

☞ 워크북 4-③ **감사 편지 쓰기**

1. 가족이나 친구 등 내 주변 사람으로부터 감사한 일이 있었으나 미처 표
   현하지 못했었다면 한 명을 정해서 약 10줄 내외 분량으로 감사 편지를
   작성해 본다.

나의 소중한 (   )에게!

_____

_____

_____

_____

_____

_____

_____

[5회기: 미래를 향하여]

목 표	• 변화된 모습 찾아본다. • 미래에 대한 꿈과 희망을 찾아본다.

활동과정	진행내용	소요 시간	준비물
도 입	• 지난 시간의 과제 이야기를 나눈다. • 프로그램을 소개한다.	5분	
전 개	• 솔개 동영상을 감상하고 느낌을 나눈다. • 변화하고 싶은 내 모습 찾아보기 　- 나의 어떤 점을 바꾸고 싶은지? 그 이유는? • 나에게 일어나 변화를 찾아 적어보기 　- 작은 변화일지라도 어떤 변화가 있었는지 혹은 어떤 　　변화가 기대되는지 작성하고 서로 소개하기, 동료에 　　게 일어난 변화에 대해 칭찬하기 　- 아주 작은 변화라도 적극적으로 지지해 주기	40분	솔개 동영상 워크북 5-①
	• 미래의 꿈과 희망 목록 20가지를 작성해 본다. 　- 가능한 한 빠르게 적는다. 　- 완전한 문장으로 적을 필요는 없다. 　- 논리적이지 못해도 괜찮다. 　- 그냥 적어가라. • 희망 목록 작성 후 집단구성원 전체와 나눠본다. 　- 동료의 발표를 들으면서 함께 공감하고 격려하고 지 　　지한다.	40분	워크북 5-②
과제부여	• 꿈과 희망 목록을 달성하기 위해 실천한다.		
마무리	• 소감을 나누고 마지막 회기를 마무리한다.	10분	

워크북 5-① 변화하고 싶은 내 모습 찾아보기

동영상을 보고 느낀 점	
변화하고 싶은 내 모습	
나에게 일어난 변화	
동료에게 일어난 변화/ 칭찬할 점	

워크북 5-② 미래의 꿈과 희망 목록

구분	미래의 꿈과 희망
1	
2	
3	
4	
5	
6	
7	
8	
9	
10	

긍정의 힘 증진

긍정심리학의 창시자인 마틴 셀리그먼(Seligman)은 긍정심리학이 개인의 성장과 희망을 가져다주며, 자신의 가치를 명확히 인식하여 삶을 의미 있게 만들어 가도록 하는데 도움을 준다고 강조한다.

긍정성은 긍정 정서와 긍정사고로 구분한다. 긍정 정서를 자주 느끼는 사람은 긍정적으로 사건을 해석하며, 역경과 스트레스에 효과적으로 대처한다. 긍정사고는 창의적이고 통합적이며 효율적으로 사고할 뿐만 아니라, 다양한 가능한 대안을 생각해 내도록 하는 역할을 한다.

본 프로그램은 개인 및 특수 조직의 구성원 차원에서 긍정심리학적 관점을 적용하여 긍정의 힘을 증진하는 데 목표를 둔 프로그램이다. 개인의 적응과 만족도를 증진하고, 특수 조직 생활 중 겪는 어려움을 극복하는 데 도움이 되는 이용주(2017)의 프로그램을 수정·보완하여 재구성하였다.

[프로그램의 회기별 내용]

구 분	중 점	세부 내용
1회기	프로그램 설명 및 신뢰감 쌓기	• 프로그램 소개 및 서약서 작성 • 별칭 정하기 • 집단규칙 정하기 • 나 소개하기
2회기	나의 강점 찾기	• 나 탐색하기 • 소중한 나 • 자기의 대표 강점 찾기
3회기	긍정의 힘	• 실패, 거절 경험 및 극복 경험 다루기 • 긍정 대화법

4회기	감사하기와 용서하기	• 감사와 관련된 활동 • 용서에 관한 강의 및 단계
5회기	행복으로 가는 길	• 나의 행복 지수 검사 • 소망 키우기 • 서로에게 긍정적 피드백 주기

[1회기: 프로그램 설명 및 신뢰감 쌓기]

목 표	• 집단에 참여한 집단구성원 간 친밀감과 신뢰감을 형성한다. • 프로그램의 목표와 내용을 이해하도록 한다.

활동과정	진행내용	소요 시간	준비물
도 입	• 집단지도자 소개 • 현재 느끼는 감정 나누기 • 프로그램 목표, 내용, 전체 일정 및 회기별 진행 과정 설명, 서약서 작성, 진솔하고 적극적으로 참여하도록 격려하기	10분	서약서 필기도구 워크북 ☞ 1-①
전 개	1. 집단구성원 소개 및 별칭 짓기 - 프로그램을 진행하는 동안 불리고 싶은 것으로 가능한 자신의 긍정적인 특성(장점)으로 별칭을 짓고 명찰을 만들기 - 두 명씩 짝지어서 각자의 별칭 선택 이유에 대해서 설명하고 다른 집단구성원에게 짝의 별칭과 그 이유를 소개하기 2. 집단규칙 정하기 - 기본 규칙 소개: 비밀 지키기, 지각, 결석하지 않기 - 함께 지키기를 원하는 규칙 정하기	60분	명찰 자기소개 워크북 ☞ 1-②

	3. 활동지를 통해 나를 좀 더 소개하는 시간 갖기 - 현재 자신의 근황이 어떤지, 자신이 좋아하는 것들이 무엇인지 이야기 나눔으로서 자신에 대한 이해를 높이고 이를 바탕으로 현재보다 더 행복해지도록 도움을 받을 수 있음을 알리기	
마무리	• 오늘 프로그램에 대한 집단원의 소감 나누기 • 첫 회기 참여자들에 대한 칭찬과 감사 나누기 • 과제: 오늘 하루 좋았던 일 세 가지씩 쓰기 • 다음 회기 프로그램 설명	10분

서약서

　소중한 시간을 내어 함께 해주셔서 감사합니다. 본 집단상담 프로그램은 자신을 믿고 행복한 삶을 살아가는 법을 배우기 위한 중요한 만남의 장입니다.

　본 프로그램은 5회기에 걸쳐 이루어질 것이며 이 모임을 통해 더 나은 자기의 모습과 행복한 삶을 위해 보람 있고 즐거운 만남을 위해 서로를 존중하고 도와줄 수 있는 우리의 약속을 정하고 본인은 아래의 사항을 지킬 것을 약속합니다.

　1. 나는 내 마음속에 있는 생각이나 느낌을 솔직하게 표현하겠습니다.
　2. 나는 다른 집단원이 이야기할 때는 끼어들거나 방해하지 않고 귀 기울여 경청하겠습니다.
　3. 나는 다른 집단원이 하는 말을 편견이나 비판 없이 있는 그대로 듣겠습니다.
　4. 나는 프로그램 중에 알게 된 집단원의 개인적인 사실에 대해 비밀을 지키겠습니다.
　5. 나는 매회 모임에 지각이나 결석하지 않고 성실히 참여하겠습니다.
　6. 나는 우리 집단에서 나를 포함해 모두의 성장을 위해 적극적으로 참여하겠습니다.

　　위의 내용을 모두 읽었으며, 위의 내용에 동의합니다.

년　　월　　일

이름:　　　　서명:

나 소개하기

1. 내 취미와 특기는?

_____

2. 내가 가정과 조직에서 하는 역할은?

_____

3. 최근에 가장 행복했던 일은?

_____

4. 되고 싶은 내 모습은?

_____

5. 최근에 가장 기억에 남는 사건은?

_____

6. 최근에 가장 강렬하게 느낀 감정은?

_____

7. 집단상담 과정에서 변화되고 싶은 내 모습은?

_____

목 표	• 자신의 성격에서 강점과 긍정적인 면을 살펴 긍정적인 자아를 발견하고 긍정적인 정서를 기른다.

활동과정	진행내용	소요 시간	준비물
도 입	• 별칭 기억하며 인사 나누기 • 현재 느끼는 감정 나누기 • 과제발표 (희망자 2~3명) • 오늘 프로그램 소개 및 진행 과정 설명 • 진솔하고 적극적으로 참여하도록 격려하기	10분	명찰

전 개	1. 소중한 나
	  - 내가 가장 소중하다고 느꼈을 때를 떠올리며 그 이유를 적어보고 발표하기
	  - 진행자가 소중한 나의 중요성 및 주위에 미치는 영향력을 간략히 설명하기
	  - 소중한 내가 되기 위한 결심 한마디씩 하기
	
	2. 자기의 대표 강점 찾기
	  - 활동지 참고하여 대표 강점 세 가지 찾아보기
	  - 대표 강점이 발휘된 경험이나 약점이 강점으로 발휘된 경험에 대해 짝끼리 나누고 발표하기
	  - 진행자는 우울한 사람의 경우 강점보다는 약점을 더 잘 생각해 내는데, 이는 대인관계에서도 자신과 상대방의 약점에 초점을 맞추고 관계를 형성하여 어려움을 가지게 되므로 강점을 파악하는 것의 중요성을 강조한다.
	
	3. 자기의 미래 계획 발표하기
	  - 나의 재능과 연관하여 미래에 내가 꼭 하고 싶은 것을 생각하고 발표하기
	  - 집단원의 긍정적 피드백으로 더욱 용기 주기
		60분	필기도구
			
			A4 용지
			
			대표 강점
			워크북
			☞ 2-①

| 마무리 | • 오늘 프로그램에 대한 집단원의 소감 나누기
• 회기 참여자들에 대한 칭찬과 감사 나누기
• 과제: 감사한 일 세 가지 쓰기
• 다음 회기 프로그램 설명 | 10분 | |

☞ 워크북 2-① **대표 강점 찾기 활동지**

지혜 **(슬기로움)**	창의성	다른 사람은 잘 생각하지 못하는 새로운 생각을 잘해요.
	호기심	주변의 일이나 대상에 관심과 흥미가 많아요.
	개방성	마음이 열려 있어서 다른 사람의 생각을 잘 받아들여요.
	학구열	공부하는 거, 새로운 것을 배우는 것이 즐거워요.
	지혜	슬기로운 생각을 잘해서 다른 사람에게 도움이 되는 일을 해줘요.
자애 **(인자함)**	사랑	다른 사람이나 동식물을 소중하게 여기고 사랑하는 마음이 많아요.
	친절성	평소에 상냥한 말투와 친절한 행동으로 사람들을 대해요.
	사회 지능	주변의 분위기나 다른 사람의 마음과 입장을 잘 헤아릴 수 있어요.
용기	용감성	겁이 없는 편이고, 옳다고 생각하는 일은 꼭 해내고 말아요.
	끈기	어떤 일을 한번 시작하면 끝까지 열심히 해내요.
	진실성	친구나 가족들에게 거짓말을 하는 일이 없어요.
	활력	명랑한 성격이고, 언제나 활기 넘치는 것 같아요.
자기조절 **(참을성)**	용서	친구나 가족이 나에게 잘못해도 금방 용서해줄 수 있어요.
	겸손	잘난 체를 하지 않는 성격이고, 누가 나를 칭찬해 주면 부끄러워요.
	신중성	어떤 일을 결정할 때 곰곰이 생각하고 결정해서 나중에 후회하는 일이 별로 없어요.
	자기 조절	슬프거나 기쁘거나 화가 날 때 나의 마음을 스스로 잘 조절해요.

정의	시민 정신	질서와 규칙, 약속을 잘 지키며 생활해요.
	공정성	친구들이나 가족들을 공평하게 대해요.
	리더십	친구들이 나를 믿고 따라서 학급 임원이 되기도 했어요.
초월	감상력	책을 읽거나 음악, 그림을 감상하는 일이 정말 즐겁고 행복해요.
	감사	나는 부모님이나 친구들, 선생님, 주변 사람들에게 감사할 일이 많아요.
	낙관성	나는 내가 하는 일들이 잘 될 거라는 믿음을 가지고 노력해요.
	유머 감각	재미있는 말과 행동으로 사람들을 즐겁게 해 줄 때가 많아요.
	영성	교회(절, 성당)에 열심히 다니고, 평소에 기도(불공)를 열심히 드려요.

[3회기: 긍정의 힘]

목 표	• 실패와 거절 및 극복의 경험을 통해 자신이 처한 상황을 보다 낙관적으로 생각하도록 안내한다. • 대인관계에서 자신의 진솔한 마음을 전달하며 상대와 잘 지낼 수 있는 긍정 대화법을 익힌다.

활동과정	진행내용	소요 시간	준비물
도 입	• 별칭 기억하며 인사 나누기 • 현재 느끼는 감정 나누기 • 과제발표(희망자 2~3명) • 오늘 프로그램 소개 및 진행 과정 설명 • 진솔하고 적극적으로 참여하도록 격려하기	10분	명찰

전 개	1. 실패, 거절 경험 및 극복 경험 다루기
	 - 3~4명의 참가자끼리 모여서 극복하기 어렵다고 생
	  각을 했던 문제가 해결되거나 실상 크게 문제가 되지
	  않았던 경험을 떠올리기
	 - 3~4명의 모둠으로 과거에 있었던 어려움을 극복한
	  경험과 그 경험의 긍정적 측면 찾기
	 - 자신이 사용하고 있는 낙관적인 사고 방법 소개하기
	
	2. 긍정 대화법
	 - 긍정 대화법은 예스맨을 의미하는 것이 아니라 불만
	  을 얼마나 효과적으로 잘 표현하느냐에 달려있음을
	  알리기
	 - 짝끼리 가족이나 친구에게 부정적인 대화로 인해서
	  관계가 소원해졌던 경험 나누기
	 - 긍정 대화법의 규칙과 예를 설명하기(워크북)
	 - 두 명씩 짝을 지어 긍정 대화법을 연습하기
	 - 최근 집단원이 경험한 긍정 대화를 떠올려 보고 발표
	  하기
		60분	필기도구
			
			긍정
			대화법
			워크북
			☞ 3-①

마무리	• 오늘 프로그램에 대한 집단원의 소감 나누기 • 회기 참여자들에 대한 칭찬과 감사 나누기 • 과제: 감사 일기 쓰기 • 다음 회기 프로그램 설명	10분	

■ **긍정 대화법 소개**

다른 사람과의 관계를 부드럽고 긍정적으로 바꿔주는 것이 바로 긍정 대화법
이다.

긍정 대화법은 불만을 긍정적인 형태로 타인에게 전달함으로써 긍정적인 결
과를 낳도록 하는 방법으로, 상대에게 화난 감정이 누그러지고 마음의 평온을
찾은 후에 써야 한다.

■ **긍정 대화법 공식**

나는 네가 한 ~행동 때문에 ~한 감정을 느껴서 나는 ~한 구체적 영향을 받았어!

=> 행동에 대한 비난 없는 서술 + 나에게 미친 구체적 영향 + 내 감정
　　　　　　①　　　　　　　　　　②　　　　　　　③

=> ②와 ③은 바뀌어도 됨

■ **너-전달법**

- 너 때문에 짜증이 나!
- 네가 ○○를 잘못해서 우리가 졌어!

■ **나-전달법**

- 나는 당신이 내 물건을 나에게 물어보지도 않고 마음대로 이용해서 화가 나.
　　　　　　　　　　①　　　　　　　　　　　　　　　　③

왜냐하면 당신이 내 물건을 쓰는 동안 나는 사용할 수 없었거든.
　　　　　　　　　　②

■ **긍정 대화법 연습**

1. 찬우는 분식집에서 1시에 만나기로 했으나 미숙이가 2시간 늦게 나타났다. 만
   일 당신이 찬우라면?

   너 전달법:_____

   나 전달법:_____

2. 가족이나 친구에게 부정적인 대화로 인해서 관계가 소원해졌던 경험이나 오히
   려 안 좋은 상황에서 긍정 대화를 통해서 상황을 잘 넘어갔던 경험을 나누기

[4회기: 감사하기와 용서하기]

목 표	• 감사의 의미와 방법을 배우고 감사가 미치는 긍정적인 영향을 체험한다. • 인간관계에서 해결되지 않은 갈등에 대해서 되돌아보고 진정한 용서의 의미를 알고 실천한다.

활동과정	진행내용	소요 시간	준비물
도 입	• 별칭 기억하며 인사 나누기 • 현재 느끼는 감정 나누기 • 과제발표(희망자 2~3명) • 오늘 프로그램 소개 및 진행 과정 설명 • 진솔하고 적극적으로 참여하도록 격려하기	10분	명찰

전 개	1. 감사와 관련된 활동
	  - 감사의 유익과 감사한 일을 떠올리고 표현할 때 느낌이 어떤지 살펴보고 감사한 분에게 편지쓰기
	
	2. 용서와 관련된 활동
	  - 용서의 유익과 후회했던 일, 용서하지 못한 일을 회상하며 서로 나누고 용서를 위한 결심 발표하기
		60분	필기도구
			감사하기
			워크북☞
			4-①
			
			용서하기
			워크북
			☞ 4-②

마무리	• 오늘 프로그램에 대한 집단원의 소감 나누기 • 회기 참여자들에 대한 칭찬과 감사 나누기 • 과제: 감사 일기 쓰기 • 다음 회기 프로그램 설명	10분	

☞ 워크북 4-① **감사하기 활동지**

■ **감사의 유익**

감사는 자신의 안녕과 복지, 도움이나 혜택을 준 인격 대상 혹은 비인격 대상에 느끼거나 표현하는 고마움을 말한다. 평소 감사를 많이 느끼는 사람들은 그렇지 못한 사람들에 비해 삶에 대한 만족도가 높고, 낙관적이며 스트레스 수준이 낮다고 한다. 감사는 좋은 기억들과 나쁜 기억 중에서 고마운 마음이 떠오르고 지속될 수 있도록 한다.

■ **감사 음미하기**

동료 짝과 함께 내 주변의 감사한 사람에 대한 회상과 그 이유를 나누며 감사한 이야기를 나누며 생기는 고마움, 흐뭇함, 행복감을 음미해보기

■ **감사한 분에게 짧은 편지 써보기**

■ **용서의 유익**

용서는 인간으로서 가장 하기 힘든 활동 중 하나이다. 진정한 용서는 상대방
이 아닌 자신을 자유롭게 하는 것이다. 용서의 단계는

1) 분노 발견하기

2) 용서하기로 결심하기

3) 용서를 위한 작업하기

4) 감정의 감옥에서 해방되기 등 4단계로 나누어진다.

■ **후회했던 일, 용서하지 못한 일 회상하며 서로 나누기**

- 가장 최근 나를 화나게 한 일화를 동료 짝과 나누기
- 기억에 남는 용서한 일화와 그때의 감정을 떠올리며 이야기 나누기

■ **용서하는 내가 되기 위한 결심 한마디**

[5회기: 행복으로 가는 길]

목표	• 삶 속에서 이루고자 하는 목표를 발견하고 삶의 의지를 다진다.

활동 과정	진행내용	소요 시간	준비물
도 입	• 별칭 기억하며 인사 나누기 • 현재 느끼는 감정 나누기 • 과제발표(희망자 2~3명) • 오늘 프로그램 소개 및 진행 과정 설명 • 진솔하고 적극적으로 참여하도록 격려하기	10분	명찰
전 개	1. 나의 행복 지수 검사 - 나의 현재 행복 지수를 1~10까지 중에서 어디인지 발표하기 - 행복 지수가 높은 참여자의 특징을 관찰하고 발표하기 - 진행자가 행복은 자전거나 피아노 치기처럼 "일부러 익혀야 하는 기술"이며, "연습할수록 느는 삶의 습관"이라는 것을 강조하기 2. 행복 키우기 활동 - 워크북을 참고하여 자신이 의식하지 못한 채 행복감을 주는 활동을 하고 있다는 것을 깨닫게 하고, 노력에 따라 행복과 같은 긍정적 감정은 행복감을 주는 활동을 통해 행복감이 높아질 수 있음을 느끼게 하기 3. 나에게 응원의 메시지를 큰 소리로 돌아가면서 외치기	60분	필기도구 행복 키우기 워크북 ☞ 5-①
마무리	• 전체 프로그램에 대한 리뷰 - 그동안 함께 배우고 나눈 이야기 - 프로그램 참여하며 변화된 내용과 마치는 소감 나누기 • 참여자에 대한 칭찬과 감사 나누기 - 진행자를 포함해서 서로에게 해 주고 싶은 말을 돌아가며 작성하기	10분	A4 용지

■ 더 행복한 오늘
  1. 하루 중 내가 무엇을 할 때 가장 기분이 좋은지 적어보기

  _____

  2. 내가 가장 잘 하는 것이 무엇인지 적어보기

  _____

  3. 어떤 활동을 했을 때 가장 의미가 있다고 느껴지는지 적어보기

  _____

■ 더 행복한 내일
  1. 지금보다 행복해지기 위해 오늘 당장 할 수 있는 일들을 두세 가지 적어보기

  _____

  2. 나에게 하는 응원의 메시지 적어보기

  _____

인간은 살아가면서 누구 할 것 없이 여러 가지 심리적 상처나 고통을 겪으며 살아간다. 특별히 대인관계에서 오는 갈등은 분노와 좌절, 두려움과 불안의 부정적 정서를 유발하여 삶을 황폐하게 만든다. 삶의 만족감을 저하시키고 갈등과 분쟁의 원인으로 작용되기도 한다.

군·경·소방의 특수 조직에서 일하는 구성원은 조직 생활을 하는 동안 다양한 구성원과 인간관계를 경험한다. 상명하복의 조직체계와 계급으로 이루어진 위계적 상황에서 원만한 대인관계를 유지하는 것은 매우 어려운 일이다.

본 프로그램은 특수 조직의 대인관계 과정에서 일어나는 갈등을 인식하고, 그 갈등에 대처를 잘하도록 도움을 준다.

본 프로그램은 김광수 등(2016)의 『용서를 통한 치유와 성장』에 나오는 집단프로그램을 참고하였으며, 이를 특수 조직환경에 적합하도록 일부 내용을 수정·보완하여 재구성하였다.

[프로그램의 회기별 내용]

구 분	중 점	세부 내용
1회기	마음 문 열기	프로그램 참여 이유와 목표를 나누고 자신의 인간관계를 돌아본다.
2회기	상처 직면과 표현하기	미해결된 상처와 대상을 회상하고 상처를 직면한다. 상처의 부정적 영향에 대해서 자각한다.
3회기	새로운 시각으로 바라보기	자신의 대처방식을 점검하고 상처를 준 사람과 상처를 맥락 속에서 새롭게 바라본다.
4회기	용서의 결정과 행동	용서의 필요성과 진정한 용서의 의미를 이해하고 상처를 준 상대방을 용서하기로 결심한다.
5회기	용서 여정	용서의 의미를 성찰하고 지속적인 용서의 삶을 살아갈 수 있도록 마음을 새롭게 한다.

[1회기: 마음 문 열기]

목 표	• 프로그램의 목적과 집단 운영 방법을 이해한다. • 자신의 인간관계를 돌아본다. • 자연스러운 자기 개방으로 신뢰감을 형성한다.

활동과정	진행내용	소요 시간	준비물
도 입	• 집단구성원을 소개한다. • 서약서를 작성한다. • 대인관계의 상처와 갈등으로 인한 부정적인 반응을 극복하고 긍정적인 반응을 배워 적용함으로 정서적 안녕감과 행복감을 경험하도록 돕는다.	10분	워크북 ☞ 1-①
전 개	• 장점 관련 별칭을 짓고 자기를 소개하기 - 자신의 장점을 찾고 장점과 관련된 별칭을 지은 후 준비된 이름표에 별칭을 적고 꾸민다. - 돌아가며 별칭과 자기소개를 한다.	30분	명찰 필기도구
	• 프로그램 참여 이유와 기대 목표 나누기 - 프로그램 참여 이유와 기대 목표를 이야기한다. - 시작의 중요성과 변화를 향해 나아갈 때 어떤 장애물이 생길 수 있을지에 대한 이야기를 나눈다.	20분	필기도구
	• 나의 인간관계 돌아보기 - 나의 인간관계에 대해 생각한다. - 좋은 관계를 위해 필요한 것은 무엇인지 관계의 위기를 극복하는 좋은 방법은 무엇인지 의견을 나눈다. - 관계 돌아보기를 통해서 깨닫게 된 점을 나눈다. - 사람은 누구나 고의적이든 무의식적이든 누군가에게 상처를 주거나 마음을 아프게 할 수 있다. 중요한 것은 상처를 어떻게 다루어나가느냐이다.	40분	워크북 ☞ 1-②
과제부여	• 상처 체크 항목을 작성해 오도록 안내한다.	5분	
마무리	• 회기를 마친 후 느낌에 대해 공유하고 정리한다.	10분	

서약서

우리의 만남은 용서 집단상담 프로그램을 통하여 새로운 변화와 발전을 목표로 만들어진 모임입니다. 우리는 이곳에서 한층 더 당당하고 멋진 자기의 모습과 동료의 모습을 보게 될 것입니다. 자신과 동료의 모습을 알아가면서 기쁠 수도 있겠지만 때로는 동료에게 실망하고 화가 나는 일도 생길 수 있습니다. 그러나 이 모임을 통해 더 나은 자기의 모습과 새로운 가능성을 만나게 될 것입니다. 보람 있고 즐거운 만남이 되기 위해 서로를 존중하는 우리의 약속을 정해 봅시다.

1. 내 마음에 있는 생각이나 느낌을 솔직하게 표현한다.
2. 전우들이 하는 말을 비판이나 편견 없이 있는 그대로 듣는다.
3. 여기서 나눈 이야기는 절대로 밖에서 말하지 않는다.
4. 동료가 이야기할 때는 끼어들거나 방해하지 않고 잘 경청한다.
5. 집단 모임의 시간을 엄수하고 성실히 참여한다.
6. 부여된 과제는 성실히 수행한다.

년   월   일

이름: 서명:

1. 과거나 현재의 관계 중에서 나에게 도움이 되었던 사람에 대해 이야기해 보십시오.

1) 누구와 어떤 일이 있었습니까?

2) 어떤 점이 도움이 되었습니까?

2. 과거나 현재의 관계 중에서 나를 힘들게 했던 사람에 대해 이야기해 보십시오.

1) 누구와 어떤 일이 있었습니까?

2) 어떤 점이 힘이 들었습니까?

목 표	• 미해결된 상처와 대상을 회상하고 상처를 직면한다. • 내면에 남아 있는 상처로 인한 분노와 부정적 감정을 자각하고 자유롭게 표현한다. • 문제해결의 대처방식을 알아보고 변화의 필요성을 인식한다.

활동과정	진행내용	소요 시간	준비물
도 입	• 지난 1회기 이후의 느낌을 나눈다. • 미해결된 상처는 오래된 감정으로 남아 삶 속에 역기능을 일으키는 주요한 심리적 요인이 됨을 설명한다.	10분	필기도구
전 개	• 내가 받은 상처를 직면하기 　- 자신에게 부당함과 고통을 주었던 대상과 상처를 떠올려 본다. 　- 상처를 준 대상이 누구인지 이야기해 본다. 　- 상처가 내게 미치는 영향 평가표를 작성한다. 　- 워크북을 이용하여 자신이 받았던 상처에 직면하고 그것이 현재 자신에게 미친 영향을 평가한다.	50분	워크북 ☞ 2-① ☞ 2-②
전 개	• 부정적 감정을 자유롭게 표현하기 　- 상처를 준 대상에게 표현하지 못했던 분노나 슬픔을 표현해본다. 　- 예시: 그에게 하고 싶은 말은_____이다. 　　　　　그에게 듣고 싶은 말은_____이다.	20분	인형
전 개	• 대처방식 점검하기 　- 갈등에 처하거나 분노를 느낄 때 자신이 사용하는 대처방식이 바람직한지 점검한다. 　- 자신이 주로 사용한 대처방식이 상처를 치유하고 편안한 마음을 갖는 데 도움이 되었는지 스스로 평가해보고 집단원과 새로운 대안이 필요한지 고민해본다.	20분	워크북 ☞ 2-③
과제부여	• 다음 회기 목표 및 활동 주제에 대하여 설명하고, 워크북 3-①을 작성해 오도록 한다.	5분	
마무리	• 명상 카드를 나누어주고 명상 자세를 취한 후 자신에게 나직하게 말해본다.	15분	명상 카드

☞ **워크북 2-①** **상처 체크리스트**

누군가가 나를 부당하게, 그리고 상당히 아프게 했던 경험을 한 가지만 생각해 봅시다.

힘들겠지만 언제, 어떤 일이 일어났는지, 나에게 어떤 영향을 미치고 있는지를 자세히 떠올려 보십시오. 그 후에 다음의 질문에 대답하십시오.

1. 그 일이 언제 발생했습니까?
_____일 전_____주 전_____달 전_____년 전

2. 그 일로 인해 당신은 얼마나 상처받았습니까?

상처받지 않음	약간 상처받음	상처받음	많이 상처받음	매우 많이 상처받음
1	2	3	4	5

① 2번 질문에서 3점 이상이라고 대답한 경우에만 다음 질문으로 넘어가십시오.

② 3점 이하인 경우는 당신을 아프게 했던 다른 상처 경험을 떠올린 후 1번 질문부터 다시 시작하십시오.

3. 누구와 어떤 일이 있었습니까? (최대한 구체적으로 적어 보십시오.)

4. 그 일이 당신에게 어떤 상처를 주었습니까? 그 상처가 당신에게 미치는 영향은 무엇입니까? (최대한 구체적으로 적어 보십시오.)

내가 받은 상처:

영향 점수:

전혀 없음			중간			매우 심함
0	1	2	3	4	5	6

기분:

화가 난다. _____   배신감을 느낀다. _____

우울하다. _____   억울하다. _____

불안하다. _____   _____

기타 기분 _____   _____

생각:

상대방을 믿지 못하게 되었다. _____

이 세상이 불공평하다는 생각이 든다. _____

내가 약하고 무능력하다는 생각이 든다. _____

상처에 대해서 반복해서 계속 생각하게 된다. _____

기타 생각 _____

행동:

상대방과의 관계가 나빠졌다. _____

식욕도 없고 잠도 잘 못 잔다. _____

사람들을 피한다. _____

기타 행동 _____

◉ 갈등을 겪거나 분노를 느낄 때 여러분이 자주 사용하는 대처방식은 무엇입니까?

1. 위의 예를 참고하여 자신이 자주 사용하는 대처방식을 떠올려 보고 얼마나
   도움이 되었는지 다음 체크리스트를 작성해 보십시오.

내가 사용한 대처방식	전혀 효과가 없다	별로 효과가 없다	보통 이다	어느 정도 효과가 있다	매우 효과가 있다
단절하기					
무시하기					
공격하기					
비난하기					
기타					

[3회기: 새로운 시각으로 바라보기]

목 표	• 상대방의 환경에 대해 알아보고, 상처를 맥락 속에서 재인식한다. • 상대방의 입장에 대해 공감하기를 통해 용서를 촉진한다. • 인간은 단점과 한계를 가진 불완전한 존재임을 이해한다.

활동과정	진행내용	소요 시간	준비물
도 입	• 상처에 대해서 새로운 눈으로 바라보는 것은 상처를 단편적으로 보는 것이 아니라 맥락 속에서 총체적으로 바라보는 것임을 설명한다.	10분	
전 개	• 인간에 대해 새로운 눈으로 바라보기 - 지난 시간에 과제로 내 준 워크북을 이용하여 상대방에 대해 새롭게 알게 된 내용을 나눈다.	40분	워크북 ☞ 3-①

	• 상대방의 입장이 되어 느껴보기
	  - 빈 의자 기법을 이용한 후 자신의 마음을 점검한다.
	  - 상대방의 입장이 되어 어떨지 상상해보고 질문에 답해본다.
	  - 상처를 준 사람으로서 어떠한 심정인지, 무슨 생각이 드는지, 마음에 어떤 변화가 드는지 이야기한다.
		30분	의자

	• 불완전한 인간임을 통찰하기
	  - 인간은 불완전하므로 다른 사람에게 잘못하며 상처를 줄 수 있음을 이해한다.
	  - 자신이 타인에게 상처를 준 경우에 대해 말해본다.
		30분	워크북
			☞ 3-②

마무리	• 명상 카드를 나누어주고 자신에게 나직하게 말한다. • 나에게 피해나 상처를 주었던 사람을 떠올리며 축복을 기원한다.	10분	명상 카드 명상음악 은은한 조명

◉ 당신에게 상처를 준 사람을 위에 써넣고, 다음을 중심으로 그 사람의 삶에 대해서 최대한 자세하게 써 보십시오.

1. 그 사람의 성장 과정은 어떠했습니까?(그 사람이 어린아이였을 때, 청소년이었을 때, 성인이 되었을 때 어떠했습니까? 구체적인 사건들을 예로 들면서 써 보십시오.)

> **대처방식(예시)** – 도피하기, 욕하기, 남 탓하기, 반복해서 생각하기, 회피하기, 술 마시기, 공격하기, 집착하기, 무시하기, 따돌리기, 합리화하기, 폭언하기, 요구하기, 회유하기, 잊어버리기, 자기 비하하기, 억압하기, 기도하기, 운동하기, 노래방 가기

2. 당신에게 상처를 줄 당시 그 사람의 삶은 어떠했습니까?(구체적인 사건을 예로 들면서 써 보십시오.)

3. 상대방의 장점을 세 가지만 써보십시오.

4. 상대방의 단점을 세 가지만 써보십시오.

빈 의자 기법(Empty Chair)

지도자는 빈 의자를 구성원 앞에 두고 상상의 인물, 즉 구성원에게 상처 준 사람과 대화하도록 유도한다. 또한 구성원이 그 인물이 되어 의자에 앉아서 대답한다. 필요 시에는 의자 대신 보조 자아를 등장시켜 그 인물의 역할을 맡도록 할 수 있다. 또는 비 특정인, 예를 들어 울고 있는 아이, 과거에 상처받던 상황의 자기의 모습, 어린 시절 늘 지니고 다녔던 인형, 슬픔에 잠긴 사람, 앉아서 떨고 있는 사람 등을 상상하게 한 후 자신을 투영해 볼 수도 있다. 의자 이외에 침대, 창가, 탁자, 식탁 등도 같은 이미지로 사용할 수 있다.

빈 의자 기법은 다음과 같이 진행한다.
"우리는 이런저런 상상을 많이 합니다.
저는 이제부터 여러분을 상상의 세계로 안내할까 합니다.
여기 빈 의자가 하나 있습니다. 누군가가 앉아 있습니다.
누구일까요? 여러분에게 상처를 준 사람이 앉아 있다고 상상해볼까요?
어떻게 앉아 있나요? 표정은 어떤가요? 시선은 어디를 보고 있죠?
뭐라고 첫마디를 건네겠습니까? 그러면 그 사람은 뭐라고 대답하나요?
눈을 감아도 좋습니다. 자, 이제 그 사람에게 정말로 하고 싶었던 이야기를 해 보세요."

워크북 3-② **내가 상처를 주었던 경험**

⊙ 살아가면서 우리는 다른 사람에게 잘못하고 상처를 줄 때가 있습니다. 내가 누군가에게 잘못하고 상처를 주었던 경험에 대해서 생각해 보십시오.

1. 언제, 누구와 무슨 일이 있었습니까?

2. 그 일은 나와 상대방에게 어떤 영향을 미쳤습니까?

3. 이런 경험이 나에게 상처 준 사람에 관한 생각과 태도에 어떤 영향을 미치고 있습니까?

목 표	• 용서 경험을 통해 용서의 필요성을 생각하고 진정한 용서를 이해할 수 있다. • 나에게 상처를 준 사람을 용서하기로 결심하고 선물 목록을 작성할 수 있다.

활동과정	진행내용	소요 시간	준비물
도 입	• 과거의 용서 경험을 통해 용서의 필요성과 진정한 용서의 의미에 대해 알아본 후, 나에게 상처를 준 사람에 대해 용서하기로 선택, 결심해 본다.	10분	
전 개	• 용서 경험 나누기 　- 용서받았거나 용서했던 경험, 그때 느꼈던 감정, 자신이 생각하는 용서의 의미, 용서의 필요성에 대해 이야기를 나눈 후 한 사람이 요약하여 소개한다. 　- 용서는 가해자를 위한 것보다 상처 입은 피해자가 상처를 극복하고 회복하는 필요한 과정임을 숙지한다.	30분	워크북 ☞ 4-①
	• 진정한 용서의 의미 이해하기 　- 퀴즈를 통해 용서에 대한 오해를 점검해본다. 　- 맞힌 참여자에게 선물을 줌으로 즐거운 분위기를 유도한다.	20분	워크북 ☞ 4-②
	• 용서의 선택과 결심하기 　- 상처를 극복하는 방법으로 용서를 선택하도록 한다. 　- 나에게 상처를 준 사람을 용서하기로 결심한 후, 서약서를 작성한다.	30분	워크북 ☞ 4-③
	• 상대에게 선물 주기 　- 나에게 상처를 준 사람을 만난다면 어떻게 대할지 생각하고 그에게 선물을 준다면 무엇을 줄 것인가 선물 목록을 작성한다. 　- 두 사람씩 짝지어 선물 전달 연습을 한다.	20분	워크북 ☞ 4-④
마무리	• 선물 전달은 다음 시간까지 계속한다. • 다음 회기에 필요한 집단원의 선물을 준비하게 한다.	10분	

⊙ 우리는 살면서 실수하기도 하고 누군가로부터 부당한 대우를 받거나 상처받기
도 합니다.
자기 자신이 실수했을 때 용서받았던 기억과 누군가를 용서했던 기억을 되살
려 보십시오.

1. 누구에게 용서받은 경험이 있나요? 용서받을 때 어떤 감정을 느꼈습니까?

2. 누군가를 용서한 경험이 있나요? 용서했을 때 어떤 감정을 느꼈습니까?

3. 용서란 무엇이라고 생각하는지요?

4. 용서는 왜 필요하다고 생각하는지요?

워크북 4-② 진정한 용서의 의미 이해하기

1. 다음 문장에 대해서 ○, X로 답해보십시오.

   가. 용서는 잊는 것이다. (X)

   나. 용서는 참는 것이다. (X)

   다. 용서하면 정의가 훼손된다. (X)

   라. 용서하면 화해해야 한다. (X)

   마. 용서는 나를 위한 것이다. (X)

2. '진정한 용서'의 의미에 대하여 알아봅시다.

   가. 다음 중 '진정한 용서'에 해당하는 것을 찾아보십시오. (   )

   ① 상대방이 나처럼 피해 있는 경우에 용서하는 것

   ② 주위에서 용서하기를 기대하기 때문에 용서하는 것

   ③ 자발적으로 상대방을 이해하고 수용하는 마음으로 용서하는 것

3. 용서는 일회적 행위가 아니라 '과정'입니다. 잠시 우리가 함께 걸어온 과정을 체크 해봅시다.

개방	결심 및 작업	심화
□ 관계 돌아보기 □ 상처 마주하기 □ 상처의 영향 □ 자각하기	□ 새롭게 바라보기 □ 새롭게 느끼기 □ 용서시도 결심하기 □ 새롭게 행동하기	□ 변화 발견 □ 고통의 의미 □ 삶의 목적 □ 용서의 자유

⊙ 답지

1. 가(X), 나(X), 다(X), 라(X), 마(X)

2. ③

3. – 개방(☑ 관계 돌아보기, ☑ 상처 마주하기, ☑ 상처의 영향 자각하기)

   – 결심 및 작업(☑ 새롭게 바라보기, ☑ 새롭게 느끼기)

   – 심화(☑ 변화발견)

나는 이제 나에게 상처를 준 (   )을(를) 용서합니다.
그리고 다음을 약속합니다.

1. 그 사람에 대해서 부정적으로 생각하고, 느끼고, 행동하지 않겠습니다.

2. 그 사람에 대해서 최대한 긍정적으로 생각하고, 느끼고, 행동하도록 노력하겠습니다.

3. 내 용서를 표현하기 위해서 그 사람에게 선물을 주도록 노력하겠습니다.

이름: 서명: 날짜: 년   월   일

보증인: 서명: 날짜: 년   월   일

☞ **워크북 4-④ 상대에게 줄 수 있는 선물 목록**

⊙ 나에게 상처를 준 사람에게 주고 싶은 선물 목록을 작성해 보고 어떻게 느껴지
 는지 체크해 보십시오.

선물 목록	아주 편안함	조금 편안함	별로 편안하지 않음	전혀 편안하지 않음

선물 목록 예시

 비난하지 않기, 상대방의 장점 찾기, 기도하기, 눈 맞추며 반갑게 인사하기, 미소 짓기, 먼저 안부 묻기, 먼저 말 걸기, 상대방의 이야기를 귀 기울여 듣기, 작은 선물 전하기, 함께 식사하기

⊙ 실천이 가능한 범위에서 선물 전달을 계획해 보십시오.

누구에게	
무엇을	
언제	
어떻게	
상대방의 반응은 어떨까?	

[5회기: 용서의 여정]

목 표	• 용서 경험의 의미를 성찰할 수 있다. • 긍정적 변화를 살펴보고 앞으로 계속될 용서 여정을 준비할 수 있다.

활동과정	진행내용	소요 시간	준비물
도 입	• 선물 받은 경험 나누기 　- 선물 전달 계획을 실행한 집단원의 경험과 소감을 듣고 전하지 못한 사람은 앞으로 어떻게 하고 싶은 것인지 이야기를 나누어본다. 　- 용서 경험의 의미를 성찰해보면서 앞으로 용서 여정을 지속하기 위해 서로 격려하는 시간을 갖는다.	15분	
전 개	• 얼마나 용서했을까? 　- 용서하기 척도를 사용하여 자신이 받은 상처와 상처 준 사람 생각이 얼마나 변화되었는지 확인한다.	30분	워크북 ☞ 5-①
	• 용서 여정 되돌아보기 　- 용서 여정에 나타난 긍정적 변화와 미해결 과제에 대해 생각한다. 　- 용서 여정에서 예상되는 걸림돌은 무엇이고 그것을 어떻게 극복하면 좋을지 함께 이야기한다.	30분	워크북 ☞ 5-②
	• 칭찬하기 　- 서로의 장점을 칭찬하며 격려한다. 　- 지도자가 먼저 제비를 뽑고 뽑힌 사람은 지도자에게 선물을 받고 준비한 주인공의 자리에 앉는다. 　- 집단원은 앉은 사람에게 2분 정도 칭찬한다. 　- 주인공이 된 사람은 가장 기억에 남는 칭찬과 칭찬 받은 소감을 말하고 자신이 받은 선물을 공개한다. 　- 제비를 뽑아 계속 순서를 이어간다.	25분	
마무리	• 프로그램 성과를 전체적으로 평가하고 가장 도움이 되었던 활동과 가장 어렵고 힘들었던 활동은 무엇인지 더 좋은 프로그램이 되기 위해 개선할 점은 무엇인지 소감을 나눈다.	20분	워크북 ☞ 5-③

1. 다음 문항은 당신이 받은 상처와 상처를 준 사람에 대해서 지금 어떻게 생각하고 느끼고 행동하는지에 대한 것입니다. 각 문항에 대해서 자신과 가장 알맞은 곳에 표시해 보십시오. 모든 문항에 솔직하게 응답해 주십시오.

내용	매우 그렇지 않다	대체로 그렇지 않다	그저 그렇다	대체로 그렇다	매우 그렇다
1. 그 사람에 대한 미움이 남아 있다.	1	2	3	4	5
2. 그 사람을 봐도 마음이 편안하다.	1	2	3	4	5
3. 그 사람을 보면 화가 난다.	1	2	3	4	5
4. 그 사람을 봐도 아무렇지 않다.	1	2	3	4	5
5. 그 상처를 잊기 어렵다.	1	2	3	4	5
6. 그 일로 사람들을 경계하게 되었다.	1	2	3	4	5
7. 그 사람과 웃으며 이야기할 수 있다.	1	2	3	4	5
8. 그 사람을 형식적으로 대한다.	1	2	3	4	5
9. 그 사람에게 잘해주려고 노력한다.	1	2	3	4	5
10. 그 사람에게 편하게 연락한다.	1	2	3	4	5

2. 채점 방법

① 2번, 4번, 7번, 9번, 10번의 점수를 더합니다.

② 1번, 3번, 5번, 6번, 8번은 점수를 역으로 바꾸어서 더합니다.
(예: 1점→5점, 2점→4점, 4점→2점, 5점→1점) ①과 ②의 점수를 더하여 총점을 구합니다.

총점은 얼마입니까?

3. 총점 해석 기준

① 22점 이하는 낮은 수준입니다. 당신은 아직도 상처를 많이 받고 있으며, 그 때문에 당신의 생각과 감정과 행동이 부정적입니다. 당신은 치유를 위해 용서 과정이 필요합니다.

② 23~32점은 보통 수준입니다. 당신이 상대방을 어느 정도 용서했다는 것을 의미합니다. 상처에서 완전히 벗어나기 위해서는 용서하기 과정이 필요합니다.

③ 33점 이상은 높은 수준입니다. 당신은 이미 많이 용서하고 있으며 당신이 원한다면 이번 상처에 대해서는 용서하기 과정을 수행하지 않아도 됩니다. 그러나 상대방을 더 용서하고 싶다면 그 상처를 대상으로 용서하기의 과정을 따라가도 좋습니다.

1. 나에게 상처를 준 사람을 용서하는 과정을 거치면서 얻은 것은 무엇입니까?

2. 상대방에게 용서를 실천하는 데 가장 도움이 된 것은 무엇입니까?

3. 상대방에게 용서를 실천하는 데 가장 방해가 된 것은 무엇입니까?

4. 이런 방해는 어떻게 극복해 나갈 수 있습니까?

☞ 워크북 5-③ **평가**

1. 용서 프로그램에 참여하면서 얼마나 성과가 있었는지 다음 문항에 대답해 주세요.

내용	매우 도움 됨	약간 도움 됨	보통	별로 도움 안 됨	전혀 도움 안 됨
1. 이 프로그램에 대한 전체적인 나의 평가는 무엇입니까?	1	2	3	4	5
2. 이 프로그램은 나의 상처받은 마음을 회복하는 데 얼마나 도움이 되었습니까?	1	2	3	4	5
3. 이 프로그램은 나에게 상처를 준 사람에 대한 태도 변화에 얼마나 도움이 되었습니까?	1	2	3	4	5
4. 이 프로그램은 나의 인간관계 변화에 얼마나 도움이 되었습니까?	1	2	3	4	5
5. 이 프로그램은 내가 행복한 삶을 살아가는 데 얼마나 도움이 되었습니까?	1	2	3	4	5

2. 프로그램 개선을 위한 제안 사항이 있으면 적어 주십시오.

_____

_____

_____

_____

3. 프로그램을 마치는 소감을 남겨 주십시오.

_____

CHAPTER 10
적응력 강화 프로그램

대인관계능력 향상

특수임무를 수행하는 군·경·소방 조직의 구성원은 다양한 성격을 소유한 동료들과 함께 생활하며 구성원 대부분은 위계 조직의 특수성과 경직된 환경의 영향을 받는다.

특히, 대인관계는 조직 과업 달성의 효율성과 조직 목표를 증진하는 요인으로 작용한다. 특수 조직에서 일하는 구성원의 대인관계 향상을 위해서는 해결 중심 기법을 이용한 집단상담 프로그램을 활용하는 것이 효과적이다.

이러한 점을 고려하여 특수 조직구성원의 대인관계 향상을 위한 집단상담 프로그램을 제안한다. 일반 사회인이나 학생의 대인관계능력 향상을 위한 해결 중심 집단상담 프로그램의 연구는 많이 이루어졌으나, 특수 조직의 구성원을 대상으로 한 연구는 아직도 미미한 수준이다.

본 프로그램은 대학생을 대상으로 박선하(2017)가 만든 집단상담 프로그램과 심윤기 등(2021)의 프로그램을 일부 수정·보완하여 재구성하였다.

[프로그램의 회기별 내용]

구 분	중 점	세부내용
1회기	프로그램 소개와 동기부여	프로그램을 소개하고, 집단상담 활동에 대한 동기를 부여한다.
2회기	나와 타인의 감정 이해	나와 다른 사람들의 느낌과 감정을 민감하게 알아차리고 공감하는 능력을 기른다.
3회기	대인관계 만족감 증진하기	대인관계 시 편안함과 즐거움을 느끼고 나의 강점을 찾는다.
4회기	의사소통 능력 향상	다른 사람들과의 효과적인 의사소통으로 문제 해결력을 증진한다.
5회기	표현능력 함양 및 마무리	타인에 대한 의견을 잘 표현하고 변화된 자기 모습을 확인한다.

[1회기: 프로그램 소개와 동기부여]

목표	• 집단상담에 대한 소개를 통해 프로그램의 의미를 이해한다. • 대인관계 증진을 위한 실천 가능한 목표를 세운다.

활동과정	진행내용	소요 시간	준비물
도 입	• 집단지도자와 집단구성원을 소개한다. • 프로그램을 설명하고 집단원의 동기 의식을 고취한다.	5분	명찰 필기도구
개 관	• 프로그램의 목적, 일정, 유의 사항에 대해 안내한다. • 서약서를 작성한다.	10분	워크북 ☞ 1-①
전 개	• 집단구성원 별칭을 짓고 소개하는 시간을 가진다. 　- 자신을 소개하고 애칭을 이야기한다. 　- 프로그램에 대한 기대를 나눈다. 　- 다른 참여자들의 애칭을 불러주며 박수로 환영한다.	15분	
	• 내가 원하는 변화는 무엇인지 목표를 세운다. 　- 대인관계 시 가장 바뀌고 싶은 부분에 대해 기록한다. 　- 집단이 끝나면 어떻게 변화하고 싶은지 기록한다.	20분	워크북 ☞ 1-②
	• 현재 지각하는 자신의 위치는 어디인지 알아본다. 　- 기록지에 현재 내게 가깝다고 생각하는 위치를 기록한 다음 달성하고 싶은 위치를 기록한다.	20분	워크북 ☞ 1-③
	• 집단원 간 변화 목표와 위치를 발표하고 피드백한다. 　- 목표와 위치를 정한 이유에 대해 각자 이야기한다. 　- 발표 후 집단원과 의견 및 소감을 나눈다.	30분	
마무리	• 다음 회기 목표 및 활동 주제에 대하여 설명하고 과제를 부여한다. (다음 회기의 주제에 대해 생각해 오기)	5분	
	• 회기를 마친 후 느낌에 대해 공유하고 정리한다.	10분	

서약서

　우리의 만남은 대인관계 향상 집단상담 프로그램을 통하여 새로운 변화와 발전을 목표로 만들어진 모임입니다. 우리는 이곳에서 한층 더 당당하고 멋진 자기의 모습과 동료의 모습을 보게 될 것입니다. 자신과 동료의 모습을 알아가면서 기쁠 수도 있겠지만 때로는 동료에게 실망하고 화가 나는 일도 생길 수 있습니다. 그러나 이 모임을 통해 더 나은 자기의 모습과 새로운 가능성을 만나게 될 것입니다. 보람 있고 즐거운 만남이 되기 위해 서로를 존중하는 우리의 약속을 정해 봅시다.

1. 내 마음에 있는 생각이나 느낌을 솔직하게 표현한다.
2. 동료들이 하는 말을 비판이나 편견 없이 있는 그대로 듣는다.
3. 여기서 나눈 이야기는 절대로 밖에서 말하지 않는다.
4. 동료가 이야기할 때는 끼어들거나 방해하지 않고 잘 경청한다.
5. 집단 모임의 시간을 엄수하고 성실히 집단 활동에 참여한다.
6. 개인에게 부과된 과제는 성실히 수행한다.

　　　　　　　　　　　　　　　　　　　　　　　　년　　월　　일

　　　　　　　　　　　　　이름 :　　　　　서명:

☞ 워크북 1-② **내가 원하는 변화는?**

1. 나에게 중요한 것! 분명한 변화! 구체적이고 행동적인 것! 생활에서 실천이 가능한 행동! 최종적 결과보다 지금 시작할 수 있는 것! 다섯 가지를 고려하여, 집단상담이 끝났을 때 내가 원하는 변화를 적어본다. 어떤 변화가 있으면 이 프로그램에 참여하기를 잘했다고 생각할까요?

2. 내가 원하는 변화(목표)를 나타내는 별칭은? _____

☞ **워크북 1-③ 지금 나의 위치는?**

1. 내가 원하는 모습과 가장 거리가 멀고 힘든 상황일 때를 1점, 내가 원하는 모습을 이루고 문제가 해결되었을 때를 10점이라고 한다면 현재 나는 몇 점일까요?

점수 회기	1회	2회	3회	4회	5회
10점					
9점					
8점					
7점					
6점					
5점					
4점					
3점					
2점					
1점					

2. 집단상담이 끝났을 때 내가 원하는 목표 점수는? _____점

목 표	• 나와 다른 사람의 느낌과 욕구를 민감하게 알아차린다. • 다른 사람을 잘 공감한다. • 내가 원하는 느낌과 원하는 것을 자유롭게 표현한다.

활동과정	진행내용	소요 시간	준비물
도 입	• 지난 시간의 과제 이야기를 나눈다. • 프로그램을 설명한다.	5분	필기구
전 개	• 현재의 나의 모습을 알아본다. - 대인관계에서 변화된 점이 있다면 말해본다.	20분	워크북 ☞ 2-①

	• 느낌과 원하는 것을 알아본다.
	  - 대인관계 경험에서의 느낌과 원하는 것을 적는다.
	  - 한 사람씩 상황을 말하면, 다른 집단원은 그 사람의
	    느낌과 원하는 것을 추측하고 비교해 본다.
	  - 집단원별로 추측한 것과 비교한 내용을 말해보고, 어
	    떻게 다른 사람의 느낌을 알 수 있었는지, 어떻게 활
	    용할 수 있을지 이야기 나눈다.
		30분	워크북
			☞ 2-②

	• 공감 경험 나누기
	  - 다른 사람에게 공감해 줬던 경험을 떠올려 본다.
	  - 나의 공감 반응과 기술, 자원을 적어보고 발표한다.
	
	• 공감 역할극 하기
	  - 공감받는 사람, 공감하는 사람, 보는 사람에 대해 세
	    가지 역할로 분담하여 공감 역할극을 실시한다.
	  - 좋은 공감 반응을 적어보고 활용 방안을 생각한다.
		30분	워크북
			☞ 2-③

마무리	• 경험보고서를 통해 활동을 마친 소감, 새롭게 알게 된 점, 변화된 점에 대해 기록한다.	5분	워크북 ☞ 2-④
	• 회기를 마친 후 느낌에 대해 공유하고 정리한다.	10분	

☞ **워크북 2-① 현재 나의 모습은?**

1. 나의 대인관계에서 어떤 작은 변화가 있었나요? 지난 회기와 비교하여 조금이라도 더 좋아진 점이 있다면 그것은 무엇인가요?

☞ **워크북 2-② 느낌과 원하는 것**

1. 오늘 주제와 관련하여 이번 시간 끝나기 전에 이루고 싶은 작은 변화 (목표)는? 최근 나에게 인상 깊었던 대인관계 경험을 떠올리고, 그 상황과 당시 내 느낌, 내가 원하는 것은 무엇이었는지 적어보세요.

상황	누가: 언제: 어디서: 무엇을: 어떻게?	나의 느낌	
		내가 원하는 것	

2. 다른 사람의 대인관계 경험을 상황(일어난 사실)만 듣고 그 사람의 느낌과 원하는 것을 추측해 보세요. 어떻게 상황만 듣고도 추측할 수 있었나요?

☞ 워크북 2-③ **공감 경험 나누기**

1. 다른 사람에게 공감했던 경험 나누기
   – 잘 생각해 보면 내가 다른 사람에게 공감했던 경험이 분명히 있을 것입니다. 조금이라도 상대방이 나에게 공감받았다고 느꼈을 때를 떠올려 보세요.
   – 나는 언제, 어디서, 누구에게, 어떻게 공감해 줬나요?
   – 당신은 어떻게 그렇게 공감할 수 있었나요? 그때 나의 말이나 행동, 태도는?

2. 위에서 찾은 나의 공감 기술 또는 자원을 활용하여 공감 역할극을 해보고, 각 역할의 입장에서 내 마음에 와닿는 공감 반응을 적어보세요.

내 역할	내 마음에 와닿는 공감 반응
공감하는 사람	내가 잘한 점!
공감 받는 사람	공감하는 사람(　　님)이 잘한 점!
보는 사람	공감하는 사람(　　님)이 잘한 점!

☞ 워크북 2-④ **경험 보고서**

1. 활동을 마친 지금 어떤 느낌이 드시나요? 새롭게 알게 된 점은?

2. 오늘은 나의 어떤 모습을 보고 조금 변화했다고 할 수 있을까요?

3. 오늘의 변화를 유지하기 위해 실제 생활에서 어떤 것을 해볼 수 있을까요?

[3회기: 대인관계 만족감 증진하기]

목표	• 타인과 함께 있을 때 편안함과 즐거움을 느낄 수 있다. • 나의 강점을 알고 자신감을 향상할 수 있다. • 대인관계에서 나타나는 스트레스를 알고 이를 해소한다.

활동과정	진행내용	소요 시간	준비물
도 입	• 지난 시간의 과제 이야기를 나눈다. • 프로그램을 설명한다.	5분	A4 필기도구

전 개	• 긍정적 경험 나누기
	  - 현재 점수를 적어본다.
	  - 대인관계에서 변화된 점이 있다면 말해본다.
		15분	워크북
			☞ 1-③
			☞ 2-①

	• 편안한 사람들(마인드맵) 활동하기 - 마인드맵에 '나'를 중심으로 '내가 편한 사람들'을 적고 연결하고(친할수록 가깝고 굵게 표시), 그 사람에 대한 내 느낌을 자유롭게 표현한다.	15분	워크북 ☞ 3-①

	• 나의 강점 탐색 및 활용하기
	  - 친밀한 관계에서의 내 강점을 적고 말해본다.
	  - 집단원들은 그 사람의 또 다른 강점을 찾아준다.
	  - 탐색한 장점을 어떻게 활용할지 이야기 나눈다.
		40분	워크북
			☞ 3-②

	• 해소 맨(man) 활동하기
	  - 한 집단원이 자신의 대인관계 스트레스 상황을 설명하면, 다른 집단원이 해소 맨(man)이 되어 문제를 해결할 수 있는 의견을 제시한다.
	  - 해결책을 통해 느낀 점이나 배운 점을 이야기한다.
		35분	워크북
			☞ 3-③

마무리	• 경험보고서를 통해 활동을 마친 소감, 새롭게 알게 된 점, 변화된 점에 대해 기록한다. • 회기를 마친 후 느낌에 대해 공유하고 정리한다.	10분	워크북 ☞ 2-④

☞ **워크북 3-① 편안한 사람들**

1. 오늘 주제와 관련하여 이번 시간 끝나기 전에 이루고 싶은 작은 변화(목표)는?

2. 내가 함께 있을 때 편안하고 즐거운 사람을 마인드맵에 그려보세요.

   그리고 내 사람에 대한 내 느낌을 마인드맵에 자유롭게 표현해 보세요.

   그들은 나의 가족일 수도, 어릴 적 친구 또는 동기, 선후배일 수도 있습니다.

3. 마인드맵 사람들이 지금 이 자리에 있다면, 나에 대한 느낌을 뭐라고 할까요?

   나의 어떤 점이 편하고 좋아서 내 곁에 있다고 말할까요?

☞ **워크북 3-② 나의 강점 탐색 및 활용하기**

1. 오늘 주제와 관련하여 이번 시간 끝나기 전에 이루고 싶은 작은 변화(목표)는?

2. '내가 원하는 친밀한 관계 모습'에 가장 가까운 친구나 장면을 떠올려
   보세요.

   ① 내가 원하는 친밀한 관계 모습을 가능하게 한 나의 강점을 아래 표에
      적어보세요.

      당신은 어떻게 그렇게 친밀한 관계를 맺고 유지할 수 있나요?

      친구는 나의 어떤 점 덕분에 친하다고 말할까요?

   ② '내가 원하는 친밀한 관계의 모습'과 가장 거리가 멀 때를 1점, 그
      모습과 가장 가까울 때를 10점이라고 한다면, 현재 나는 몇 점일까
      요? _____점. 여기서 1점 더 향상하기 위해, 어떻게 나의 강점을 활용
      할 수 있을지 아래 표에 적어보세요.

① 나의 강점	② 나의 강점 활용하기
1. _____	1. _____
2. _____	2. _____
3. _____	3. _____
4. _____	4. _____
5. _____	5. _____

1. 오늘 주제와 관련하여 이번 시간 끝나기 전에 이루고 싶은 작은 변화(목표)는?

2. 내가 주로 대인관계에서 스트레스를 받는 상황이었는데도 불구하고, 스트레스를 잘 해소했던 경험을 떠올려 보세요.

스트레스 상황	누가	
	언제	
	어디서	
	무엇을	
	어떻게	

• 위 상황 속에서 당신은 어떻게 견딜 수 있었나요?
• 스트레스를 해소하기 위해 무엇을 했나요? 스트레스 해소에 도움이 된 것은?
• 그 방법이 스트레스 해소에 효율적인 것을 어떻게 알았나요?

3. 사람들은 때때로 대인관계 스트레스로 인해 더 힘들어지기도 하는데, 당신은 더 스트레스를 받지 않기 위해 현재 무엇을 하고 있나요?

[4회기: 의사소통 능력 향상]

목 표	• 다른 사람과 의견이 다를 때 모두에게 좋은 방향으로 해결할 수 있다. • 다른 사람과 효과적으로 의사소통을 할 수 있다. • 나의 의사소통 방법에 강점을 알고, 약점을 보완할 수 있다.

활동과정	진행내용	소요 시간	준비물
도 입	• 지난 시간의 과제 이야기를 나눈다. • 프로그램을 설명한다.	5분	
전 개	• 긍정적 경험 나누기 　- 워크북 1-③에 현재 점수를 적어본다. 　- 대인관계에서 변화된 점이 있다면 말해본다.	15분	워크북 ☞ 1-③ ☞ 4-①
	• 갈등 해결 경험 나누기 & 현재 갈등 해결 계획하기 　- 타인과의 갈등을 효율적으로 해결했던 경험을 떠올리고, 해결했던 방법과 결과를 말해본다. 　- 현재 해결하고 싶은 갈등 상황을 적어보고, 집단원들과 함께 논의하여 해결 방법과 실천 계획을 세운다.	20분	워크북 ☞ 4-①
	• 의사소통 역할극(말하기, 듣기, 보기) 하기 　- 준비된 대화 상황 중 한 가지를 선택한다. 　- 대화 상황에 맞추어 말하고, 듣고, 보는 세 가지 역할로 나뉘어 역할극을 시작한다. 　- 역할극이 끝난 뒤 말한 사람이 듣는 사람과 보는 사람에게 자신의 의도나 생각, 감정이 잘 전달되었는지 피드백 받는다. 　- 3명이 돌아가며 모든 역할을 반복해본다.	30분	워크북 ☞ 4-②
	• 효과적인 의사소통 평가하기 　- 역할극을 통해 알게 된 의사소통 강점을 적어본다. 　- 나의 의사소통 점수를 평가하고 더 향상하기 위해서 보완해야 할 점은 무엇인지 적어본다.	30분	
마무리	• 경험보고서를 통해 활동을 마친 소감, 새롭게 알게 된 점, 변화된 점에 대해 기록한다. • 회기를 마친 후 느낌에 대해 공유하고 정리한다.	10분	워크북 ☞ 2-④

☞ 워크북 4-① 너도나도 좋게

1. 오늘 주제와 관련하여 이번 시간 끝나기 전에 이루고 싶은 작은 변화(목표)는?

2. 다른 사람과의 갈등을 효율적으로 해결했던 경험을 이야기해보세요.

3. 현재 내가 해결하고 싶은 다른 사람과의 갈등 상황을 적고, 내가 시도해 볼 수 있는 해결 방법을 찾아 그 결과를 예측해 보세요.

상황				
해결 방법	Q. 이전의 갈등 해결 경험을 토대로 이번에는 어떻게 해볼 수 있을까요?			
결과 예측	Q. 만약 내가 위 방법대로 한다면, 상대방은 어떻게 반응할까요?			
	나	감정: 생각:	상대방	감정: 생각:
	언제		어디서	
실천 계획	무엇을 어떻게			

☞ 워크북 4-② **효과적인 의사소통**

1. 의사소통 역할극에서 자유 주제로 평소처럼 대화해보고, 각 역할의 입장에서 효과적인 의사소통 방법(대화 장면에서 장점 또는 기술, 자원)을 찾아 적어보세요.

내 역할	효과적인 의사소통 방법
말하는 사람	나의 강점
듣는 사람	말하는 사람(_____님)의 강점
보는 사람	말하는 사람(_____님)의 강점

2. 현재 나의 의사소통 점수는 몇 점인가요? _____점／10점

3. 1점 더 오르려면 무엇이 필요할까요? 실생활에서 무엇을 해볼 수 있나요?

목 표	• 다른 사람에 대한 긍정적인 느낌을 잘 표현할 수 있게 한다. • 나에 대한 타인의 긍정적인 표현을 발전적으로 받아들일 수 있도록 한다. • 변화된 나의 모습을 확인하고 변화 유지를 위해 노력한다.

활동과정	진행내용	소요 시간	준비물
도 입	• 지난 시간의 과제 이야기를 나눈다. • 프로그램을 설명한다.	5분	A4 필기도구
전 개	• 칭찬 카드 만들기 - 다른 사람에게 효과적으로 칭찬하는 방법에 대해 의논한다. - 집단원에 대한 긍정적 느낌과 칭찬하는 말을 적은 칭찬 카드를 만든다. - 돌아가면서 칭찬 카드를 나누고, 칭찬을 받아들일 수 있다면 '고마워요'라고 말하고, 칭찬내용이 궁금하면 설명을 부탁한다.	40분	워크북 ☞ 5-①
	• 칭찬 받아들이기 - 칭찬 카드 중 대인관계에 도움이 되는 카드를 골라보고, 대인관계에 활용할 수 있는 방법을 적고, 이야기 나눈다.	20분	워크북 ☞ 5-②
	• 변화한 나 - 눈을 감고 조용한 음악을 들으며 '집단 참여 전 나의 모습'과 '현재 나의 모습'을 떠올려 본다. - 나의 변화된 모습과 변화를 일으킨 나의 강점, 자신감을 적고 이야기를 나눈다.	20분	워크북 ☞ 5-③
	• 나와의 작은 약속 - 가까운 미래의 나에게 지금의 변화를 유지할 것을 약속하는 편지를 쓴다.	20분	워크북 ☞ 5-④
마무리	• 프로그램에 대한 평가와 마무리를 한다.	15분	

☞ **워크북 5-① 칭찬하기**

1. 오늘 주제와 관련하여 이번 시간 끝나기 전에 이루고 싶은 작은 변화(목표)는?

2. 나에게 가장 기억에 남는 칭찬의 특성을 고려하여, 다른 사람을 잘 칭찬할 수 있는 방법을 함께 의논하여 적어보세요.

---

3. 집단상담을 함께 한 동료들의 장점, 그에 대한 긍정적인 느낌을 담아 칭찬 카드를 만들어보세요.

   ① 카드 앞면에는 카드를 받을 사람에 대한 긍정적인 느낌을 자유롭게 표현하기

   ② 카드 뒷면에는 나와 상대방의 별칭과 그 사람에 대해 칭찬하는 말 적어보기

	TO. (상대방 별칭)
	(칭찬)
(상대방에 대한 긍정적인 느낌)	
	From. (내 별칭)
① 앞면	② 뒷면

1. 내가 받은 칭찬 카드 중에서 나의 대인관계에 도움이 될 것으로 예상되는 점이 적힌 카드를 고르고 그 내용을 적어보세요.

TO. _____

From. _____

---

2. 내가 고른 카드에 적힌 나의 장점을 앞으로 대인관계에서 어떻게 활용할지 구체적으로 적어보세요.

언제	어디서	
무엇을 어떻게		

☞ 워크북 5-③ **변화한 나**

1. 집단상담을 통해 변화된 나의 모습을 적어보세요.

집단상담 참여 전		현 재
	⇨	

① 나의 변화를 알아차린 사람은 현재 내 모습을 보고 뭐라고 말할까요?

② 이와 같은 변화가 나에게 어떤 도움을 주었나요?

2. 나의 변화에 가장 도움이 되었던 요소는 무엇인가요? 변화를 가능하게
   한 나의 강점으로 인해 가장 자신감이 붙은 부분을 적어보세요.

나의 강점	
가장 자신감이
붙은 부분	

3. 앞으로 이 변화를 유지하기 위해 무엇을 해볼 수 있을지 이야기 해 보세요.

☞ 워크북 5-④ **나와의 작은 약속**

TO._____

_____

_____

_____

_____

_____

_____

_____

_____

_____

FROM._____

년   월   일

자살 위기 극복

군·경·소방 조직에서 일하는 조직구성원은 조직의 특수성으로 개인의 자유를 제한받는다. 일반 사회조직에 비해 상대적으로 엄격하고 경직된 위계적 분위기에서 생활하는 관계로 적응하지 못하는 구성원이 생기기도 한다.

자살은 자살을 시도한 개인과 그 가족에게만 영향을 미치는 것으로 끝나지 않는다. 한 개인이 자살을 시도한 조직은 순식간에 사기가 저하되고, 조직의 분위기가 가라앉는 등 부정적인 결과가 나타난다. 특수 조직의 구성원이 자살을 시도하는 이유는 대체로 조직 환경의 영향과 개인적 요인, 가정적 요인 등이 복합적으로 작용한다.

자살을 보호하는 요인에는 자아존중감을 포함하여 사회적 지지, 관계적 지지 등의 요인이 있다. 자살을 예방하기 위한 방법은 여러 가지가 있다. 하지만 자신을 의미 있는 존재로 생각하도록 돕는 것이 무엇보다 중요하며, 원만한 대인관계와 긍정적인 정서를 유지하는 것이 필요하다.

본 프로그램은 심윤기 등(2020)의 집단프로그램을 일부 수정·보완하여 재구성하였다.

[프로그램의 회기별 내용]

구 분	중 점	세부 내용
1회기	프로그램 소개 및 친해지기	• 프로그램의 목적 소개 • 내 마음의 앨범 • 3분 데이트
2회기	'나'를 아십니까?	• 나의 인생 곡선 그려보기 • 고민 쪽지 나누기
3회기	내 생각 프레임 바꿔 끼우기	• 위기 상황대처 연습하기 • 위기 상황대처 적용하기

4회기	원인은 스트레스!	• 나의 스트레스 유형은? • 나만의 스트레스 대처 방법 소개하기
5회기	세상에서 가장 소중한 나	• 나의 희망 그리기 • 빈방 채우기

[1회기: 프로그램 소개 및 친해지기]

목 표	• 집단에 참여한 동료 간 유대감을 형성한다. • 집단분위기를 안정감 있고 편안하게 조성한다.

활동과정	진행내용	소요 시간	준비물
도 입	• 집단지도자를 소개한다. • 서약서를 작성하고 프로그램을 설명한다.	10분	워크북 ☞ 1-①

전 개	• 별칭 짓기
	  - 집단상담 프로그램을 진행하면서 어떤 별칭으로 불리고 싶은지 스스로 정한다.
	
	• 함께 지킬 약속 정하기
	  - 집단에 대한 기대 나누기
	  - 프로그램을 진행하는 동안 지켜야 할 규정 정하기
		25분	펜

	• 내 마음의 앨범
	  - 워크북(1-②)을 채운다.
	  - 내가 좋아하는 사람, 나에게 가장 소중한 물건, 내가 가장 빛났을 때 혹은 기뻤을 때, 잊고 싶은 기억을 글로 써도 좋고, 그림으로 그려도 좋다고 설명한다.
	
	• 3분 데이트
	  - 2인 1조가 되어 3분간 서로에게 다음과 같은 질문을 하며, 따뜻한 분위기를 조성한다.
		40분	워크북
			☞ 1-②

	Q1. 당신의 별칭과 그 의미는?		
	Q2. 취미나 성격, 버릇은?		
	Q3. 내 마음의 앨범 내용		
	Q4. 기타 질문사항		
	• 나의 파트너 소개하기		
	- 다른 집단원에게 나의 파트너를 소개한다.		
마무리	• 오늘 프로그램에 대한 나의 감정 나누기	15분	
	• 다음 회기 프로그램 설명		

☞ 워크북 1-① **서약서 작성하기**

생명 존중 서약서

우리의 만남은 자살 예방 집단상담 프로그램을 통하여 새로운 변화와 발전을 목표로 만들어진 모임입니다. 우리는 이곳에서 '나와 타인'을 깊이 있게 이해할 수 있는 보다 편안해진 자기 자신과 동료의 모습을 보게 될 것입니다. 프로그램을 진행하면서 여러 가지 감정을 느낄 수 있습니다. 우리는 이 만남을 통하여 성숙해 갈 수 있으며, 나의 생명을 소중하게 생각하고 존중할 것입니다.

1. 나는 나의 생명을 소중히 여기며, 스스로 나의 생명을 해치는 일은 삼가겠습니다.
2. 나는 나의 생명을 해치는 일에 관한 생각이 구체적으로 떠오르거나 위급한 상황이 닥쳤을 때 집단지도자 혹은 _____에게 도움을 요청하겠습니다.
3. 나는 나의 부정적인 생각을 제어할 수 없을 시에는
   주간:_____
   야간:_____ 에게 연락을 취해 스스로 지키겠습니다.
4. 여기서 나눈 이야기는 절대로 밖에서 말하지 않겠습니다.
   위의 내용을 모두 읽었으며 위의 내용에 동의합니다.

년   월   일

이름: 서명:

내가 가장 좋아하는 사람

나에게 가장 소중한 물건

내가 가장 기뻤을 때

이것만은 꼭 잊고 싶다!

[2회기: '나'를 아십니까?]

목 표	• 나에 대해 깊이 있게 알아본다. • 나의 강점과 약점을 통해 '나'를 이해한다.

활동과정		진행내용	소요 시간	준비물
도 입		• 과제로 부여한 감사한 것을 돌아가면서 발표한다. • 프로그램을 설명한다.	10분	
전 개		• 색종이 게임 　- 서로 다른 색의 색종이 5장을 나누어준다. 　- 돌아다니면서 가위, 바위, 보를 한 후 이긴 사람은 자 　　신이 필요한 색종이를 가져오고 자신의 색종이를 상 　　대에게 한 장 준다. 　- 5장의 색종이가 같은 색이 되면 이기게 된다.	15분	색종이
	개 인 활 동	• 나의 인생 곡선 　- 내가 살아온 인생을 곡선으로 표현한다. 　- 의미 있는 사건을 표시하여 기록한다. 　- 자신의 인생 곡선을 발표한다.	25분	워크북 ☞ 2-①
	단 체 활 동	• 고민 쪽지 나누기 　- 각자의 고민을 쪽지에 적는다. 　- 집단원끼리 하나씩 뽑아서 같이 해결해 나갈 　　수 있는 방식을 취한다. 　(타인의 고민을 가볍게 여기지 않도록 주의)	25분	워크북 ☞ 2-②
과제부여		• 하루에 세 가지씩 감사한 일을 적어본다.		
마무리		• 회기를 마친 후 느낌을 이야기한다.	15분	

☞ 워크북 2-① **나의 인생 곡선**

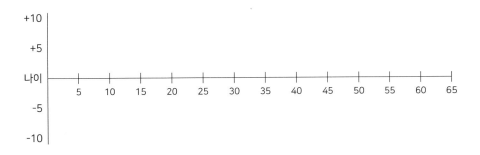

☞ 워크북 2-② **고민 쪽지**

나의 고민은 _____다.

왜냐하면,
- -
- -
- -
- -

나의 고민은 _____다.

왜냐하면,
- -
- -
- -
- -

[3회기: 생각의 틀 바꾸기]

목표	• 엘리스(Eills)의 ABCDE 이론을 이해한다. • ABCDE를 연습하고 적용하여 부정적인 내 생각을 바꾸는 연습을 한다.

활동과정	진행내용	소요 시간	준비물
도 입	• 과제로 부여한 감사한 것을 돌아가면서 발표한다. • 이번 회기의 프로그램을 소개한다.	10분	

전 개	• 질문 피구
	  60초 동안 공을 던지면서 서로에게 질문을 하는 게임
	  - 게임 시작 전 벌칙을 정하고, 타인에게 물어볼 질문
	    에 대해 생각한다.
	  - 게임이 시작되면 질문을 하면서 질문 상대에게 탱탱
	    볼을 전달한다.
	  - 미지막 볼을 가진 집단원이 벌칙을 수행한다.
	
	  * 모든 집단원이 하나 이상 질문, 답을 할 수 있도록 한다.
	  * 탱탱볼을 너무 세게 던지지 않도록 주의한다.
		15분	탱탱볼

	• ABCDE 이론에 관해 이야기한다.	15분	워크북 ☞ 3-①

	• 위기 상황대처 연습하기
	  - 위기 상황에서 나도 모르게 나오는 생각, 기분, 행동
	    등에 관해 이야기를 나눈다.
		20분	워크북
			☞ 3-②

	• 위기 상황대처 적용하기
	  - 상황을 제시하고 생각, 기분, 행동을 바꾸는 연습을
	    한다.
		15분	워크북
			☞ 3-③

과제부여	• 스트레스 상황에서 내 생각, 기분, 행동을 느껴보기		
마무리	• 오늘 프로그램에 대한 느낌 나누기 • 다음 회기 프로그램 설명	15분	

여러분이 일상생활에서 흔히 경험하는 불안은 그러한 기분을 일으키는 한 사실 그 자체보다는 그 사실에 대한 여러분 개개인이 가지고 있는 비합리적인 생각의 결과인 경우가 많습니다.

Eills는 자신이 경험하는 정서적 혼란은 객관적인 사실보다는 그 사실에 관한 생각, 그 중에서도 비합리적인 생각 때문이라고 주장하면서 ABCDE 이론을 제시하였습니다.

「A」(Activating event: 사실, 선행적 사건)
: 일상생활에서 경험하게 되는 어떤 사실을 의미합니다. 즉, A는 자기의 행동 또는 그와 관련된 다른 사람의 행동 그 자체를 의미하게 되는 것이죠.

「B」(Belief: 신념)
: A에 대한 자기의 생각 또는 신념입니다. B에는 합리적인 생각과 비합리적인 생각이 있습니다. 합리적인 생각이란 그 목표가 어떤 것이든 그것을 달성하는 데 도움을 주는 생각을 의미하고, 비합리적인 생각은 그 목표를 달성하는 데 방해가 되는 생각을 의미합니다.

「C」(Consequence: 결과)
: 사실, 즉 A의 결과로 정서적 결과와 행동적 결과로 나타납니다.
사실에 대해 합리적 생각을 하는 사람은 적절한 정서적 결과와 적절한 행동적 결과를 경험하게 되지만, 비합리적 생각을 하는 사람은 부적절한 정서적 결과와 더불어 부적절한 행동적 결과를 경험하게 됩니다. 비합리적 생각은 자기와의 대화, 자기 언어화, 자기 진술 등에 의해 더욱 내면화, 신념화됩니다.

「D」(Disputing: 논박)
: 바람직하지 못한 정서에서 벗어나고 바람직하지 못한 행동을 하지 않기 위해 비합리적인 생각이 타당하지 못하다는 점을 밝히는 것입니다.

「E」(Effects: 효과)
: 논박의 효과를 말합니다. 논박을 하게 되면 먼저 비합리적 생각이 합리적으로 바뀌는 인지적 효과가 나타납니다. 그렇게 되면 비합리적 생각이 합리적 생각 때문에 일어난 바람직하지 못한 정서가 바람직한 정서로 바뀌는 정서적 효과와 바람직하지 못한 행동이 바람직한 행동으로 바뀌는 행동적 효과가 나타납니다.

☞ 워크북 3-② **위기 상황대처 연습하기**

가장 기억에 남는 불안하거나 화가 난 상황에 대해서 자세하게 적어보세요.

• 언제?

• 어디서?

• 왜?

• 무엇이?

• 그때의 기분은?

• 그래서 나는 어떻게 했나요?

☞ 워크북 3-③ **위기 상황대처 적용하기**

A (선행사건)		B (신념)	
전	후	전	후

C (결과)		D (논박)	
전	후	전	후

E (효과)			
행동적 효과		정서적 효과	
전	후	전	후

[4회기: 원인은 스트레스]

목 표	• 나의 스트레스 유형을 이해한다. • 나만의 스트레스 대처 방법을 이해하고 실천한다.

활동과정	진행내용	소요 시간	준비물
도 입	• 지난주 과제에 관해 이야기를 나눈다. • 프로그램을 소개한다.	10분	
	• 스트레스 증상의 정도를 측정한다.	10분	워크북 ☞ 4-①
	• 스트레스에 관해 설명한다.	10분	워크북 ☞ 4-②

전 개	• 스트레스 유형 알아보기
	   - 나의 스트레스 유형에 따라 그룹별로 나누어 대화를
	     나눈다.
	   Q1. 나와 비슷한가?
	   Q2. 나와 다른 점은 무엇인가?
	   Q3. 우리 유형의 공통점이 있다면?
	   Q4. 우리 유형의 스트레스 해소법이 있다면?
	
	   - 그룹별로 이야기를 나눈 후 전체적으로 이야기를 나
	     눈다.
	   - 자신만의 기발한 스트레스 대처 방법에 대해서도 나
	     눈다.
		40분	워크북
			☞ 4-③

과제부여	• 매일 감사한 일 세 가지 이상에 대해 일기를 써본다.	5분	
마무리	• 프로그램에 대한 평가와 마무리를 한다.	15분	

문항	해당 여부(✓)
1. 재미있는 일이 있어도 즐길 수 없다.	
2. 커피, 담배, 술 등을 찾는 일이 늘어나고 있다.	
3. 쓸데없는 일에 마음이 자꾸 끌린다.	
4. 매사에 집중할 수 없는 일이 자주 생긴다.	
5. 아찔할 때가 많다.	
6. 타인의 행복을 부럽게 느낀다.	
7. 기다리게 하는 것을 참지 못할 때가 있다.	
8. 금방 욱하거나 신경질적인 상태가 된다.	
9. 잠이 깊이 들지 않고 중간에 깬다.	
10. 때때로 머리가 아플 때도 있다.	
11. 잠들기 어렵다.	
12. 식욕에 변화가 있다.	
13. 과거에 비해 자신감이 떨어진다.	
14. 등과 목덜미가 아프거나 쑤실 때가 있다.	
15. 쉽게 피로해지고 늘 피곤함을 느낀다.	
16. 다른 사람이 내 말을 하지 않을까 두렵다.	
17. 사소한 일에도 가슴이 두근거린다.	
18. 나쁜 일이 생기지 않을까 불안하다.	
19. 다른 사람에게 의지하고 싶은 마음이 강해진다.	
20. 나는 이제 틀렸다는 생각이 든다.	
해당하는 항목의 수	

5개 이하: 아무 의욕도 느낌도 없는 상태로 주의가 요구되는 단계

6개 근접: 주의가 요구되는 단계

7개 이상: 적극적인 관리가 요구되는 단계

16개 이상: 전문가에 의한 상세한 진단과 도움이 필요한 단계

[스트레스의 3D]

모든 생명체는 스트레스 반응을 한다. 사람 역시 심박수와 호흡의 증가, 불안과 분노, 공격적 행동 같은 온갖 스트레스 반응을 한다. 이처럼 스트레스를 받을 때 일어나는 몸, 마음, 행동상의 변화들은 태어난 후의 경험과 학습으로 얻어진 것이 아닌 진화와 유전의 결과물이다. 현대를 사는 우리에게 스트레스가 가진 긍정적 측면보다는 건강과 행복에 악영향을 미치는 부정적 측면만이 인식되고 있다.

왜 그럴까? 대개가 심리적인 원인에서 촉발되는 현대의 스트레스는 과거와 같은 생존 반응이 거의 불필요한데도, 여전히 원시시대와 같은 스트레스 반응이 유발되어 몸과 마음을 소모하고 질병에 걸리게 한다.

현대의 스트레스 원인을 "스트레스의 3D"로 표현한다.
더럽고(Dirty), 위험하고(Dangerous), 어려운(Difficult) 일들도 물론 스트레스겠지만, 그 3D가 아니라 불쾌감을 느끼는 상태(Discomfort), 마음을 산란시키는 자극들(Distraction), 판단과 결정을 해야 하는 압박(Decision making)이 그것이다.

스트레스를 왜 알아야 하나?

모든 병의 80%가 스트레스에서 기인한다.
스트레스가 건강하지 못한 생활 습관을 불러온다. 담배, 폭식과 같은 생활 습관에서 오는 질환이 선진국 조기 사망 원인이 70~80%를 차지하는데, 이러한 생활 습관의 주된 원인은 스트레스이다. 스트레스는 직접적인 생리적 변화를 유도하는 것 이외에도 흡연, 음주, 약물남용, 위험한 행위 등을 유발해서 건강을 위협하기도 한다.

스트레스가 없으면 행복해질까?

"백수가 과로사한다."라는 말을 들어본 적이 있는가? 인간은 자극이 없으면 자극을 만들어서라도 삶을 느끼고 싶어 한다. 창조적인 활동, 의욕을 불러일으키는 도전에 동반되는 스트레스는 유-스트레스(eustress)라고 한다. 짜릿한 전율을 느끼게 하는 자극은 스트레스 반응을 일으키지만, 이러한 스트레스들은 결과적으로 심리 신체에 해보다는 유익함을 가져다 준다. 좋은 스트레스와 나쁜 스트레스를 구별할 수 있을까?

딱 잘라 이야기할 수 없지만 출산, 결혼, 취업, 승진, 스포츠 경기 등은 일반적으로 좋은 스트레스로 작용한다. 유-스트레스는 심신의 능력을 증가시키고 성장과 발전의 원동력이 된다.

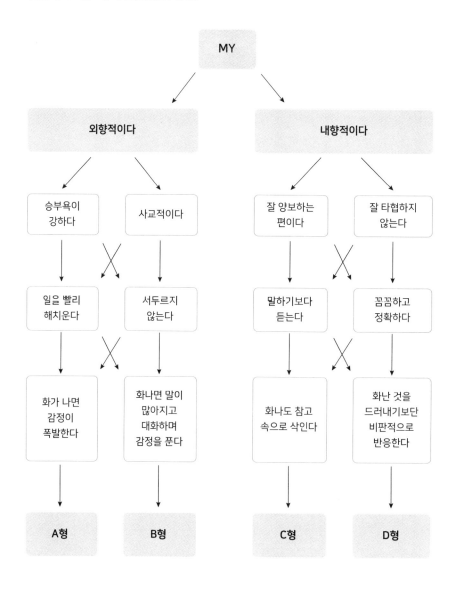

■ A 유형

과도한 경쟁심, 성취욕, 공격성, 조급성, 적개심 등이 주된 특징이다. 항상 바쁘고 분주하게 움직이며, 사소한 일에도 경쟁심을 일으켜 남보다 더 빨리하려고 분투한다. 말투가 빠르고 강하며, 지시적이고 단정적이다. 이야기를 들어주는 것보다 말하는 것을 더 선호한다. 따라서 자신에게 통제권이 없거나 자신이 상대방보다 열등하다고 느껴지고, 목적 달성이 안 될 경우는 불같이 화를 낸다. 화를 내고 나면 기분이 풀려 얼어붙은 분위기를 바꾸려고 한다. A 유형은 호르몬 분비의 기복이 심하기에 심혈관계 질환이 타 유형보다 많이 발생한다. 이 유형과 친하게 지내고 싶다면 세세한 지도나 관심을 주기보다는 의사 결정권을 주고 알아서 하도록 하는 것이 좋다. 또한 의견에 반하는 상황과 마주했을 시, 어느 정도 양보하는 것이 좋다.

■ B 유형

서두르지 않고 사람 만나는 것을 즐겨하고, 일하면서 심리적 만족과 즐거움을 추구한다. 마음을 터놓을 수 있는 사람도 많아 스트레스 관리 차원에서 가장 유리하다고 생각되나, 때론 이러한 모습이 타인의 눈에 좋지 않게 보일 때가 있다. B형 행동유형은 집단 내 적대적인 분위기나 자신이 관심과 사랑을 못 받는 환경, 반복적이고 꼼꼼한 작업, 시간제한이 엄격한 일, 사람들과의 접촉이 적고 고립된 환경 등에서 스트레스를 받는다. 낙천적이고 매사를 긍정적으로 해석하기에 문제의 심각성을 깨닫지 못하여 일을 크게 만들 때도 있다.

■ C 유형

자신의 의견을 내세우지 않고, 다른 사람의 의견에 잘 동조하며 협조하여 인간관계에서 갈등을 만들지 않는다. 그러나 존재감이 없고 나약해 보여서 손해를 보거나 무시를 당하는 일이 발생한다. C 유형을 가진 사람은 스트레스를 받으면 더욱 위축되고 표현이 적어진다. 감정을 억누르고 표현하지 않고, 스트레스를 속에 쌓아 두어 화병에 걸리기 쉽다. 문제가 있는 상황을 적극적으로 상황을 개선하기보다는 나서지 않기 때문에 만성적인 상황으로 몰리게 되는 경우가 잦다. 그래서 이러한 행동유형을 지닌 사람은 예측 불가의 상황과 임기응변이 필요한 일에서 스트레스를 많이 받는다. 이들은 조용한 환경에서 스스로 안정을 찾는 것을 통해 스트레스 해소가 가능하다. C 유형인 사람은 끈기, 성실함, 우직함이 장점이다.

■ D 유형

이들은 늘 생각이 많고, 머릿속에 곧 일어날 일에 관한 생각으로 쉴 틈이 없다. 무슨 일이든 결과가 자기의 목표나 기준에 미치지 못하면 스트레스를 받으며, 자의식이 강하고 완벽주의이며, 강박적인 성향이 높다. 타인의 이목과 평가에 예민하다. 그래서 작은 실수나 실패에도 자책하여 열등감에 빠진다. 이들은 자기와 무관한 주변 사람들의 언행을 자신과 관련된 것으로 생각하는 관계 사고를 겪기도 한다. D 유형은 남이 간섭하거나 통제하려는 상황에서 스트레스를 받고, 사생활이 침해되는 상황을 싫어한다. 일의 성과나 진행 속도가 원하는 대로 진행되지 않으면 화가 부글부글 끓으나, 냉소적으로 반응한다. D 유형을 가진 사람은 혼자 조용히 생각할 시간을 가지고, 상황을 머릿속으로 정리하여 개인적인 해결책이 내려지면 감정이 가라앉는다.

[5회기: 세상에서 가장 소중한 나]

목 표	• 나의 변화된 모습을 찾는다. • 나의 소중함을 알아본다.

활동과정	진행내용	소요 시간	준비물
도 입	• 과제로 부여한 감사한 것을 돌아가면서 발표한다. • 프로그램을 소개한다.	10분	
전 개	• 얼굴 그리기 　- 2인 1조로 활동한다. 　- 가위, 바위, 보를 하여 이긴 사람이 화가가 되고, 진 사람이 모델이 된다. 　- OHP 필름을 끼운 투명판을 들고 매직으로 화가가 모델의 얼굴을 그린다. 　- 역할을 바꾸어서 진행한다. * 투명판을 모델이 자기의 얼굴 앞에 대고 있으면 화가는 얼굴을 따라 그려주는 방식으로 한다.	20분	OHP필름 투명보드 판 매직
전 개	• 나의 희망 그리기 　- 앞으로 내가 기대하는 나의 20대부터 70대까지를 적어본다. 　- 아주 사소한 것부터 아주 큰 것까지 다양하게 적어본다. 　- 집단원들과 이야기를 나누어 본다. • 빈방 채우기 　- 각 집단원에게 필요한 물건을 방에 채워준다. 　- 롤링 페이퍼 형식이며 그 사람에게 꼭 필요한 것을 선물한다. 　- 자신의 방에서 가장 마음에 드는 선물을 뽑아 이야기를 나눈다.	40분	워크북 ☞5-① ☞5-②
과제부여	• 꿈과 희망 목록을 달성하기 위해 실천한다.		
마무리	• 소감을 나누고 마지막 회기를 마무리한다.	10분	

☞ 워크북 5-① 나의 희망 그리기

✓ 앞으로 내가 기대하는 나의 희망 적어보기	
20대	
30대	
40대	
50대	
60대	
70대	

☞ 워크북 5-② 빈방 채우기

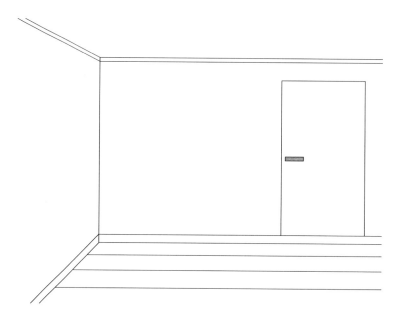

성인지감수성 증진

우리 사회에서 발생하는 성폭력의 범죄는 과거에 비해 급격히 증가하는 추세다. 엄격한 위계와 규율로 통제하는 특수 조직조차도 성(性)과 관련한 범죄가 꾸준히 늘고 있다. 군·경·소방 등의 특수 조직에서 발생하는 성폭력 사고는 특수 조직에 대한 국민의 불신을 초래하고, 조직 내의 성문화를 왜곡시킬 뿐만 아니라, 조직의 사기를 떨어뜨리는 요인으로 작용한다.

성폭력을 경험한 피해자는 가정, 직장, 동료, 조직 활동 등을 회피하며, 사람을 만나는 대인관계에 적응하지 못하는 특징이 있다. 성폭력 피해자가 결혼했거나 사랑하는 관계에 있는 경우에는 그들의 관계에 깊은 손상을 가져다주고 회복도 더 느리게 이루어진다.

성폭력 피해자 가까이에 있는 가족이나 지인이 피해자의 행동을 이해하지 못하는 경우에는 부적응이 더욱 심화되어 나타난다. 주위 사람이 오히려 화를 내고, 피해자를 비난하고 가해자에게 보복하려고 할 때는 정신적 혼란과 갈등을 경험하며, 급기야는 자살 시도로 이어지기도 한다.

본 프로그램은 서울시(2015, 2016)의 성폭력 예방교육과 성희롱 예방 교육(한국 양성평등 교육진흥원, 2016)을 참고하여 일부 내용을 수정·보완해 재구성하였다.

[프로그램의 회기별 내용]

구 분	중 점	세부 내용
1회기	즐거운 만남	• 프로그램 소개하기 • 자기 소개하기
2회기	성희롱에 대한 개념	• 성희롱, 성폭력, 성적 자기 결정권 등의 개념 이해 • 군에서 발생한 사례를 통해 자기 생각 정리

3회기	성폭력 주변인의 역할	• 주변인의 역할에 대해 고민 • 특수 조직에서 발생한 사례를 통해 문제해결 능력 증진
4회기	행동계획 세우기	• 성 평등문화 확산을 위한 계획 마련 • 성폭력 피해자가 되지 않기 위해 해야 할 행동
5회기	미래를 향하여	• 친밀함이 형성된 관계에서의 성폭력 • 사랑에 대한 자기 생각 알아보기 • 나의 변화된 모습 찾기

[1회기: 즐거운 만남]

목 표	• 프로그램 구조화와 집단분위기를 안정되게 조성한다. • 집단에 참여한 구성원 상호 간 유대감을 형성한다.

활동과정	진행내용	소요 시간	준비물
도 입	• 인사 및 강사소개 • 함께 지킬 약속 정하기 - 집단에 대한 기대 나누기 - 프로그램을 진행하는 동안 지켜야 할 규정 알려주기	10분	워크북 ☞ 1-①
전 개	• 주의 집중 게임하기 - 여러분 지금 화면에 보이는 그림에서 웃는 얼굴은 몇 개인지 찾아보세요. 다 찾았나요. 몇 개인가요? 웃는 표정을 일일이 찾아서 개수를 세어 보신 분? 네. 수고하셨습니다. 또 다른 방법으로 찾으신 분? 네. 찡그린 표정의 얼굴 세 개를 세어서 전체 개수에서 빼면 되겠죠. 이렇듯 특수조직 생활도 찡그린 얼굴이 아닌 웃는 얼굴로 생활한다면 좋겠죠?	5분	

	• 별칭을 작성하고 소개하기 - 자신을 자신이 직접 워크북을 활용하여 소개해도 좋 고, 자기 짝을 집단원에게 소개하는 형식도 무방하다.	20분	워크북 ☞ 1-②

	• '누가 누가 빨리 말하나'의 게임
	 - '性'이라고 하면 어떤 단어가 떠오르나요?
	  성이라고 하면 떠오르는 단어들을 이어가며 이야기
	  하는 게임인데 팀을 나눠서 정해진 시간 10초 동안
	  이야기한다.
	  많이 말하는 조가 이기는 게임이다.
		5분	

마무리	• 오늘 프로그램에 대한 짧은 소감 나누기	10분	

☞ **워크북 1-① 서약서 작성하기**

서약서

우리의 만남은 성인지감수성 증진 집단상담 프로그램을 통하여 새로운 변화와 발전을 목표로 만들어진 모임입니다. 우리는 이곳에서 한층 더 당당하고 멋진 자기모습과 동료의 모습을 보게 될 것입니다. 자신과 동료의 모습을 알아가면서 기쁠 수도 있겠지만 때로는 동료에게 실망하고 화가 나는 일도 생길 수 있습니다. 그러나 이 모임으로 더 나은 자기의 모습과 새로운 가능성을 만나게 될 것입니다. 보람 있고 즐거운 만남이 되기 위해 서로를 존중하는 우리의 약속을 정해 봅시다.

1. 내 마음에 있는 생각이나 느낌을 솔직하게 표현한다.
2. 동료들이 하는 말을 비판이나 편견 없이 있는 그대로 듣는다.
3. 여기서 나눈 이야기는 절대로 밖에서 말하지 않는다.
4. 동료가 이야기할 때는 끼어들거나 방해하지 않고 잘 경청한다.
5. 집단 모임 시간을 잘 지키고 성실히 집단 활동에 참여한다.

년   월   일

이름: 서명:

조직에서 나는 어떤 존재인지 생각해 보고, 자신을 무엇으로 상징할 수 있는지 정의한다.

그리고 그 이유를 설명해 봄으로써 친밀감을 높인다.

- 나의 별칭은? 왜?
- 나를 한 단어로 표현하면?
- 내가 태어났을 때 어땠어?
- '性'하면 떠오르는 느낌은?
- 남자로(여자로) 살아가는 것은?

일이다

[2회기: 성희롱의 개념]

목 표	• 성희롱의 개념, 성적 자기 결정권을 이해한다. • 특수조직에서 발생한 사례를 통해 자기의 생각을 정리해 본다.

활동과정	진행내용	소요 시간	준비물
도 입	• 성폭력, 성희롱, 권력, 성적 자기 결정권의 개념에 대해 설명한다. • 학습 목표를 확인한다(교육의 초점은 무엇을 알게 되었는가가 아니라, 알고 있는 것으로 무엇을 할 수 있느냐에 목표를 둔다).	10분	워크북 ☞ 2-①
전개	• 사례토의 상황 글을 읽고 자신이라면 어떻게 할 수 있을지 생각을 정리해 본다. (유사한 사례를 현장에서 얘기해도 됨)	10분	워크북 ☞ 2-②
	• 영상보기 ▶ 태어날 예정의 딸이 아빠에게 바라는 메시지 https://www.facebook.com/100006348691020/posts/1697777727110501?s=100006348691020&v=i&sfns=mo • 영상을 본 후 느낀 점을 발표한다. (성폭력, 성희롱은 남자를 잠재적 범죄자로 취급하는 듯한 느낌이 있다. 사회문화적 측면에서 내 의도에 상관없이 농담으로 치부하고 넘어갔던 것에 대해서 생각하는 기회를 가져 본다. 특수임무를 수행하는 구성원들이 성희롱 예방 교육을 통해 더 나은 미래를 바라볼 수 있도록 한다.)	20분	영상
마무리	• 회기를 마친 후 느낌을 이야기한다.	10분	

■ **성인지감수성**

성인지감수성의 용어가 처음 등장한 것은 2018년 4월부터다. 이 용어는 아직 명확한 정의가 내려지지 않은 상태에 있지만 대체로 성별 간의 차이로 인한 일상생활 속에서의 차별과 유·불리함 또는 불균형을 인지하는 것을 의미하는 것으로 사용되고 있다. 특히 성폭력·성희롱 사건에서는 가해자가 아닌 피해자의 위치에서 사건을 바라보고 이해해야 한다는 의미를 내포한다.

■ **성폭력**

성폭력은 개인의 자유로운 성적 자기 결정권을 침해하는 범죄이며, 강간과 추행, 성희롱 등 모든 신체적·언어적·정신적 폭력을 포괄하는 광범위한 개념이다. 상대방의 의사를 침해하여 이루어지는 성적 접촉은 모두 성폭력에 해당한다. 강간뿐만 아니라 성추행, 성희롱, 성기노출, 음란 전화, 온라인 성폭력 등 상대방이 원하지 않고 거절하는데도 불구하고 불쾌한 성적인 언어나 행동으로 상대방에게 치욕적인 감정, 신체적 손상, 정신적인 고통을 느끼게 하는 행위는 모두 성폭력에 해당한다.

사회적 지위와 신체적인 우월한 조건을 이용하여 남성이 여성의 성적 자기 결정권을 침해하는 행위도 성폭력이며, 동성 간 이루어지는 성적 자기 결정권 침해와 한 가정에서 어느 일방에 의해 강제적으로 행해지는 성적 행위도 성폭력에 해당한다. 상대방으로 하여 막연한 불안감이나 공포감을 조성하고, 그로 인한 행동 제약을 유발하는 것도 간접적인 성폭력에 해당한다.

■ **성적 자기 결정권**

인간은 다른 사람의 권리를 침해하지 않는 대신 자기의 생각대로 결정하고 행동할 권리를 가진다. 이러한 자기 결정권은 인간이면 누구나 지닌 것으로 성(性)과 관련해서도 예외가 되지 않는다. 성적 자기 결정권은 이성과의 관계에서 평등하고 주체적으로 관계를 만들어 갈 수 있는 능력을 말한다.

다른 사람이나 사회의 간섭 또는 강요 없이 자신의 의지와 판단에 따라 자율적으로 성적 행위를 결정할 수 있는 권리로 자신이 원하지 않는 성적 행위에 대해서는 분명하게 거부하고 저항할 수 있는 권리를 의미한다. 상대방의 말이나 행동으로 성적 수치감이나 모욕감을 느끼는 경우, 이에 대하여 분명하게 반대 의사를 밝히는 것이 곧 성적 자기 결정권을 행사하는 것이다.

성적 자기 결정권을 행사할 때는 나의 성적 자기 결정권이 소중한 기본 권리로 존중되어야 하듯이 타인의 성적 자기 결정권도 이와 동등하게 존중되어야 한다는 점을 명확히 인식하는 것이 무엇보다 중요하다.

군대에서 일어난 사례이다.

이번 달부터 야간당직 근무에 투입되는 박○○는 근무 투입 전부터 고민으로 머리가 아프다. 악명이 자자한 김○○ 때문이다. 부사관 중 가장 선임인 김○○ 원사는 본인의 당직 근무일에 같이 근무하는 당직병에게 근무 서는 밤새 온갖 사적인 질문을 하는 것으로 유명하다.

"다 네가 동생 같아서 하는 말이야.", "편하게 누나라고 생각해라."라는 말로 시작하여 여자 친구는 있는지, 언제 헤어졌는지 등의 질문을 아무렇지도 않게 하며, 심지어는 여자 친구와 잠자리는 가져봤냐는 물음까지 한다. 성적인 수치심을 느꼈다는 선임의 이야기를 듣는 박○○는 당장 다음 주 근무 투입이 두렵기만 하다.

☞ 워크북 2-③ **느낀 점 발표하기**

영상을 보고 느낀 점	

목표	• 성폭력 주변인의 역할을 숙지한다. • 실제 특수 조직에서 발생한 사례를 통해 문제해결 능력을 증진한다.

활동과정	진행내용	소요 시간	준비물
도 입	• 성폭력에 대한 올바른 관점 갖기 • 주변인 역할에 대해 알기	5분	
전 개	• 성폭력에 대한 올바른 관점 갖기 　- 폭력에 대한 민감성 필요 　- 행위자의 의도와 상관없이 동의 없는 성행위는 성폭력임을 인지하기 　- 피해자의 관점으로 성폭력 바라보기 ▶ 주변인의 역할 성적인 대화나 행동을 목격했다면 적극적으로 개입한다.　성차별적 농담에 함께 웃지 않는다. 오히려 이것을 진지하게 다루어 본다. 주변인의 역할 고민 피해자를 정서적으로 지지하고 가해자 판단을 자제한다.　과도한 행동으로 본인이 사건을 해결하려고 하지 않는다. • 피해자의 증언에 의하면 2차 피해가 더 심각한 트라우마를 남김. 성폭력 피해자를 마주하게 되었을 때 주변인으로써 할 수 있는 역할에 대한 고민이 필요함. • 피해자의 이야기를 경청하고 함부로 피해자의 대처에 평가하지 않으며, 당신의 잘못이 아니라고 말해야 함. • 성폭력 사건은 신속한 대처가 중요함으로 빠르게 전문기관의 도움을 받아 신고할 수 있도록 안내해야 함.	10분	워크북 ☞ 3-①
	• 사례에 대한 주변인, 피해자, 가해자의 입장을 토의 　(현장에서 나오는 사례를 한 가지 더 나눈다.)	20분	워크북 ☞ 3-②

	• 강의를 마무리하며 폭력에 대한 경각심을 가질 수 있는 짧은 영상 시청 　- 1 is 2 MANY 　　(단 한 번도 너무 많다. One is too many) • 영상을 보고 느낀 점을 작성 후 돌아가며 발표한다(조용한 음악을 틀어주거나 충분한 시간을 준다). 　https://youtu.be/XXox6ma1gtE	10분	동영상 시청
마무리	• 회기를 마친 후 느낌을 이야기한다.	10분	

1. 가해자로 지목되었을 때 대처방안
- 의도가 어떠하였든 상대방이 성희롱으로 불쾌감을 느꼈다면 이를 받아들이고 사과한다.
- 분쟁의 조정 중에는 성실하게 내용을 받아들이고 피해자의 요구 사항을 이행한다.
- 징계받을 시, 자신의 언행과 지속성에 비추어 징계가 합당한지 확인하고 수용한다.
- 행위자가 된 경우 상대방의 불쾌감인 거부 의사를 받아들이고 진심으로 사과한다.

2. 성희롱 발생 시 피해자가 할 수 있는 적절한 조치
- 문제 인식(성희롱을 경험했을 때)
  - '문제'가 발생했다는 사실을 인정하는 것이 가장 중요하다.
- 분명한 의견표출
  - 행위자에게 문제라는 사실을 인지시키고 그만둘 것을 요청한다.
- 주변에 도움 요청
  - 동료 등 주변의 신뢰할 만한 사람들에게 조언과 도움을 요청한다.
- 기록 및 증거 수집
  - 본인의 감정과 의견을 포함, 사건에 관한 모든 것을 육하원칙에 따라 정확하게 기록하고, 증거가 될 자료들을 확보한다.
- 기관 내 고충 처리기구에 신고
  - 경고에도 불구하고 상대방의 행위가 지속되면 기관 내 성희롱 고충 처리기구에 신고한다.
- 조사 협조 전문상담원 또는 공식 조사자에게 협조하고 자기 의사를 분명히 전달한다.

1. 상황 글을 읽고 피해자, 가해자, 주변인의 역할을 생각하며 자기 생각을
   정리해 본다.

소방관의 사례이다.

A 소방관은 매일 일과를 마치고 샤워장에 갈 때마다 스트레스를 심하게 받는다. 샤워할 때마다 자신을 모두가 보는 앞에서 놀리고 장난치는 상급자 B 소방관 때문이다. 샤워장에 갈 때마다 상급자 B 소방관은 옷걸이를 들고는 "A 소방관 이리 와봐. 차렷. 부동자세에서 움직이면 어떻게 된다?"라고 하며 A 소방관을 세워놓고 생식기에 옷걸이를 걸려고 하며 장난을 친다. A 소방관은 성적으로 수치심을 느끼며 불쾌함이 있었지만, B 소방관의 행동을 제지하거나 나무라는 사람은 아무도 없다.

---

1) 내가 피해자라면 어떻게 할 것인가?

_____

2) 내가 가해자라면 어떻게 할 것인가?

_____

3) 피해자가 나에게 도움을 요청하고 있다. 내가 주변인이라면 어떻게 할
   것인가?

_____

2. 조직구성원의 상황 글을 읽고 피해자, 가해자, 주변인의 역할을 생각하
   며 자신의 생각을 정리해 보세요.

조직구성원 중에서 나온 이야기를 가지고 토론한다.

---

1) 내가 피해자라면 어떻게 할 것인가?

_____

2) 내가 가해자라면 어떻게 할 것인가?

_____

3) 피해자가 나에게 도움을 요청하고 있다. 내가 주변인이라면 어떻게 할
   것인가?

_____

[4회기: 행동계획 세우기]

목 표	• 성평등의 문화를 확산하기 위한 행동계획을 세운다. • 성희롱 피해자가 되지 않기 위해 해야 할 행동을 알아본다.

활동과정	진행내용	소요 시간	준비물
도 입	• 성폭력을 당한 피해자는 사후 대처를 어떻게 할까? 실제 조사 결과, '참는다'라고 답한 비율이 높은 비율로 나오고 있다. 특히 행위자가 상급자일 경우 불이익이 우 려되어 침묵하게 된다. • 행동계획의 필요성: 우리는 위기 상황이 오기 전 매뉴얼 을 준비해서 위기 상황이 왔을 때 그대로 적용하여 상황 을 극복해 나간다.	5분	
전 개	• 성희롱, 성폭력을 비롯한 인권침해 예방을 위해 우리의 조직에는 문제가 없는지. 어떤 변화와 행동이 필요한지 세 가지 이상의 행동계획을 마련해 보자. • 행동계획 세우기(1) A최근 단톡방에서 수위 높은 성희롱적 발언이 논란이 되고 있다. 사람들 사이에 성희롱이 없는 문화를 어떻게 만들 수 있을지, 이런 상황이 발생한다면 어떻게 대처할 지 계획을 짠다. • 행동계획 세우기(2) A 병장은 중대에서 '왕고참'이다. A 병장은 '왕고'가 된 뒤로 중대에 신병이 전입해 올 때마다 못된 장난을 친다. PX에서 판매하는 대형 소시지를 사 뒀다가 저녁점호가 끝나고 취침한 뒤 신병을 앉혀놓고 눈을 감고 입을 벌리 고 있으라고 시킨다. 그리고는 그 앞에서 일부러 하의를 벗는 척 소리를 내고는 신병의 입에다가 사 둔 소시지를 집어넣고 신병이 소스라치게 놀라는 것을 보고 낄낄거 리곤 한다. • 행동계획 세우기(3)	30분	워크북 ☞ 4-①
	• 성폭력 피해자가 되지 않기 위해 해야 할 행동에 대 해 이야기를 나눈다.	10분	워크북 ☞ 4-②
마무리	• 회기를 마친 후 느낌을 이야기한다.	5분	

- 성폭력 피해자의 위치에서 보기. 피해자가 겪는 2차 피해가 어떤 것이 있을까?
- 내가 속해 있는 단톡방에서 이런 일이 벌어진다면 나는 어떻게 행동할 수 있을까?
  (불편함을 말할 수 있을까? 말하지 못한다면 왜 그런 걸까? 어떻게 대처해야 할까?)
- 제3자로써 우리가 행하는 행동을 돌아보고, 이런 사건이 우리 군에서 발생한다
  면 우리는 어떻게 행동해야 할지 행동계획을 적어본다.

사례1) 행동계획	
사례2) 행동계획	

■ 행동계획 세우기(3)

A 이병은 대학생 여자 친구로부터 임신했다는 연락을 받았다. 이 상황을 예상해보고 이야기를 나눈다(이 사례는 성폭력과 상관없으나 입대 후 발생하면 커다란 고민으로 다가올 수 있으므로 의견을 나눠본다).

아이를 낳아야 할까? 말아야 할까?

낳기로 했어!	낳지 않기로 했어!
• 아이를 낳을 때 좋은 점은?	• 아이를 낳지 않을 때 좋은 점은?
• 예상되는 어려움은?	• 예상되는 어려움은?
• 앞으로 어떤 삶을 살까?	• 앞으로 어떤 삶을 살까?

☞ **워크북 4-②**

(성폭력 피해자가 되지 않기 위해 해야 할 행동)

1. 자신의 의사표시를 분명히 한다.
2. 조직 내에 성폭력이나 희롱이 받아들여질 수 없는 분위기를 조성하고, 동료들 간의 음담패설 대화에 참여하지 않는다.
3. 음란한 사진이나 동영상을 보는 행위에 대해 이의를 제기하고, 성희롱을 당한 동료를 비난하지 않으며 공동으로 대처한다.

이 밖에 우리가 할 수 있는 것에 대해 이야기를 나눈다.

[5회기: 미래를 향하여]

목표	• 친밀감이 형성된 관계에서 발생하는 성폭력에 대해 이해한다. • 사랑에 대한 자기의 생각을 탐색한다. • 프로그램을 통한 변화된 모습을 찾는다.

활동과정	진행내용	소요 시간	준비물
도 입	• 데이트 폭력의 개념을 이해한다. 데이트 폭력이란 교제 중인 연인이나 배우자가 강압적, 폭력적 행동으로 파트너를 지배하려는 것을 의미한다. 친밀감이 형성된 관계에서는 서로가 폭력을 폭력으로 인식하지 못하고 폭력적인 관계를 지속해 나가는 경우 가 많다.	10분	영상
전 개	• 교제 중인 연인과의 관계를 알아보는 검사를 진행한 다. Sternberg의 사랑의 삼각형 이론을 소개하고 자 신이 무엇을 선호하는지 알아본 후, 서로의 생각을 나 눈다. 자신에 대해 앎으로써 오해가 생길 수 있는 부분을 예 방할 수 있다(나는 헌신이 사랑이라고 생각하나 상대 는 친밀감을 사랑이라고 생각한다 등).	10분	워크북 5-①
전 개	• 나에게 일어난 변화를 찾아 적어보기 작은 변화일지라도 어떤 변화가 있었는지 혹은 어떤 변화가 기대되는지 작성하고 서로 소개하기 • 동료에게 일어난 변화에 대해 칭찬하기 아주 작은 변화라도 적극적으로 지지하기 • 영상보기 https://youtu.be/97sFK_Jg00I "it's simple as tea" ▶ 동의는 동등한 힘의 관계에서 이루어져야 함. 동의했 다 하더라도 중간에 철회할 수 있어야 함. 한 번의 동 의는 지속적인 동의를 의미하지 않음. 동의는 반드시 명시적인 동의여야 함	20분	워크북 5-② 영상
마무리	• 소감을 나누고 마지막 회기를 마무리한다.	10분	

사랑의 삼각형(열정, 친밀감, 헌신) 그려보기

각 문장을 읽고 교제 중인 연인과의 관계를 잘 나타내는 7점 척도에 √로 표시하세요.

1. 전혀 그렇지 않다 2. 거의 3. 약간 4. 중간 5. 약간 6. 상당히 7. 매우 그렇다

문 항	1	2	3	4	5	6	7
1. 나는 그/그녀의 행복을 적극적으로 지원한다.							
2. 나는 그/그녀와 따뜻한 관계를 맺고 있다.							
3. 그/그녀와 나의 모든 것을 공유할 의향이 있다.							
4. 그/그녀로부터 상당한 정서적 지지를 얻고 있다.							
5. 나는 그/그녀에게 상당한 정서적 지지를 주고 있다.							
6. 내 인생에서 그/그녀는 매우 중요하다.							
7. 그/그녀에게 친밀감을 느낀다.							
8. 그/그녀와의 관계는 편안하다.							
9. 나는 그/그녀를 정말 이해하고 있다고 느낀다.							
10. 나는 그/그녀가 나를 정말 이해하고 있다고 느낀다.							
11. 나는 그/그녀를 보기만 해도 흥분된다.							
12. 그/그녀와 나의 관계는 정말 낭만적이다.							
13. 나는 그/그녀가 매우 매력 있다고 생각한다.							
14. 그/그녀는 나의 이상형이다.							
15. 그/그녀만큼 나를 행복하게 해 주는 사람은 없을 것이다.							
16. 나는 다른 사람보다도 그/그녀와 함께 있고 싶다.							
17. 이 세상에 그/그녀와의 관계보다 더 중요한 것은 없다.							
18. 나는 그/그녀와 신체적 접촉하는 것을 특히 좋아한다.							
19. 나는 그/그녀 없는 인생은 생각할 수 없다.							
20. 그/그녀와 나의 관계는 열정적이다.							
21. 그/그녀와의 관계를 지속하기 위해 최선을 다하고 있다.							
22. 그/그녀와의 관계가 흔들리지 않을 것임을 확신한다.							
23. 그/그녀에 대한 나의 사랑은 평생 지속될 것이다.							
24. 그/그녀에 대한 나의 사랑은 확고하다.							
25. 그/그녀와 관계가 끝나는 것은 상상할 수도 없다.							
26. 그/그녀와의 관계가 영원히 지속되리라 생각한다.							
27. 그/그녀와 사귀기로 한 결정은 잘한 것이다.							
28. 그/그녀에 대한 책임감을 느낀다.							
29. 그/그녀와의 관계를 지속할 작정이다.							
30. 그/그녀와의 갈등이 생긴다 해도 우리의 관계를 계속 유지할 것이다.							

☞ 워크북 5-② 나와 동료에게 일어난 변화를 적어보고 이야기를 나눈다.

변화하고 싶은 내 모습	
나에게 일어난 변화	
동료에게 일어난 변화 칭찬할 점	

CHAPTER 11
스트레스 관리 프로그램

자아 분화

Bowen(1982)은 개인이 자신의 가족으로부터 정서적 분리를 성취하는 정도로 이성과 감성을 분리하는 능력을 자아분화라고 설명하였다. 자아 분화가 잘 이루어진 개인은 감정을 충분히 느끼면서도 이성적 원칙에 따라 행동하며, 불안에 대해서도 적절히 대응하는 힘과 능력을 구비한다고 주장한다.

반면, 자아 분화가 낮은 사람은 감정에 치우쳐 외부 세계를 지각하는데 객관성이 부족하여 본능적인 충동에 따라 반응한다. 자신의 삶이 타인에 의해 움직이기 때문에 불안과 우울 등 심리적 증상을 경험할 가능성이 높으며, 불안에 대한 대응 능력도 떨어진다.

본 프로그램은 자아 분화를 통해 조직 적응력의 강화를 도울 뿐만 아니라, 개인 삶의 만족에 중요한 가교역할을 제공한다. 심윤기 능(2017)의 프로그램과 신천지(2018)의 프로그램을 참고하여 특수 조직 상황에 맞게 일부 내용을 수정·보완해 재구성하였다.

구 분	중 점	세부내용
1회기	프로그램 설명 및 신뢰감 쌓기	• 둘씩 짝지어서 서로 대화 후 짝을 소개하기 • 별칭 만들기 • 프로그램에 대한 전반적인 설명 및 규칙 정하기 • 자아 분화 정도 측정하기
2회기	자아 분화 향상을 위한 자기 이해	• 원가족의 맥락을 통한 가족 이해하기 • 우리 가족 가계도 그리기와 발표를 통한 확대하기 가족 속에서의 "나" 발견하기 • 가족 역기능 및 가족 투사 과정 이해하기
3회기	현재의 우리 가족 이해하기	• 최근에 있었던 우리 가족의 갈등 기술하기 • 자기에게 초점을 맞추어 자신이 가족 갈등에 도움을 주는 부분이 무엇인지 인식하기 • 우리 가족의 삼각관계 형태에 대한 구체적 발견하기
4회기	진짜 바라는 내 모습 찾기	• 진짜 원하는 내 모습 탐색과 목표를 위해 실천하기 • 건강한 가족관계를 위해 바람직한 자기 주장하기
5회기	마무리하기	• 행복한 가정을 위한 나의 행동 대안 모색하기 • 집단원들 서로 긍정적 피드백 주고받기

[1회기: 프로그램 설명 및 신뢰감 쌓기]

목 표	• 자기소개를 통해 친밀감을 형성한다. • 프로그램에 대한 소개를 통해 프로그램에 대한 이해와 기대를 한다. • 자아 분화와 가족관계에 대한 바른 이해를 도모한다.

활동과정	진행내용	소요 시간	준비물
도 입	• 집단지도자에 대해 간략 소개 • 프로그램 목표, 내용, 전체 일정 및 회기별 진행 과정 설명, 서약서 작성	10분	서약서 필기도구 워크북 ☞ 1-①
전 개	1. 집단구성원 소개 및 별칭 짓기 - 프로그램을 진행하는 동안 자신을 잘 나타내며 불리고 싶은 것으로 별칭을 짓고 명찰 만들기 - 두 명씩 짝지어서 각자의 별칭 선택 이유에 대해서 설명하고 다른 집단구성원에게 짝의 별칭과 그 이유를 소개하기 - 별칭 외우기 게임(예: 꽃잎 옆 바람 옆 솔잎 옆 갈대) 2. 집단규칙 정하기 - 기본 규칙 소개: 비밀 지키기, 지각, 결석하지 않기 - 함께 지키기를 원하는 규칙 정하기 3. 자아 분화 정도 측정과 현재의 자아 분화점수를 통한 본인의 자아 분화 정도 이해하기 - 자아 분화척도지 작성하기(워크북 1-②) - 자아 분화 정도 점수를 통한 본인의 자아 분화 정도 이해하기(워크북 1-③) - 자아 분화 개념과 단계 설명하기 4. Bowen 이론 강의(워크북 1-④) - 가족 투사 과정, 삼각관계, 다세대 간 전이를 통해 자아 분화가 가족관계에 미치는 영향 살피기	60분	자아 분화 척도 설문지 A4 용지 워크북 ☞ 1-② -④
마무리	• 오늘 프로그램에 대한 집단구성원들의 소감 나누기 • 다음 회기 프로그램 설명 • 3세대 가족 역사 알아 오기	10분	

서약서

    소중한 시간을 내어 함께 해주셔서 감사합니다. 본 집단상담 프로그램은 자아 분화를 통해 가족관계에 대한 바른 이해를 도모하여 가족관계 개선 및 조직 적응력 강화를 위한 목적으로 하는 것입니다. 본 프로그램은 5회기에 걸쳐 이루어질 것이며, 본인은 아래의 사항을 지킬 것을 약속합니다.

1. 나는 내 마음속에 있는 생각이나 느낌을 솔직하게 표현하겠습니다.
2. 나는 다른 집단원이 이야기할 때 끼어들지 않고 귀 기울여 잘 듣겠습니다.
3. 나는 다른 집단원이 하는 말을 편견이나 비판 없이 있는 그대로 듣겠습니다.
4. 나는 프로그램 중에 알게 된 집단원의 개인적인 사실에 대해 비밀을 지키겠습니다.
5. 나는 매회 모임에 지각이나 결석하지 않고 성실히 참여하겠습니다.
6. 나는 우리 집단에서 나를 포함해 모두의 성장을 위해 적극적으로 참여하겠습니다.

위의 내용을 모두 읽었으며, 위의 내용에 동의합니다.

년   월   일

이름: 서명:

☞ **워크북 1-② 자아 분화척도 작성하기**

문항	전혀 아니다	아니다	보통 이다	그렇다	매우 그렇다
1. 나는 중요한 결정을 내릴 때, 마음 내키는 대로 결정하는 일이 많다.					
2. 나는 말부터 해 놓고 나중에 가서 그 말을 후회하는 일이 많다.					
3. 나는 비교적 내 감정을 잘 통제해 나가는 편이다.					
4. 나는 화가 나면 물불을 가리지 않고 행동하는 편이다.					
5. 나는 욕을 하고 무엇이든 부수고 싶은 충동을 자주 느낀다.					
6. 나는 다른 사람들과의 싸움에 잘 말려드는 편이다.					
7. 나는 대수롭지 않은 일에도 화를 자주 내는 편이다.					
8. 나는 남이 지적할 때보다 내가 틀렸다고 여길 때 의견을 더 잘 바꾼다.					
9. 나는 대다수 사람의 의견보다 내 의견을 더 중시한다.					
10. 논쟁이 일더라도 필요할 때는 내 주장을 굽히지 않는다.					
11. 내 말이나 의견이 남의 비판을 받으면 바로 바꾼다.					
12. 내 계획이 주위 사람들의 인정을 받지 못하면 잘 바꾼다.					
13. 주위의 말을 참작은 해도 어디까지나 내 소신에 따라 결정한다.					
14. 자라면서 부모님이 나에 대해 근심을 하는 것을 많이 보아왔다.					
15. 부모님은 내가 미덥지 못해서 지나치게 당부하는 일이 많았다.					
16. 우리 부모님은 형제 중 유독 나 때문에 속을 많이 썩었다.					
17. 부모님은 내게만 문제가 없다면 아무 걱정이 없겠다는 말을 많이 하였다.					

18. 내가 처한 상황은 부모님이 전부 입버릇처럼 말해 오던 그대로이다.					
19. 내 걱정이나 근심은 옛날 부모님이 말씀하신 그대로이다.					
20. 부모님과 떨어져 살면 대단히 불편하리라고 생각한다.					
21. 가정을 떠나는 것이 독립할 수 있는 좋은 기회이다.					
22. 나는 부모님 슬하에서 하루빨리 독립했으면 하는 생각이 많았다.					
23. 부모님과 자주 다투기보다는 안 보는 것이 상책이라 생각한다.					
24. 나는 자라면서 집을 나가고 싶은 충동을 많이 느껴 왔다.					
25. 나는 자라면서 부모님과 별로 대화를 나누지 않았다.					
26. 내가 자랄 때 우리 가족은 자기 본분을 다했다.					
27. 우리 가족은 심각한 일이 있어도 가족 간에 금은 잘 가지 않는다.					
28. 가족 간에 말썽이 있어도 서로 상의하면서 잘 해결해 왔다.					
29. 우리 가정에는 소리를 지르거나 주먹다짐의 일은 드물었다.					
30. 가정에 어려운 일이 생겨도 부모님은 차분하게 잘 처리하셨다.					
31. 우리 가정은 대체로 화목하고 단란했던 편이다.					
32. 우리 가족은 각자 의견이 달라도 서로 존중해 준 편이다.					
33. 나는 어릴 때 다른 가정에서 태어났으면 하는 생각이 들었다.					
34. 우리 가족은 사소한 문제에도 잘 싸웠다.					
35. 부모님은 나를 낳았을 뿐, 교육에는 별 관심이 없었다.					
36. 우리 가족들은 서로에게 별 관심이 없었다.					

점수: 전혀 아니다 (1점), 매우 그렇다 (5점)

자아 분화 총점이 높을수록 자아 분화 수준이 높은 것으로 해석함

문항 중 2, 4, 5, 6, 7, 11, 12, 14, 15, 16, 17, 18, 19, 20, 22, 23, 24, 25, 34, 35, 36은 역 채점 문항임

■ 자아 분화 개념과 단계 설명

자아 분화란 자기 자신에 대한 지식이 있고, 자신이 누구인가라는 물음에 대한 정체감을 가진 사람이다. 자기 자신의 신념이나 생각이 타인과 다를 때, 타인의 인정을 받기 위하여 그들에게 의지하지 않는 것을 의미한다. 그러면서도 자기 자신을 타인에게 의존하지 않고 또한 타인을 공격하지 않으면서 타인과 좋은 관계를 맺는 것을 말한다.

Bowen은 분화의 정도를 0 – 100의 임의적인 수치로 표현하였다.

▲ 0-25 수준에 속하는 사람

감정적 세계에 살고 외부 반응에 민감하다. 생각과 감정을 구별할 능력이 없으며 자아개념의 발달이 약해 '나'라는 개념보다는 자신이 의존할 수 있는 의존관계를 찾는데 삶의 에너지를 대부분 소모한다.

▲ 25-50 범주에 속하는 사람

확실한 나라는 자신에 대한 신념과 믿음에 대한 자신은 없으므로 사회적 규범, 사랑, 집단에 자신을 맡기고 타협하는 사람들이다. 타인들에게 좋은 인상을 심어주고, 그들에게 인정받는 것에 예민하다. 그러나 자신의 분화 수준을 높이는 능력이 있다.

▲ 50-75 범주에 속하는 사람

지적기능이 발달되어 감정과 지적원리의 차이점을 알 수 있으며 좋은 의견과 가장 기본이 되는 문제에 대한 신념을 가지고 있다. 타인과의 관계에서

도 융합되지 않으면서 밀접하며 일관성 있는 태도를 보인다. 때로 심한 스트레스 상황에서는 정신병리 현상을 보일 수 있다.

▲ 75-100 범주에 속하는 사람

삶은 하나의 이론적 상태이며 어릴 때부터 독립적인 개체로 잘 분리되어 있어 자신의 가치관과 신념을 뚜렷이 가지고 있다. 자신과 타인에 대하여 객관적인 사고를 해 타인과의 관계에서도 의존적이지 않고 자유롭고, 적절한 현실감으로 이상을 꿈꾸며, 감정을 잘 통제할 줄 안다.

Bowen은 가족 문제의 대부분은 가족 구성원이 자신의 원가족에서 심리적으로 분리하지 못하는 데서 기인한다고 보았다. 그래서 가족 구성원을 이러한 자아 집합체로부터 분리 독립시켜 자율적으로 기능할 수 있도록 도와야 한다고 주장하였다.

■ 가족 투사의 과정

가족 투사과정은 가족 구성원들이 자신이 가지고 있는 정서적인 어려움을 해결하지 못하여 자신의 불안을 다른 가족 구성원에게 투사하는 것을 말한다. 부모가 가지고 있는 갈등이나 문제를 해결하지 못하고 자녀에게 넘기는 것이 가족 투사과정이다. 부부의 갈등이나 원가족으로부터 해결되지 않은 문제를 갖고 있어서 불안이 있는 부모는 자신의 불안을 자극하는 자녀의 모습에 민감하게 반응하게 된다. 자녀의 모습에 민감한 반응을 하는 것이 자신의 불안 때문이라는 것을 모르는 어머니는 자녀에게 문제가 있다고 인식하게 되고 자녀를 다그치게 된다.

늘 부모의 투사 대상이 되는 아이는 어머니의 감정과 행동에 예민하게 반응하며 부모의 눈치를 살피게 된다. 또한 독립적으로 행동하지 못하고 부모의 의견에 따르게 되고 나중에는 타인의 시선에 민감하고 의존적인 아이로 성장하게 되며 낮은 분화 수준을 갖게 된다.

■ 삼각관계

자신 내에서와 대인관계에서 일어나는 불안 또는 정서적 긴장을 중요시하는데 스트레스 상황에 의해서 고조되었을 때 당황하고 불안해진 두 사람이 불안정한 상태를 벗어나고자 제삼자를 끌어들여 안정을 되찾으려고 하는 것을 삼각관계라 한다.

■ 다세대 간 전이 과정

자아 분화 정도가 한 세대에서 형성되는 것이 아니라 이전의 여러 세대에서 가족 투사 과정으로 계속 이어져 내려온 것이라는 개념이다. 세대 간에 가족들의 분화 수준과 기능을 연결하는 행동양식을 다세대 간 전이 과정이라 한다.

자아 분화가 낮은 사람은 자존감에 상처를 받는다.

✓ 자아 분화가 높은 사람과 낮은 사람의 특징

그 사람에게 화를 내거나 따지거나 갈등을 일으킨다. 자아 분화가 높은 사람은 화내거나 공격하지 않는다. 자기 자신에게 화를 낸다. 내가 저 사람에게 실수했나? 타인에게 다가가서 미안하다고 사과한다. 있는 그대로 상대방에게 그 상황을 설명하고 왜 그랬는지 서로 설명하고 듣고 이해한다. 보통 관계에서 상대방에게 상처받았을 때 자아 분화가 낮은 사람은 상대를 원망하고 갈등만 깊어질 수 있다. 상대방의 당시 상황이나 그 사람의 성격 등을 이해하는 방법이 다르다. 자존감이 낮은 사람은 타인과의 갈등이 생기기도 전에 자기 자신이 스트레스를 받고 상처받는다.

[2회기: 자아 분화 향상을 위한 자기 이해]

목 표	• 가족들과의 관계를 이해하고 분석하여 현재의 자신을 이해하고 가족관계에 대한 통찰력을 얻는다.

활동과정	진행내용	소요시간	준비물
도 입	• 별칭 기억하며 인사 나누기 • 현재 느끼는 감정 나누기 • 오늘 프로그램 소개 및 진행 과정 설명 • 진솔하고 적극적으로 참여하도록 격려하기	10분	
전 개	1. 우리 가족 가계도 그리기(워크북 2-①) - 가족 구성원에 대한 정보를 기록하고 도식화하기 2. 가계도 발표하기 - 진행자는 다시 한번 비밀 유지에 관해 구성원들에게 언급하며 따뜻하고 편안한 분위기에서 발표자들이 믿고 오픈할 수 있도록 도와주기 - 발표자는 도식화된 가계도를 보여주며 가족 정보와 가족들의 관계유형, 주요 사건이 나에게 미친 점을 발표하기 3. 가족 역기능 발견하기 - 발표 후 집단원들은 가족 중 문제아로 간주하는 대상이 있었는지 그를 보호하는 사람은 누구였는지와 같은 질문들을 통해 상세하게 가족을 탐색하기 위한 질문하기(워크북 2-②) - 가족 가계도에 관한 질문과 분석을 통해 집단원들이 가족에 대한 통찰력을 얻도록 하기	60분	필기도구 가계도 그리기 워크북 ☞ 2-① ☞ 2-②
마무리	• 오늘 프로그램에 대한 집단구성원들의 소감 나누기 • 다음 회기 프로그램 설명	10분	

가족 구조 작성 기호

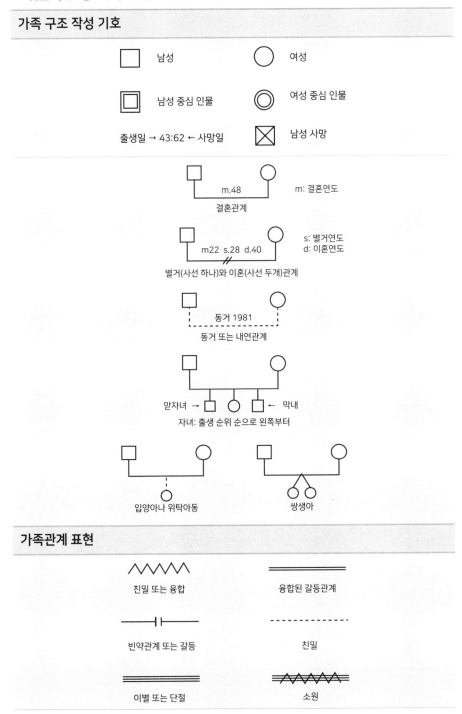

가족관계 표현

친밀 또는 융합

융합된 갈등관계

빈약관계 또는 갈등

친밀

이별 또는 단절

소원

■ 나의 원가족 가계도 그리기

☞ 워크북 2-② **가계도 질문하기**

■ 원가족 이해를 위한 질문

1. 원가족의 분위기는 어떤가요?

2. 가계도를 작성하면서 새롭게 알게 된 가족의 정보는 무엇인가요?

3. 가계도 작성 시 가장 어려웠던 점은 무엇인가요?

4. 가족 중 갈등 가운데 있었거나 서로 이야기하지 않는 구성원이 있나요?

5. 가족 구성원 중에 친밀한 사람은 누구이며, 도움이 필요할 때 나를 돕는 대상은
   어느 분인가요?

6. 부모님 사이에 갈등이 생기는 경우, 부모님은 그 갈등을 어떻게 해결하나요?

7. 성장 과정에서 형제, 자매 중에 부모님의 특정 관심 대상은 누구였나요? 그 대상
   에 대해 어떤 느낌이 드나요?

8. 나의 행동이나 말투, 습관 등에서 부모님과 닮은 영역이 있나요?

[3회기: 현재의 우리 가족 이해하기]

목 표	• 가족들의 관계유형, 가족 규칙, 삼각관계, 가족 역기능을 발견하여 가족에 대한 체계적인 이해를 갖는다. • 자아 분화를 잘하기 위한 변화가 무엇인지를 명료화한다.

활동과정	진행내용	소요 시간	준비물
도 입	• 별칭 기억하며 인사 나누기 • 현재 느끼는 감정 나누기 • 오늘 프로그램 소개 및 진행 과정 설명 • 진솔하고 적극적으로 참여하도록 격려하기	10분	
전 개	1. 가족 갈등 발표하기 - 최근에 있었던 우리 가족의 주요 갈등을 느낌 그대로 자유롭게 발표하기(갈등의 내용, 원인에 대해서) 2. 발견하기 - 발표내용분석을 통해 본인이 가족의 갈등 원인을 누구에게 돌리고 있는지 발견하기(가족의 삼각관계 발견하기) 3. 가족 속의 나(워크북 3-①) - 가족관계 향상과 자기성찰 높이기	60분	필기도구 A4 용지 가족 워크북 ☞ 3-①
마무리	• 오늘 프로그램에 대한 집단원들의 소감 나누기 • 다음 회기 프로그램 설명	10분	

■ 가족 속의 나

가족관계 향상과 자기성찰을 높이기 위해 자신의 성장 과정에서 부모에게 받았던 욕구와 기대로 인해 자신에게 생겨난 긍정적·부정적 감정을 알아보고 그 과정에서 생겨난 긍정적·부정적 감정을 알아보고 그 과정에서 해결하지 못한 감정이 자신의 성격 형성에 어떤 영향을 미쳤는지를 알 수 있도록 한다.

구 분	긍정적인 부분	부정적인 부분
부모 혹은 영향력이 큰 인물로부터 받은 언어적·비언어적 메시지와 그 당시 감정		
내 성격에 미친 영향력		

■ 부모에게서 자신이 가장 듣고 싶은 말?

_____

■ 집단원들끼리 서로 듣고 싶은 말을 직접 해 주고 그 말을 듣고 난 후 감정 이야기하기

_____

[4회기: 진짜 바라는 내 모습 찾기]

목표	• 진짜 바라는 자기모습을 찾고 목표 달성을 위한 세부 계획을 세우고 실천한다. • 가족관계 속에서 건강하게 자기주장을 한다.

활동과정	진행내용	소요 시간	준비물
도 입	• 별칭 기억하며 인사 나누기 • 현재 느끼는 감정 나누기 • 오늘 프로그램 소개 및 진행 과정 설명 • 진솔하고 적극적으로 참여하도록 격려하기	10분	
전 개	1. 진짜 '나'는 누구인가? - 내가 바라는 내 모습을 찾고 그 모습을 위해 현재 무엇을 하는지 체크하고 자기통제를 통해 목표 달성을 위한 세부 행동을 명시하고 자기 보상계획 세우기 2. 자기주장 - 건강한 가족관계를 위해 자기주장의 의미와 경험을 나누고 연습하기	60분	워크북 ☞ 4-① 자기주장 워크북 ☞ 4-②
마무리	• 오늘 프로그램에 대한 집단원의 소감 나누기 • 긍정적인 자기개념을 확립하기 위한 실천 방안들을 실제 연습해보기 • 다음 회기 프로그램 설명	10분	

☞ 워크북 4-① **내가 바라는 나 되기**

내 바람	현재 내가 하는 행동	목표를 위한 세부 행동	보상

구분	공격적인 자기주장	소극적인 자기주장	적극적 자기주장
행동 특징	자기의 입장만 배려하고 자기의 욕구를 성취하기 위하여 타인의 욕구와 인권을 무시함	타인의 입장만 배려하며 자기의 욕구와 권리를 솔직하게 표현하지 못함	자기의 입장을 배려하며 타인의 권리와 인격을 고려하며 자기의 욕구를 성취함
감정	처음에는 승리감, 우월감 다음에는 죄의식	자신에 대한 실망감과 자책 상대방에 대한 원망과 증오	자기 존중감 향상
결과	자기 욕구 성취는 하지만 상대방에게 분노와 복수심을 심어주고 관계가 손상됨	자신의 욕구를 성취하지 못하고 대인관계가 소원해짐	자신의 욕구를 성취하고 상호 존경하게 됨
상황	야, 너 정신이 있니 없니? 그런 속없는 소리를 하다니, 네가 대학생이니?	...에. 글쎄 뭐, 어쩔 수 없네, 그래. 내가 해주도록 할께!	남의 숙제를 대신 해 준다는 것은 교수님을 속이는 것 같아서 내가 해줄 수가 없구나. 아무리 하기 어렵더라도 네가 스스로 하는 것이 좋겠다.

■ 자기주장 훈련 연습

⇨ 두 사람씩 짝을 지어 자기주장 훈련을 연습하기

구분	공격적인 자기주장	소극적인 자기주장	적극적인 자기주장
상황 (가족 간의 갈등, 의견 차이 등)			

[5회기: 마무리하기]

목 표	• 본인이 가족과의 관계 변화를 위해 할 수 있는 일들을 계획한다. • 각자의 경험한 내용을 토대로 새로운 미래를 모색한다.

활동과정	진행내용	소요 시간	준비물
도 입	• 별칭 기억하며 인사 나누기 • 현재 느끼는 감정 나누기 • 오늘 프로그램 소개 및 진행 과정 설명 • 진솔하고 적극적으로 참여하도록 격려하기	10분	
전 개	1. 가족의 변화를 위해 개인이 할 수 있는 일들 계획하기 - 지금보다 더 행복한 가족과의 관계를 위해 본인이 현재 실천할 수 있는 일들을 두세 가지 쓰고 돌아가면서 발표하면 집단원은 박수로 지지와 격려하기 2. 가족에게 편지쓰기 - 가족들에게 그동안 하지 못했던 이야기들을 편지에 쓰기 3. 새로운 나 - 10년 후 자기의 모습 탐색하기(워크북 5-①) 4. 집단원에게 긍정적 피드백을 서로 주고받기 - A4 용지에 지금까지 함께한 집단원에게 전하고 싶은 칭찬의 말을 A4 용지를 돌리면서 적기	60분	필기도구 A4 용지 새로운 나 워크북 5-①
마무리	• 전체 프로그램에 대한 리뷰 하기 - 지금까지의 활동들을 돌아보고 기억에 남는 프로그램과 자신에게 도움이 되었던 활동은 무엇인지 이야기해보고 변화된 내용과 마치는 소감 나누기 • 마지막까지 회기에 참여한 참여자들에 대한 칭찬과 감사와 앞으로도 자신의 목표와 관계를 잘 헤쳐 나갈 수 있도록 격려의 포옹과 함께 지지의 말 전하기	10분	

☞ **워크북 5-① 새로운 나**

　자신의 새로운 미래의 모습을 계획할 수 있도록 대인관계 영역, 가족 영역, 자신 영역, 직업영역 등으로 나누어 10년 후의 자기의 모습을 탐색하고 이를 집단원과 함께 나눈다.

10년 후 나의 미래 모습 설계

대인관계

가족관계

직업/일

분노 조절

 분노는 자신을 스스로 보호하기 위한 인간의 기본 정서 중의 하나로 긍정 감정도 부정 감정도 아닌 자연스러운 감정이다. 우리는 때때로 과하고 부적절하게 자신이나 타인에게 분노를 표출하여 개인의 정신건강뿐만 아니라, 신체적인 손상과 인간관계에까지 좋지 않은 영향을 주기도 한다.

 분노는 망치처럼 무엇인가를 때려 부수는 파괴적인 방법으로 사용될 수도 있고, 반대로 새로운 무엇인가를 건설하는 방식으로 사용되기도 한다. 이러한 분노의 상대적 개념은 억제하기다. 그래서인지 우리 사회에서는 언제부터인가 분노보다는 억제하는 것을 더 큰 미덕으로 생각해온 것이 사실이다.

 본 프로그램은 분노를 조절하거나 완화하기 위해 다양한 전략으로 분노를 전달하는 프로그램이다. 김현숙(2017)의 분노 조절 집단상담 프로그램과 심윤기 등(2020)의 프로그램을 특수 조직의 특성을 고려하여 일부 내용을 수정·보완해 재구성하였다.

[프로그램의 회기별 내용]

구 분	중 점	세부내용
1회기	즐거운 만남	• 사전 검사 · 프로그램 소개 • 별칭 짓기, 자기의 소개 · 피드백 및 마무리
2회기	분노의 이해와 다양한 감정 알기	• 근육 이완훈련 · 분노의 두 얼굴 • 내 마음의 온도계 · 감정 카드 스피드게임
3회기	분노와 관련된 가족의 행동양식 이해하기	• 근육 이완훈련 • 우리 가족의 분노 패턴 탐색 · 나의 화난 상황은?
4회기	분노상황 시 대안적인 해결책 알기	• 근육 이완훈련 · 분노 상황극 • 이어 그림 그리기 게임 · 분노 해결
5회기	경청으로 분노 줄이기 마무리	• 소극적 듣기, 적극적 듣기 체험 • 최종 분석, 나의 분노! • 집단을 정리하고 마감(집단상담에 참여하면서 깨달은 점, 느낀 점, 아쉬운 점을 나눔)

[1회기: 즐거운 만남]

목표	• 프로그램 구조화와 집단분위기를 안정되게 조성한다. • 집단에 참여한 조직구성원 상호 간 유대감을 형성한다.

활동과정	진행내용	소요 시간	준비물
도 입	• 사전 설문 - 내가 '화가 날 때 어떻게 하는지' 간단한 설문조사(감정표현 검사지)를 실시한다. • 참여자에게 프로그램 소개를 통해 앞으로 5주 동안 어떤 활동을 하게 되는지 이야기한다. "본 프로그램은 총 5회기로 구성되어 있고, 1회기 활동 시간은 60분입니다. 진행방식은 개별 및 모둠 활동을 통해 여러분이 직접 참여하는 프로그램으로 진행될 것입니다."	10분	워크북 ☞ 1-①
전 개	• 분노란(5분)? - 분노를 느낄 때 이를 건설적 방식으로 표현하여 관계를 파괴하고 갈등을 조성하는 것이 아니라 같이 사는 세상을 가치 있게 만들어 가는 방법을 배운다. • 규칙 정하기(5분) - '나의 약속' 활동지를 통해 이 프로그램을 통해 자신이 얻고 싶은 목표를 설정하고 이 프로그램 내에서 지켜야 할 규칙을 참여자끼리 정하는 시간을 가진다.	10분	워크북 ☞ 1-②
	• 별칭 짓기와 자기 소개하기(20분) - 감정 카드에서 자신이 불리고 싶은 단어를 선택하여 내 이름표에 적는다. 'Let me introduce my self!' 활동지에 나의 소개를 작성하고 발표하는 시간을 통해 서로를 알 수 있는 시간을 갖는다. • 게임(10분) - 둥글게 앉아 자신의 별칭을 소개한다. - 다른 참여자의 별칭을 부른다. - 돌아가면서 별칭을 잘 외운다.	30분	감정 카드 워크북 ☞ 1-③
마무리	• 오늘 프로그램에 대한 짧은 소감 나누기	10분	

☞ **워크북 1-① 나의 감정표현 방식 찾기**

　　사람은 누구나 화가 나거나 분노를 느낀다. 화가 났을 때 반응하는 방식은 서로 다르다. 다음 문항은 사람이 화가 나거나 분노를 느낄 때 어떻게 반응하는가를 나타내는 문항들이다. 각 문항을 잘 읽은 후, 당신이 화가 나거나 분노를 느꼈을 때 일상적으로 얼마나 자주 다음 문항과 같이 반응하거나 행동하는가를 체크(✓) 한다. 이러한 문제에는 옳고 그른 답이 없다. 어느 한 문장에 너무 오래 생각하지 말고 응답해 주기 바란다.

번호	문 항	전혀 아니다	가끔 그렇다	자주 그렇다	매우 그렇다
1	나는 화를 참는다.	①	②	③	④
2	나는 화난 감정을 표현한다.	①	②	③	④
3	나는 말을 하지 않는다.	①	②	③	④
4	나는 사람들에게 인내심을 갖고 대한다.	①	②	③	④
5	나는 뚱해지거나 토라진다.	①	②	③	④
6	나는 사람들을 피한다.	①	②	③	④
7	나는 소리를 지른다.	①	②	③	④
8	나는 냉정을 유지한다.	①	②	③	④
9	나는 문을 꽝 닫아버리는 식의 행동을 한다.	①	②	③	④
10	나는 상대의 시선을 피한다.	①	②	③	④
11	나는 나의 행동을 자제한다.	①	②	③	④
12	나는 다른 사람과 언쟁하기도 한다.	①	②	③	④
13	나는 아무에게도 말하지 않으나, 안으로 앙심을 품는 경향이 있다.	①	②	③	④
14	나는 목소리를 높인다.	①	②	③	④
15	나는 화가 나더라도 침착하게 자제할 수 있다.	①	②	③	④
16	나는 속으로 다른 사람을 비판한다.	①	②	③	④
17	나는 나 자신이 인정하고 싶은 것보다 화가 더 나 있다.	①	②	③	④
18	나는 다른 사람보다 진정을 빨리 회복한다.	①	②	③	④

19	나는 욕을 한다.	①	②	③	④
20	나는 참고 이해하려고 노력한다.	①	②	③	④
21	나는 다른 사람들이 알고 있는 것보다 분통이 더 나 있다.	①	②	③	④
22	나는 자제심을 잃고 화를 낸다.	①	②	③	④
23	나는 화난 표정을 짓는다.	①	②	③	④
24	나는 화난 감정을 자제한다.	①	②	③	④

분노 통제/ 1,4,8,11,15,18,20,24

분노 표출 /2,7,9,12,14,19,22,23

분노 억제/ 3,5,6,10,13,16,17,21

워크북 1-② 서약서 작성하기

서약서

우리의 만남은 화는 빼고 행복은 더하는 분노 조절 프로그램을 통하여 새로운 변화와 발전을 목표로 합니다. 보람 있고 즐거운 만남이 되기 위해 서로를 존중하는 우리의 약속을 정해 봅시다.

1. 내 마음에 있는 생각이나 느낌을 솔직하게 표현한다.
2. 참여자들이 하는 말을 비판이나 편견 없이 있는 그대로 듣는다.
3. 여기서 나눈 이야기는 절대로 밖에서 말하지 않는다.
4. 동료가 이야기할 때는 끼어들거나 방해하지 않고 잘 경청한다.
5. 집단 모임 시간을 잘 지키고 성실히 집단 활동에 참여한다.

년   월   일

이름: 서명:

☞ 워크북 1-③ **자기 소개하기**

나의 이름은 _____

나의 애칭은 _____

우리 가족 소개 _____

내가 좋아하는 음식 _____

내가 좋아하는 연예인 _____

내가 닮고 싶은 사람 _____

이 시간을 통해 배우고 싶은 점 _____

그 외 하고 싶은 한마디 _____

[2회기: 분노의 이해와 다양한 감정 알기]

목 표	• 분노의 두 얼굴과 화난 상황을 이해한다. • 다양한 감정을 탐색하는 능력을 기른다.

활동과정	진행내용	소요 시간	준비물
도 입	• 손가락 레슬링 - 두 명씩 짝지어 손을 맞잡은 상태에서 엄지손가락을 이용하여 상대방의 엄지손가락을 3초 동안 누르면 이긴다(누군가 힘을 발휘하여 내 마음을 표현하지 못하게 누르면 화가 날 수 있다고 이야기한다).	5분	

전 개	• 근육 이완훈련
	  - 영상을 보고 근육 이완훈련을 배운다.
	  - 눈을 감고 배운 것을 따라 한다.
		10분	영상

전 개	• 분노의 두 얼굴(10분) - 분노의 두 얼굴에는 무엇이 있는지 알려준다. 	수동형(분노 억제)	공격형(분노 표출)
---	---
일단 화가 나면 아무 일이 없었던 것처럼 행동한다. 문제가 되는 것에 대해 말하지 않기 때문에 남들이 볼 때는 착한 사람이라 한다.	입에서 불이 나오는 듯한 분위기로 즉각적으로 화를 낸다. 격렬하게 자신이 화가 났다는 것에 대해 논리적인 듯 설명하지만, 비난, 위협, 괴롭힘, 빈정거리는 말을 한다. 자신이 옳다고 믿기 때문에 다른 사람의 의견을 들으려 하지 않고 상대방의 감정도 무시한다. | - 1회기 때 작성한 설문지의 결과를 가지고 나는 수동형인지, 공격형인지 조절형인지 이야기한다.	10분	워크북 ☞ 2-①

	• 내 마음의 온도계(20분) 　- 앉아 있는 모둠끼리 '내 마음의 온도계' 활동지를 이 　　용, 화를 나게 했던 일, 마음 온도계, 내 몸의 반응, 했 　　던 행동을 이야기한다.	20분	워크북 ☞ 2-②
	• 감정 스피드게임 　- 감정 카드 한 장을 다른 사람들에게 보이지 않게 주 　　의해 뽑는다. 말없이 표정만 보여준다. 　　어떤 상황에서 이런 감정을 느꼈는지 이야기한다.	10분	감정 카드
마무리	• 이번 시간에 느낀 점을 이야기하고 다음 시간을 소개 　하고 마무리한다.	5분	

☞ 워크북 2-① 현재 나의 모습은?

수동형(분노 억제)	공격형(분노 표출)
• 일단 화가 나면 아무 일이 없었던 것처럼 행동한다. • 문제가 되는 것에 대해 말하지 않기 때문에 남들이 볼 때는 착한 사람이라 한다.	• 즉각적으로 화를 낸다. 입에서 불이 나오는 것과 같은 분위기 • 격렬하게 자신이 화가 났다는 것에 대해 논리적인 듯 설명하지만, 비난, 위협, 괴롭힘, 빈정거리는 말을 한다. • 자신이 옳다고 믿기 때문에 다른 사람의 의견을 들으려 하지 않고 상대방의 감정도 무시한다.

☞ 워크북 2-② **내 마음의 온도계**

화나게 했던 일	마음 온도계		내 몸의 반응	했던 행동
높 은 수 준	10 ____ 9 ____ 8 ____		머리 눈 눈썹	
중 간 수 준	7 ____ 6 ____ 5 ____ 4 ____		턱 입술 목 어깨	
낮 은 수 준	3 ____ 2 ____ 1 ____		다리 마음 목소리	

[3회기: 분노와 관련된 가족의 행동양식 이해하기]

목표	• 우리 가족의 분노 표출 패턴을 탐색한다. • 나와 가족의 분노 표현방식을 이해한다.

활동과정	진행내용	소요 시간	준비물

도 입	• 3.6.9 게임
	  - 1부터 순서대로 세어 본다.
	  - 3.6.9라는 숫자 차례가 되면 손바닥 박수
	  - 20부터 거꾸로 세며 똑같이 한다.
		5분	

전 개	• 근육 이완훈련(10분)
	  - 비디오를 보고 근육 이완훈련을 배운다.
	  - 눈을 감고 배운 것을 따라 한다.
		10분	영상

	• 우리 가족의 화내는 형태는?(20분)
	  - 나만의 분노 표현 활동지를 나누어 준다.
	  "우리는 가족과 함께 살아가고 있어 서로에게 영향을 주고받으며 살아갑니다. 그래서 먹는 것, 자는 것, 말투나 행동까지 알게 모르게 닮아있습니다. 알게 모르게 닮아있는 학습된 분노의 형태를 알아봅시다."
	  - 우리 가족이 분노를 표현하는 방식을 이야기한다.
		20분	워크북
			☞ 3-①

	• 나의 화난 상황은?(20분)
	  - '나의 화난 상황' 활동지에 이번 주에 내가 화났던 상황을 간단히 적고, 어떻게 행동했는지 적어봅니다.
	  - 서로 이야기를 나누고 나라면 그 상황에서 어떻게 했을지 이야기합니다(내 마음의 온도계를 기억하며 적어본다).
		20분	워크북
			☞ 3-②

마무리	• 이번 시간에 느낀 점 등을 이야기하고 다음 시간을 소개하고 마무리한다.	5분	

☞ 워크북 3-① **가족 분노 표현 방법**

여러분이 알아차렸든지 못했든지 간에 우리 가족이나 다른 누군가가 사용하는 화의 표현방식으로부터 '나의 분노 표현방식'이 학습되었어요. 질문지를 통해 나의 분노가 무엇에 영향을 받았는지 생각해 볼까요?

1. 아버지가 화가 날 때 주로 사용하는 말이나 행동 중에서 내가 비슷하게 사용하는 것은 무엇인가?
   - 이 질문에 '네'라고 답한다면, 어떤 말과 행동이었나? '아니오'라고 말한다면 2번 질문으로 가세요.

2. 어머니가 화가 날 때, 주로 사용하는 말이나 행동 중에서 내가 비슷하게 사용하는 것은 무엇인가?
   - 이 질문에 '네'라고 답한다면, 어떤 말과 행동이었나? '아니오'라고 말한다면 3번 질문으로 가세요.

3. 부모님이 사용하는 말과 행동을 닮지 않았다면 내가 화가 날 때 주로 사용하는 말과 행동은 무엇의 영향을 가장 받은 것일까? 이 질문에 대해 생각해 보고 글을 써보세요.

☞ 워크북 3-② **나의 화난 상황은?**

1. 이번 주에 내가 화났던 상황을 간단히 적어 봅니다.

2. 내가 어떻게 행동했는지 적어봅니다(가족의 분노 표현 방법과 연관시켜보기).

   - 서로 이야기 나눕니다.
   - 나라면 어떻게 했을지 이야기해 봅니다.

[4회기: 분노상황 시 해결책 이해하기]

목 표	• 다양한 분노 해결 방법을 이해한다. • 조직 생활에서 일어나는 상황에서 분노 해결 방법을 찾는다.

활동과정	진행내용	소요 시간	준비물

도 입	• 맨발의 트위스트
	  - 신문지 위에 맨발을 올려놓고 음악에 맞춰 발바닥을 움직여 신문지를 조각내는 것.
	  음악에 맞춰 움직이는 것으로도 분노를 조절할 수 있는 다양한 방법이 있음을 이야기한다.
		5분	음악

전 개	• 근육 이완훈련
	  - 영상을 보고 근육 이완훈련을 배운다.
	  - 눈을 감고 배운 것을 따라 한다.
		10분	영상

	• 상황극 하기 - 조직 생활에서 일어날 수 있는 세 가지 정도의 이야기를 나누어 본다.	20분	워크북 ☞ 4-①

	• 이어 그림 그리기를 한다.
	  - 내가 그리고자 하는 것 먼저 생각하게 한다.
	  - 양쪽으로 두 장을 돌려가며 이어서 그리게 한다.
	  (이 활동을 통해서 똑같은 그림을 보고 내가 그리고자 하는 것과 다른 사람이 그리는 것이 다를 수 있음을 이야기한다. 다른 사람의 생각을 알 수 없다는 것과 내가 화가 났을 때 말하지 않으면 타인은 나의 상황을 잘 모른다는 것을 알려준다)
		10분	A4 2장

	• 다양한 분노 해결 방법
	  - 내가 분노를 만난다면 화가 난 것을 알아차리고 멈춘다.
	  - 어떤 해결 방법이 있는지 이야기한다.
	  - 진행자가 알려준 것과 구성원들이 가지고 있는 분노 해결 방법을 서로 나눠본다.
		10분	워크북
			☞ 4-②

마무리	• 이번 시간에 느낀 점 등을 이야기하고 다음 시간을 소개하고 마무리한다.	5분	

워크북 4-① **상황극 하기**

☆ 내가 분노를 만나면

1. 나는 취사병이다.
   동료가 내 허락도 없이
   내 권한을 침범했다.
   (부대 규모가 작다 보니 몇
   안 되는 동료와 서로 친하
   게 지냈다. 그런데 그 동료
   는 공과 사를 구별하지 못
   했다. 내 허락도 없이 또
   아무런 이야기도 없이 라
   면을 끓여 먹다 들켰다. 내
   가 발견한 것이 아니라 가
   스 밸브를 밤새 열어둔 것
   을 당직사관이 발견하였
   다. 결국 나만 ** 됐다)

잠깐! 내가 분노를 만나면...

분노 알아차리기
멈춰라
타임아웃!

2. 나는 소방관이다.
   휴가 계획서를 동료들
   이 작성해 내게 제출하
   면 내가 종합해 보고 해
   야 하는데 지금까지 시
   간을 지키지 않고 있다. 등

나만의 분노 조절모드 전환

3. 구성원들이 공유할 수
   있는 상황을 제시해서
   진행한다.

워크북 4-② 분노 해결 방법

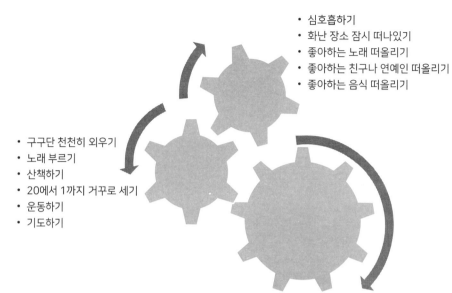

• 심호흡하기
• 화난 장소 잠시 떠나있기
• 좋아하는 노래 떠올리기
• 좋아하는 친구나 연예인 떠올리기
• 좋아하는 음식 떠올리기

• 구구단 천천히 외우기
• 노래 부르기
• 산책하기
• 20에서 1까지 거꾸로 세기
• 운동하기
• 기도하기

• 명상하기
• 동료와 이야기하기
• 즐거운 상상하기
• 마음을 가라앉히자, 천천히 침착하자
  등을 반복하며 자신에게 말하기
• 주먹을 꽉 쥐었다 놓았다 반복하기

[5회기: 경청으로 분노 줄이기]

목표	• 듣기 체험을 통해 경청의 중요성을 인식한다. • 나의 분노를 최종 분석한다.

활동과정	진행내용	소요 시간	준비물
도 입	• 경청의 중요성 이야기하기 　- 경청의 걸림돌과 분노를 줄이는 지름길인 적극적 경청의 태도를 설명한다.	10분	워크북 ☞ 5-①
전 개	• 근육 이완훈련 　- 영상을 보고 근육 이완훈련을 배운다. 　- 눈을 감고 배운 것을 따라 한다.	10분	영상
	• 소극적, 적극적 듣기 체험 　- 한 사람은 이야기하고 한 사람은 다른 짓을 하기, 역할 바꿔서 하기 　- 한 사람은 말하고 듣는 사람은 적극적으로 듣고 반응하기(소극적, 적극적 듣기 체험이 어떠했는지 전체가 함께 이야기 나누면서 적극적으로 듣고 반응하는 것에 대한 중요성을 나눈다).	10분	워크북 ☞ 5-②
	• 최종 분석, 나의 분노!! 활동하기 　- 나의 분노상황과 그 과정 속의 고민 등의 양상을 이야기하고 대안을 선택하여 실행계획을 세워본다.	10분	워크북 ☞ 5-③
마무리	• 5회기까지 배운 내용을 돌아보기 　- 분노가 나의 선택임을 알고 다양한 분노 해결 방법이 어떤 것이 있는지, 그중에서 내가 선택한 분노 해결 방법은 무엇인지 생각해 본다. 내가 분노를 만나면 알아차리기, 멈추기, 생각하기의 선택을 통해 분노를 조절할 수 있음을 인지한다. 　- 집단을 정리하고 마감하고 마무리한다(집단에 참여하면서 깨달은 점, 느낀 점, 아쉬운 점을 나눔).	10분	

경청의 걸림돌

1. 짐작하기	➡️	자기 생각에 빠져 상대방이 무슨 말을 하든 있는 그대로 받아들이기보다 말꼬리를 물고 늘어지거나, 자기의 생각대로 판단해서 더 이상 대화를 진행할 수 없다.
2. 내가 할 말 준비하기	➡️	자기 할 말을 생각하기에 바빠 상대방의 말을 온전히 듣지 못한다. 상대방의 말이 끝나자마자 자기주장을 쏟아 낸다.
3. 걸러내기	➡️	듣고 싶지 않은 말에 대해서는 들으려고 하지 않는다. 그래서 상대방의 말을 듣긴 하지만 있는 그대로 듣지 못한다.
4. 판단하기	➡️	상대방에 대해 부정적인 생각으로 판단하여 들어서 제대로 듣지 못한다.
5. 언쟁하기	➡️	상대방의 생각을 전혀 들을 생각이 없고, 상대방이 어떤 말을 해도 무시하며 자기 생각만 장황하게 말한다.

슬쩍 넘어가기, 비위 맞추기

분노를 줄이는 지름길- 적극적 경청의 태도

1. 상대방이 이야기할 때 눈 맞춤을 한다.
2. 상황에 맞게 고개를 끄덕인다.
3. 말하는 내용에 맞는 표정을 한다.
4. 말하는 상대방 쪽으로 몸을 기울인다.
5. 상황에 맞는 반응을 한다.
6. 말하는 사람의 기분(감정)이 어떨지 생각하며 듣는다.
7. 이야기가 끝나면 들은 것을 말해서 확인한다.
8. 상대방 이야기 중간에 말을 자르지 않는다.
9. 다른 생각은 하지 않고 집중해서 듣는다.

☞ 워크북 5-② **소극적, 적극적 듣기 체험**

(최근에 공감받고 싶었던 내용으로 이야기를 나눠본다)

A 참여자	B 참여자
이야기하기	다른 짓 하기 (하품, 기지개, 다른 곳 바라보기, 이야기 내용과 상관없는 질문하기 등)
역할 바꿔서 해보기	
이야기하기	적극적으로 듣고 반응하기 ('음, 아, 그래.' 등의 반응 보이기 / 고개 끄덕이기)
역할 바꿔서 해보기	

☞ 워크북 5-③ **최종 분석, 나의 분노!**

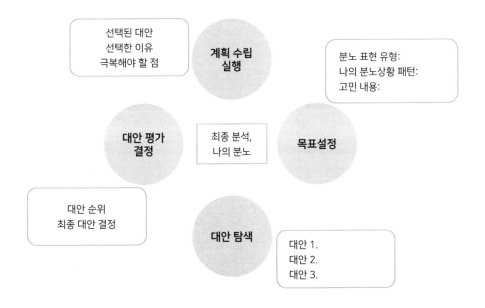

스트레스 극복

특수임무를 수행하는 군·경·소방 조직의 구성원은 스트레스에 노출될 위험성이 높은 직군에서 일하는 사람들이다. 스트레스는 우울감에 영향을 주고 집단효능감을 낮아지게 하며, 조직의 화합과 단결의 약화를 초래하여 조직의 과업 달성을 어렵게 만든다.

그뿐만이 아니라, 정서적 고통을 겪게 하고 조직 적응력을 약화시키며, 급기야는 악성 사고로 이어지게 한다. 이에 따라 특수 조직에서는 자체 스트레스 진단 도구를 활용해 평소 조직구성원의 스트레스 수준을 측정하고, 이를 해소하기 위한 대책을 마련해 시행한다.

본 프로그램은 김자현(2016)의 인지행동 스트레스 관리 집단프로그램과 김태현 등(2013)의 집단프로그램을 참고하였다. 이 두 프로그램을 특수 조직의 구성원에게 적용할 수 있도록 일부 내용을 수정·보완해 재구성하였다.

[프로그램의 회기별 내용]

구 분	중 점	세부내용
1회기	스트레스 인식하기	• 개인의 스트레스에 대해 이해하기 • 현재 나의 스트레스 자극에는 어떤 것들이 있는지 확인해보기
2회기	나를 화나게 하는 것들	• 나의 감정 느껴보기 • 분노에 대해 이해하기 • 나의 분노상황 이해하기 • 분노에 대한 나의 반응 살펴보기
3회기	생각 멈추기	• 자기의 생각을 스스로 통제하기 • 생각 멈추기: Thought stop
4회기	분노 조절하기	• 생각 바꾸기 • 행동으로 변화시키기 • 부적절한 감정언어사용 조절 연습하기
5회기	호흡법과 심상법 활용하기	• 호흡법, 심상법 배우기

[1회기: 스트레스 인식하기]

목 표	• 스트레스를 알고 자신의 스트레스 상황에 대해 표현하며 프로그램을 이해한다.

활동과정	진행내용	소요시간	준비물
도 입	• 프로그램 소개하기: 목적과 과정 소개 • 규칙 안내하기: 비밀보장, 구체성, 진실성, 경청하기 • 서약서 작성하기	5분	워크북 1-①
전 개	• 자기 소개하기 - 이름이나 성격에 맞는 형용사를 사용하여 기억하기 쉽게 자기소개하기 • 프로그램에 대한 기대 나누기 - 참여하게 된 이유, 내가 기대하는 변화, 이 집단에 바라는 점 등을 나눠보기	20분	
전 개	• 스트레스에 대해 이해하기 - 스트레스의 양면성, 스트레스의 특성에 대해 알아본다. • 나의 스트레스 사건 알아보기 - 최근 나에게 있었던 스트레스 사건을 적어보고 그때의 느낌에 대해 적어본다. • 가장 심각했던 스트레스 상황이나 사건에 대해 2, 3명씩 이야기를 나눈다.	20분	워크북 1-② 워크북 1-③
전 개	• 나의 스트레스 반응 알아보기 - 스트레스 반응에 대해 배워본다. 신체 반응, 정서 반응, 행동반응, 사고 반응에 대해 알아보고 내가 스트레스를 받았을 때 어떤 반응이 나타나는지 적어 본다. • 나의 스트레스 반응에 대해 2-3명씩 이야기를 나눈다. - 다른 사람의 반응에 대해서 이해하고 공감한다.	30분	워크북 1-④
과제부여	• 자신이 정한 바람직한 스트레스 대처 방법을 알아본다.	5분	
마무리	• 회기를 마친 후 느낌에 대해 공유하고 정리한다.	10분	

서약서

　　우리의 만남은 스트레스 해소 집단상담 프로그램을 통하여 새로운 변화와 발전을 목표로 만들어진 모임입니다. 우리는 이곳에서 한층 더 당당하고 멋진 자기의 모습과 동료의 모습을 보게 될 것입니다. 자신과 동료의 모습을 알아가면서 기쁠 수도 있겠지만 때로는 동료에게 실망하고 화가 나는 일도 생길 수 있습니다. 그러나 이 모임으로 더 나은 자기의 모습과 새로운 가능성을 만나게 될 것입니다. 보람 있고 즐거운 만남이 되기 위해 서로를 존중하는 우리의 약속을 정해 봅시다.

　1. 내 마음에 있는 생각이나 느낌을 솔직하게 표현한다.
　2. 동료들이 하는 말을 비판이나 편견 없이 있는 그대로 듣는다.
　3. 여기서 나눈 이야기는 절대로 밖에서 말하지 않는다.
　4. 동료가 이야기할 때는 끼어들거나 방해하지 않고 잘 경청한다.
　5. 집단 모임의 시간을 엄수하고 성실히 참여한다.
　6. 부여된 과제는 성실히 수행한다.

년　　월　　일

이름:　　　　　　서명:

1. 스트레스의 양면성

(1) 긍정적 측면: 높은 성과와 도전 욕구
    어려운 상황을 극복할 수 있도록 성취 의지를 높여준다. 생활의 활력소가 되
    고 어떤 일을 해나가는 추진력이 된다.

(2) 부정적 측면: 사기와 능률 저하, 성격 변화, 자존감 저하

(3) 우리가 어떤 일을 수행하는 데에 있어 최상의 기능 수준을 발휘하려면, 적절한
    양의 스트레스가 필요하다. 지나치게 높은 수준의 스트레스는 긴장과 불안을
    유발하고 지나치게 낮은 스트레스는 의욕 상실과 무기력감을 느끼게 하여 일의
    능률을 저하한다.

2. 스트레스의 특성

(1) 스트레스가 지속되면 삶을 지치게 한다.
(2) 어떤 과제수행에 직면하여 이를 잘 해결할 능력이 없다는 것을 스스로 예측하
    게 될 때 그것이 스트레스이다.
(3) 스트레스란 대처하기 어려운 상황이다.
(4) 스트레스는 외적, 내적 압력으로부터 올 수 있다.
    예) 외적: 가족의 죽음, 경제적 손실, 불편한 인간관계, 사소한 사건들 등
        내적: 질병의 증상, 나쁜 영양 상태, 수면 부족, 권태감, 열등감 등
(5) 스트레스는 긍정적일 수도 있고 부정적일 수도 있다. 적절한 수준일 때 긍정적
    이며, 과도할 때 부정적으로 된다.
(6) 스트레스가 몸에 작용하면 몸은 스트레스에 적응하거나 대응하기 위해 반응
    (예: 심장이 빨리 뜀, 땀이 남, 불안, 초조함 등)을 일으키는데 이러한 반응은 자
    연스럽고 정상적이다.)

워크북 1-③ 나의 스트레스 사건 적어보기

날짜	스트레스 사건	스트레스 느낌

워크북 1-④ 나의 스트레스 반응 알아보기

1. 신체 반응
얼굴이 화끈 달아오름, 땀이 남, 입 마름, 숨이 가쁘거나 자주 쉼, 오한, 가슴이 답답함, 맥박이 빨라짐, 두근거림, 혈압상승, 불규칙한 호흡, 두통, 한숨, 복통, 현기증, 실신, 구토, 설사, 몸이 뻣뻣함, 손 떨림, 몸살 등

2. 정서 반응
안절부절, 공포감, 우울감, 쉽게 피로함, 흥분함, 막연한 걱정, 불안감, 통제력의 상실, 두려움, 집중력의 약화, 죽음에 대한 공포, 사회적 고립에 대한 두려움 등

3. 행동반응
일과가 불규칙함, 술을 자주 마심, 식욕 저하, 담배를 자주 피움, 과식, 불평을 많이 함, 울기, 수면의 변화, 화를 냄, 악몽, 시간관념이 없어짐, 이갈이, 손톱 물어뜯기, 반복적 행동을 보임 등

4. 사고 반응
의심, 쉽게 잊어버림, 부정적으로 생각하기, 자기 비하, 열등감, 극단적인 생각, 다른 사람 비난하기, 자책감 등

신체 반응	
정서 반응	
행동 반응	
사고 반응	

[2회기: 나를 화나게 하는 것들]

목 표	• 조직 생활 중 경험한 분노와 미움의 감정을 인식한다. • 상처와 분노의 감정을 있는 대로 받아들이며 표현하고 평가한다.

활동과정	진행내용	소요 시간	준비물
도 입	• 지난 회기에서 다룬 내용을 이야기한다. • 프로그램을 설명한다.	5분	워크북 2-①

전개	• 나의 감정 느껴보기
	 - 서로 마주 볼 수 있도록 앉는다.
	 - 자신이 알고 있는 감정에 대한 표현을 최대한 적어
	  보기
	 - 자신들이 적은 느낌을 표정으로 나타내 보기(2명에
	  게 발표시킴)
	 - 자신이 적은 느낌을 신체언어로 나타내 보기
		15분	워크북
			2-②

	• 분노에 대해 이해하기
	• 분노의 컵 게임하기
	 - 지시문: 종이컵을 들고 최근에 화가 났던 일들을 상
	  상하고 하나씩 연필로 컵에 구멍을 내기 바랍니다.
	  그런 다음 각자는 자신 컵에 대해 이야기할 수 있는
	  기회를 가질 것입니다. 여러분 일부는 집단에서 공유
	  하고 싶지 않은 구멍들이 있을 수도 있습니다(자신
	  과의 대화시간을 준다).
		15분	워크북
			2-③

	• 나의 분노상황 이해하기	15분	워크북 2-④
	• 분노에 대한 나의 반응 살펴보기	15분	워크북 2-⑤
마무리	• 소감을 나누고 회기를 마무리한다.	5분	

모든 사람은 행복하고 평온한 느낌으로 살아가고 싶어 한다. 하지만 사람은 자신도 모르게 하루에도 몇 번씩이나 분노를 경험하는데 이러한 감정은 별로 반갑지 않은 것이다. 분노는 사람들 사이에서 서로 간에 관계를 소원하게 할 뿐만 아니라, 자기 자신에게 또는 다른 사람에게 연쇄적으로 영향을 미칠 위험이 있어 다른 감정보다도 더 주의와 조절이 필요하다.

특수 조직에서 생활하는 우리는 임무 수행 중 발현되는 불안감과 긴장, 대인관계에서의 어려움, 위계적 생활로부터 오는 구속감 등으로 스트레스를 받는다. 이번 프로그램은 조직 생활 중에서 내가 경험한 분노를 중심으로 살펴보려고 한다.

워크북 2-② **나의 감정 느껴보기**

내가 알고 있는 감정언어 적어보기(예: 기쁘다, 슬프다, 억울하다)

조직 생활 중에서 가장 기뻤던 일은 무엇입니까?

조직 생활 중에서 가장 화났던 일은 무엇입니까?

워크북 2-③ **분노의 원인과 영향 알아보기**

분노는 왜 생긴다고 생각하십니까?
(예: 내가 잘못하지도 않았는데 상급자가 나를 질책하고 추궁할 때)

분노는 나에게 어떤 영향을 미칩니까?
(예: 누군가를 때리고 싶다.)

☞ 워크북 2-④ **나의 분노상황 이해하기**

최근에 화가 났던 상황을 상상하고 적어 봅니다.

◎ 화나는 상황 1

◎ 화나는 상황 1

◎ 화나는 상황 1

내가 분노를 느끼는 경우는 주로 어느 때인지 자세히 적어 봅니다.

☞ 워크북 2-⑤ **분노에 대한 나의 반응 알아보기**

화가 났을 때 어떤 감정이 지배적이었습니까?

화가 났을 때 내 몸은 어떻게 변했습니까?

화가 났을 때 어떤 생각이 들었습니까?

화가 났을 때 어떻게 행동했습니까?

[3회기: 생각 멈추기]

목 표	• 자기 자신의 생각을 스스로 통제할 수 있는 능력을 기른다.

활동과정	진행내용	소요 시간	준비물
도 입	• 지난 한 주간 받았던 스트레스 이야기를 나눈다.	15분	
전 개	• 부정적인 생각에 대해서 알아보기 - 부정적인 생각의 종류에 대해서 알아보고 나는 어떤 종류의 부정적인 생각을 하고 있는지 알아본다. • 자신의 부정적인 생각 성향에 대해서 나눠본다. - 나는 어떤 성향의 부정적인 생각을 하고 있는가?	20분	워크북 3-①

	• 생각 멈추기 시도하기
	 - 자신이 원하지 않는 생각이 떠오를 때 그만이라고 속
	  으로 말하거나 다른 방법들을 사용하여 원하지 않는
	  생각을 지워버리고 원하는 생각으로 대치하는 기법.
	(1) 부정적인 생각을 탐색한다.
	(2) 생각을 떠올린다.
	(3) 그만! 하고 큰 소리로 말한다.
	(4) 바람직한 생각으로 대치한다.
		20분	워크북
			3-②

	• 생각 멈추기 - 워크북 3-③을 사용하여 생각 멈추기를 해본다. - 빨간색, 초록색 카드를 준비하여 지도자가 진행한다. - 반복연습을 통하여 사고의 전환을 시도한다. - 모두가 잘 집중하고 있는지 살펴보고 상황에 집중할 수 있도록 진중한 자세로 실시한다.	25분	빨간색 카드 초록색 카드 워크북 3-③
과제부여	• 생각 멈추기 연습을 시간날 때마다 한다.	5분	워크북 3-③
마무리	• 회기를 마친 후 느낌에 대해 공유하고 정리한다.	10분	

1. 부정적으로 생각하는 것

: 어떤 상황의 부정적인 측면을 과장하고, 긍정적인 측면은 축소하거나 걸러내는 것으로, 주로 "안 될 거야", "할 수 없어" 등의 표현.

2. 극단적으로 생각하는 것

: 모든 일을 '흑-백', '선-악'으로 양극단과 이분법적인 선택이 있을 뿐이다. 중간 입장을 생각하지 않음.

3. 최악의 경우를 생각하는 것

: 최악의 사태를 예견, 걱정하며 "만약"이라는 생각이 끝이 없음.

4. 과잉 일반화하기

: 한 가지 사건이나 작은 일만 보고 모든 일에 일반화를 함. 만약 나쁜 일이 한가지 일어나면, 그러한 사건이 반복해서 계속 일어날 것으로 생각함.
"아무도 나를 사랑하지 않는다", "모두, 아무도, 늘" 등의 표현.

5. 비난하기

: 자신 또는 타인에게 모두 가능, 일반적으로는 자신의 책임을 타인에게 전가하는 경우가 많음. 언제나 타인이 자신에게 잘못하고 있으며, 자신은 아무런 책임이 없다고 생각함.

6. 자기와 관련하기

: 다른 사람들이 행동하고 말하는 모든 것이 자기의 행동과 어떤 관련이 있다고 생각함. 주위에서 발생하는 모든 일에 자신을 관련시키는 경향성, 왜곡된 사고.

7. 나는 항상 옳다고 생각하는 것

: 자신의 견해와 행동이 늘 올바르다는 점을 증명하기 위해 계속 노력하며 다른 의견에는 관심이 없음. 따라서 자신의 의견에는 거의 변화가 없고 새로운 사실들이 자신이 이미 갖고 있던 신념과 다른 경우 그러한 정보를 무시함.

생각 멈추기는 자신이 원하지 않는 생각이 떠오를 때 '그만'이라고 말하거나 다른 방법들을 사용하여 원하지 않는 생각을 지워버리고 원하는 생각으로 대치하는 기법임

1. 부정적인 생각을 탐색한다.
   : 현재 경험하고 있는 많은 스트레스 상황을 상상해본다.

2. 생각을 떠올린다.
   : 기억된 상황 중 한 가지를 선택하여 생각한다.

3. '그만' 하고 말한다.
   : 생각하다가 스스로 '그만'이라고 말하고 생각을 멈춘다.

4. 바람직한 생각으로 대치한다.
   : 부정적인 생각을 멈춤과 동시에 즐거운 생각을 떠올린다.

먼저 눈을 감고 자기의 경험 중에서 즐겁고 행복했던 사건, 상처가 된 사건이나 화가 났던 일 등을 순서대로 떠올려 보고, 그때의 기분과 신체적 느낌은 어떠한지 생각해 보세요.
이제 눈을 떠보세요. 생각 멈추기를 연습하기 위한 준비로 어떤 생각을 구체적으로 떠올리고 그때의 상태를 경험해 보는 연습을 하겠습니다.

생각 멈추기를 연습합시다. 먼저, 가장 즐겁고 행복했던 일을 한 가지 생각해 놓으세요. 그리고 슬프고 기분 나빴던 일을 한 가지 생각해 놓고, 제가 지시할 때 머리에 떠올리세요.
시작합니다. 빨간색 종이를 제시할 때는 부정적인 생각을 떠올리고 잠시 후, '그만'이라는 말과 함께 초록색 종이를 제시하면, 그 생각을 멈추고 동시에 여러분들이 앞에서 생각해 둔 좋았던 일을 생각하시는 겁니다.

[4회기: 분노 조절하기]

목표	• 분노 조절기법과 대처 기술 익히기 • 화가 난 상황에서 자동으로 나오는 비합리적 사고가 무엇인지 알기		

활동과정	진행내용	소요 시간	준비물
도 입	• 지난 시간 과제에 대해 나눠본다. • 프로그램을 소개한다.	10분	
전 개	• 분노 응급처치 - 주먹을 꼭 쥔다. - 발가락을 움켜쥔다. - 어깨를 위로 으쓱한다. - 이를 깨문다. - 그대로 꼭 참는다. - "후~" 하고 내쉬면서 푼다. - 화난 생각까지 다 토해 낸다(3번 반복).	10분	
	• 부적절한 감정언어 표현조절 연습하기 - 부적절한 감정언어 표현을 적절하게 고쳐보기	20분	워크북 4-①
	• 생각 바꾸기 - 당위적인 생각 변화시키기 - 이분법적 생각 변화시키기 - 극단적인 생각 변화시키기	20분	워크북 4-②
	• 행동 변화시키기 - 분노 조절을 할 수 있는 행동들은 어떤 방법들이 있 는지 모색해 보기	20분	워크북 4-②
과제부여	• 생각 바꾸기 실천하기		
마무리	• 회기를 마친 후 느낌에 대해 공유하고 정리한다.	10분	

(예) 구성원 1명이 개인 사물함 캐비닛 정리 상태가 좋지 않아 상급자에게 혼이 난 경우

"진짜 사람 미치게 한다." →

"정말 열을 받게 한다."→

"속이 확 뒤집힌다."→

"정말 짜증나서 군대 생활 못 하겠다."→

"미치고 환장하겠다."→

📖 워크북 4-② **생각 바꾸기**

당위적인 생각을 찾아보고 바꾸어 봅시다.	
이분법적 생각을 찾아보고 바꾸어 봅시다.	
극단적인 생각을 찾아보고 바꾸어 봅시다.	

📖 워크북 4-③ **행동 변화시키기**

구분	분노 조절을 위해 할 수 있는 방법
1	예) 운동한다.
2	
3	
4	
5	
6	

[5회기: 호흡법과 심상법 활용하기]

목 표	• 호흡법과 심상법을 배워 실제 조직 생활에서 이를 활용한다.

활동과정	진행내용	소요 시간	준비물
도 입	• 지난 시간 과제에 대해 나눠본다. • 프로그램을 소개한다.	10분	
전 개	• 스트레스 대처 방법 배우기 • 호흡법에 대해 배운다. 　- 스트레스를 경험할 때 빠르고 가쁜 호흡에서 느리고 　　깊은 호흡으로 바꾸는 기법이다. 　- 워크북 5-①에 자세히 나와 있다. 　- 지도자가 편안한 마음으로 진행해 주는 게 좋다. 　- 여유를 가지고 반복적으로 호흡한다.	30분	워크북 5-①
	• 심상법에 대해 배운다. 　- 워크북 5-②에 자세히 나와 있다. 　- 지도자가 여유를 가지고 단계마다 효과성을 높일 수 　　있도록 차분하게 진행한다. 　- 즐겁고 편안했던 경험을 머릿속에 떠올림으로써, 그 　　때의 즐거웠던 기분을 재경험하게 하여 신체도 그때 　　의 기분을 느끼게 한다.	25분	워크북 5-②
과제부여	• 일주에 한 번 이상 명상으로 심리적 안정감을 갖는다. • 스트레스에 취약한 상황이 생길수록 호흡법을 한다.		
마무리	• 회기를 마친 후 느낌에 대해 공유하고 정리한다.	10분	

스트레스를 경험할 때의 빠르고 가쁜 호흡을 느리고 깊은 호흡으로 변하게 함으로써 긴장을 감소시키고 몸과 마음을 편하게 하는 기법이다.

1. 편안하게 앉거나 누워서 등, 목, 머리를 바르게 하고, 어깨에 힘을 빼고 손은 편안히 내려놓는다.
2. 눈을 감고 자신의 호흡에 집중할 수 있도록 한다.
3. 4초간 숨을 들이마신 후 배꼽까지 내리고, 2초간 멈추었다가 4초간 천천히 내쉰다.
4. 평온하게 호흡하는 것만 생각하며 긴장이 사라질 때까지 반복한다.

자~ 마음을 편안히 안정시켜보세요. 한 손은 가슴 위에, 다른 한 손은 배꼽 위에 놓고 편안하게 숨을 쉬어보세요. 가슴 위에 놓은 손은 움직이지 않도록 하시고, 배 위에 놓은 손만 움직이도록 하면서 숨을 쉬어보세요. 내쉬는 숨도 가능한 한 부드럽게 내쉬도록 합니다. 처음부터 너무 천천히 호흡하거나, 공기를 너무 많이 마시려고 하지 말고 편안하게 숨을 들이쉬고 내쉬도록 해보세요.

배 위에 있는 손이 오르내리는 것에 집중합니다. 숨을 들이쉴 때 마음속으로 하나, 둘, 셋을 세고 '아~ 나는 편안하다.'라고 생각하면서 숨을 내쉬도록 해보세요. 처음부터 너무 천천히 호흡하려고 하지 마시고 규칙적으로 연습하는 것이 중요합니다.

심상법은 명료하게 기억해낼 수 있는 즐겁고 편안했던 경험을 머릿속에 떠올림으로써, 그때의 즐거웠던 기분을 재경험하게 하여 신체도 그때의 기분을 느끼게 하는 것이다. 즉, 무서웠거나 화가 났던 사건을 기억하면 마치 그 사건이 일어난 것과 같이 불안하고 심장이 두근거리고, 반면 즐겁고 이완되었던 경험을 기억하면 마음이 편안해지고 신체도 이완된다.

1. 편안한 자세에서 눈을 감고 심호흡한다.

2. 자기 자신의 경험 중 가장 이완되고 조용하고 행복했던 어떤 장소를 마음에 그린다.
   단순히 떠올려내 관찰하는 것이 아니라 생생하게 느끼도록 해야 한다.
   그 장면의 색깔이 무엇인지, 편안한 마음과 신선한 공기, 주위 사람들, 촉감, 소리 등 오감을 통한 경험을 느껴본다.

3. 자신만의 독특한 방법으로 각자의 특별한 상황을 경험하고 즐길 수 있어야 한다.

4. 마음의 눈으로 본 것과 느낌을 즐기며 심호흡하고 이완한다.

자~ 편안한 상태에서 두 눈을 감아보세요. 손은 무릎 위에 편안히 두세요. 몇 분 후면 여러분의 몸이 점점 더 편안해질 겁니다. 여러분의 몸을 생각해 보세요. 호흡이 편안해지고, 조용해집니다. 더 깊고 편안히 이완되어 점점 더 아주 고요한 휴식 상태로 들어가게 됩니다. 하나, 둘, 셋, 넷, 다섯, 아주 깊은 휴식의 상태입니다.

편안한 이완 상태를 유지하면서 조용히 복식호흡을 해보세요. 그리고 한번 상상해 보세요. '지금의 이 순간, 나에게 가장 편안한 장면이 떠오른 것은 무엇일까요?' 여러분들을 편안하게 만드는 것이면 어떤 것이든지 상상해 보세요. 혹시 바닷가 모래밭에서 햇살을 받으며 누워 계십니까? 부드럽고 따뜻한 모래가 느껴지고, 파도 소리가 들리실 겁니다. 파도가 밀려왔다가 부서지고 또 파도가 왔다가 부서집니다.

싱그러운 바다의 내음도 느껴집니다. 햇살이 온몸을 따뜻하게 합니다. 여러분이 편안하게 있는 것을 방해하는 것은 아무것도 없습니다. 이제 다섯에서 하나까지 세어 볼 건데요 둘에 눈을 떠 주시고요. 하나를 셀 때는 평소의 각성상태로 돌아 오게 됩니다.

다섯~, 넷~, 셋~, 둘~, 하나~.

심호흡하고 기지개를 핍니다.

CHAPTER 12
트라우마 치료 프로그램

제1절 재난 트라우마 치료

재난 트라우마와 관련한 집단상담은 인지행동 치료, 게슈탈트치료, 최면 치료 등 다양한 방법이 있다. 특수 조직의 구성원 중 경찰이나 소방관은 재난 피해자를 구조하거나 돕는 과정에서 트라우마를 경험한다. 군 장병의 경우는 산사태나 홍수와 같은 자연 재난이나 총기 난사 사고와 같은 인적 재난을 겪을 때 트라우마를 경험한다.

특수 조직의 구성원을 대상으로 하는 집단프로그램은 현재의 심리상태에 대한 위기 평가 결과를 고려한 인지행동치료를 활용하는 것이 효과적이다. 인지행동치료는 인간의 사고, 인지상태에 따라 인간의 정서와 행동이 달라진다는 점을 바탕으로 하고 있다.

한 사람의 사고나 행동은 그가 세상을 구조화하는 방식에 의해 결정된다는 인지에 기초를 두고, 역기능적인 사고와 행동을 수정하여 현재의 문제를 해결하고자 노력한다. 이러한 인지행동치료는 재난피해자의 위기 극복에 큰 도움을 준다.

본 프로그램은 인지행동치료를 통해 스스로 자신의 행동을 통제하고, 감정 변화를 적절히 조절하는 능력을 증진하는 데 도움을 준다. 심윤기 등(2022)의 프로그램을 특수 조직의 환경에 적합하게 일부 내용을 수정·보완해 재구성하였다.

[프로그램의 회기별 내용]

구 분	중 점	세부 내용
1회기	프로그램 소개하기	• 재난 트라우마 교육 및 프로그램 설명
2회기	외상 경험 노출하기	• 재난 트라우마 경험일지 작성 및 발표
3회기	인지 재구조화하기	• 트라우마 경험 발표 / 인지 재구조화(A-B-C)

4회기	인지 오류 이해하기	• 트라우마 경험 발표 / 인지 오류 교육
5회기	불안 상황 인식하기	• 트라우마 경험 발표 및 불안 위계 목록 작성하기
6회기	상상 노출하기	• 불안 위계에 의한 상상 노출 훈련 실시
7회기	현장 노출하기	• 불안 위계에 의한 현장 노출 훈련 실시
8회기	대처전략 개발하기	• 트라우마 대처전략 교육 및 공유

[1회기: 프로그램 소개]

1) 개요

목표	재난 트라우마와 프로그램 절차 이해
도입	• 진행자와 참가자 소개 • 집단상담 프로그램 설명 • 프로그램 진행 시 지켜야 할 유의 사항 설명 • 근육 이완훈련

2) 진행요령

① 재난 트라우마와 PTSD에 대한 이해

트라우마와 PTSD의 진단, 원인, 증상, 미치는 영향 등을 설명한다.

② 인지행동치료 절차와 전체 프로그램 개관

인지행동치료의 이론적 근거를 설명하고, 전체 프로그램 진행을 개관한다.

③ 근육 이완훈련

근육 이완훈련에 들어가기에 앞서 이완에 방해가 될 수 있는 시계나 안경 같은 물건을 풀어 놓도록 합시다. 자~ 다음 지시문을 상담자가 말하는 대로 따라 한다.

근육 이완훈련 지시문

■ **오른쪽 손에 주먹을 힘껏 쥡니다.**

손에 긴장을 느껴봅니다. 손가락 사이로, 엄지, 손목, 그리고 팔까지 긴장이 어떻게 느껴지는지 주의를 기울여봅니다. 손가락들, 엄지, 손목의 긴장감을 집중해 봅니다. 모든 근육에서 긴장을 느끼고, 모든 긴장에 주의를 기울입니다. 그리고 이완할 때 그 차이를 느껴보는 겁니다. 당신의 손가락은 얼얼하고 따뜻하게 느껴질 수 있고, 어떤 사람은 이완하면서 근육이 따뜻하고 무겁게 느끼는 것을 발견하기도 합니다. 또 어떤 사람은 긴장이 사라지면서 근육이 가벼워진다고 느끼기도 합니다. 당신이 어떻게 느끼는지를 주목하고 이 느낌을 간직해보십시오. 당신이 긴장했을 때 근육이 어떻게 느끼는지와 지금 어떻게 느끼는지를 비교해 보도록 합니다. 이완의 파도가 모든 근육을 만지고 이완을 깊게 하면서 당신의 팔을 휘감는다고 상상해 봅니다. 파도는 썰물이 되어 나가고 이때 모든 긴장이 함께 빠져나간다고 상상합니다. 자, 이 차이를 느끼고 느낌을 간직해보세요.

■ **이제 우리는 오른손 위쪽 팔의 근육으로 주의를 옮깁니다.**

오른쪽 손을 들어 어깨를 만져봅니다. 그리고 위쪽 팔의 근육, 이두박근과 삼두박근을 긴장시켜봅니다. 위쪽 팔에 긴 근육에서 긴장을 느껴봅니다. 위쪽 팔 주변에서 밴드가 꽉 조여서 긴장을 만들어 낸다고 상상해 봅니다. 모든 근육이 어떻게 느끼는지를 주목하면서 그 긴장에 집중해 보며 이완합니다. 차이를 느껴보세요. 당신이 긴장했을 때 근육이 어떻게 느끼는지와 지금 어떻게 느끼는지를 비교해 봅니다. 이완의 느낌은 오른손과 아래쪽 팔로 뻗쳐나가서 이완의 느낌이 전달된다고 상상해 보십시오. 당신의 팔은 무겁고 따뜻하게 느낄 것입니다. 변화에 집중해 보세요. 이완의 파도는 당신의 팔을 적시고 썰물처럼 빠져나가는 것을 느껴봅니다. 깊고 완전한 이완이 오는 것을 느껴봅니다. 이 느낌을 간직해보세요. 고요하고 평온하다. 긴장되었을 때 근육이 어떻게 느껴지는지와 이완되었을 때 어떻게 느껴지는지 그 차이에 주목하고, 이 느낌들이 커지는 것을 상상해 봅니다.

■ **우리는 이제 왼손에 주의를 옮기겠습니다.**

왼손에 주먹을 쥡니다. 손가락, 엄지, 손목을 통해서 아래쪽 팔까지 긴장을 느껴봅니다. 긴장의 느낌에 주목해봅니다. 손가락, 엄지, 손목에서 다시 팽팽함에 집중합니다. 모든 근육에서 긴장을 느껴봅니다. 그리고 이완합니다. 차이를 느껴보세요. 손가락은 얼얼하고 따뜻하게 느껴질 것입니다. 변화에 집중해 보세요. 그것이 당신에게 어떻게 느껴지는지 주목하고 이 느낌을 간직해봅니다. 긴장했을 때 근육이 어떻게 느껴졌는지, 지금 어떻게 느끼는지를 비교해 보세요. 이완의 파도는 다시 모든 근육을 어루만지며 당신의 팔을 휘감는다고 생각해 봅니다. 이완을 깊이 하며 파도는 썰물이 되어 모든 긴장을 쓸어간다고 상상해 봅니다.

■ 이제 우리는 왼손 위쪽 팔의 근육으로 주의를 옮겨봅니다.

왼쪽 손을 들어 어깨를 만져봅니다. 그리고 위쪽 팔의 근육, 이두박근과 삼두박근을 긴장시켜봅니다. 위쪽 팔에 긴 근육에서 긴장을 느껴봅니다. 위쪽 팔 주변에서 밴드가 꽉 조여서 긴장을 만들어 낸다고 상상해 보세요. 모든 근육이 어떻게 느끼는지를 주목하면서 그 긴장에 집중해 봅니다. 그리고 이완해보세요. 차이를 느껴보세요. 당신이 긴장했을 때 근육이 어떻게 느끼는지와 지금 어떻게 느끼는지를 비교해 보세요. 이완의 느낌은 왼손 아래쪽 팔로 뻗쳐나가 이완의 느낌이 전달된다고 상상해 봅니다. 당신의 왼팔은 무겁고 따뜻하게 느껴질 것입니다. 변화에 집중해 보세요. 이완의 파도는 당신의 팔을 적시고 썰물처럼 빠져나가는 것이 느껴질 것입니다. 깊고 완전한 이완을 가져오는 것을 느껴보세요. 이 느낌을 간직해보세요. 고요하고 평온한 느낌입니다. 긴장되었을 때 근육이 어떻게 느끼는지와 이완되었을 때 어떻게 느껴지는지 그 차이에 주목해봅니다.

■ 이제 우리는 얼굴과 어깨 근육으로 주의를 옮기겠습니다.

이마 근육과 눈에서 시작합니다. 눈썹을 조이고 눈을 찌푸리면서 이마 근육을 아래쪽으로 눌러보세요. 눈 주위의 모든 긴장을 느껴봅니다. 여기에는 표정을 만드는 많은 근육이 있는데요, 이 근육들을 모두 느껴봅니다. 관자놀이와 눈 주변을 잡아당기면서 이마에서 긴장을 느껴보세요. 그리고 이완해보세요. 긴장을 모두 밖으로 보내고 차이에 주목해봅니다. 이마의 조임이 점점 풀리고 이완되면서 이마가 편안해지는 것을 느낄 것입니다. 얼얼하거나 따뜻하게 느껴질 수도 있습니다. 어떤 변화가 생겼는지 간에 그 변화에 주목하고 간직해보세요. 긴장이 빠져나가고 이완이 깊어짐에 따라 눈이 이완되는 것을 느껴보세요. 점점 더 이완되고 있음을 느껴봅니다. 긴장되었을 때 근육이 어떻게 느끼는지와 지금 어떻게 느끼는지를 비교해 봅니다. 우리가 볼과 턱으로 주의를 집중할 때도 이 느낌을 기억해봅니다. 우리가 하려고 하는 것은 어금니를 꽉 깨물고 입꼬리를 잡아당기고 찡그린 얼굴을 만드는 것입니다. 가능하다면 혀로 입천장이나 위 치아를 누르는 것이 좋습니다. 그 긴장을 유지하면서 어느 곳이 팽팽한지를 느껴보세요. 그리고 멈춰보세요. 그리고 또 이완해보세요. 모든 긴장이 빠져나가게 하고 차이에 주목해봅니다. 턱이 완전하게 이완하면 사실상 입이 벌려진 채로 턱은 매달려있는 상태임을 느끼게 됩니다. 그대로 완전하게 이완해보세요. 당신 얼굴에 있는 모든 근육은 이제 이완되었으며 이마, 눈, 볼, 턱도 완전하게 이완된 느낌을 기억합니다.

■ 이제 우리는 목과 어깨 근육으로 주의를 옮기겠습니다.

만약 우리 몸에 어떤 부분을 다쳤거나 아픈 곳이 있다면 그 부분을 너무 긴장시키지 마십시오. 긴장했을 때와 긴장이 풀렸을 때 근육이 어떻게 느끼는지만 알면 됩니다. 목의 뒤에서 근육을 긴장시키면서 머리를 부드럽게 뒤로 젖힙니다. 동시에 어깨에 있는 근육들이 서로 꽉 묶여서 매듭지어진 것처럼 느껴지도록 어깨를 올려봅니다. 긴장을 유지한 채 근육이 얼마나 탄탄하게 느껴지는지를 느껴보세요. 어느 곳에 긴장이 있는지를 주목하고 그 긴장을 느껴봅니다. 그리고 이완해보십시오. 머리가 편안한 자세에 있도록 해서 그곳이 긴장되지 않도록 해 보십시오. 어깨를 이완해보세요. 근육은 느슨해지고 편안해집니다. 나른해집니다. 따뜻하고 편안합니다. 아무런 힘을 들이지 않고 따뜻함과 편안함이 온몸으로 퍼져나가, 온몸이 완전하게 이완되는 것을 느껴봅니다.

■ 이제 우리는 가슴과 뒤쪽 등의 근육으로 주의를 옮기겠습니다.

여기서 우리는 약간 다른 방식으로 긴장감을 만들 것입니다. 시작하기 전에 숨을 들이마시고, 잠시 멈춘 후에 숨을 내쉬면서 이완하겠습니다. 준비되면 숨을 깊게 들이마시고, 잠시 멈춘 후에 가슴과 뒤쪽 등 근육을 긴장시킵니다. 숨을 멈추고 근육의 팽팽함을 느껴봅니다. 긴장과 팽팽함이 어떻게 느껴지는지와 어디서 느껴지는지를 지각해봅니다. 그리고 이완해봅니다. 숨을 내쉬면서 긴장도 함께 내보냅니다. 다음 호흡은 느리고 편안하게 합니다. 신선한 공기를 들이마시고 다시 내뱉으면서 긴장도 날숨과 함께 내보냅니다. 숨을 쉴 때마다 점점 더 평온해지고 더욱 깊이 이완되는 것을 느껴봅니다. 아주 평온하고 평화로운 느낌을 느껴봅니다.

■ 이제 우리는 복부와 복부 뒤쪽 허리 근육으로 주의를 옮기겠습니다.

숨을 들이마시면서 가슴의 근육을 긴장시키고 숨을 멈췄다가 다시 숨을 내쉬면서 이완합니다. 준비가 되면 깊게 숨을 들이마셔서, 폐에 공기를 가득 채우고, 아랫배를 바깥쪽으로 밀어서, 등과 아랫배 사이의 공간을 확장하고, 복부와 옆구리와 아래쪽 등에서 팽팽함을 느껴봅니다. 숨을 참고 팽팽함을 느껴봅니다. 그리고 이완해봅니다. 숨을 내쉬어 가슴과 아랫배가 들어가게 해 봅니다. 다음 호흡하면서 신선한 공기가 폐에 가득 차는 것을 느끼고 아랫배가 부풀어 오르도록 해 봅니다. 숨을 내쉴 때마다 당신의 몸이 쿠션으로 깊이 빠져든다고 상상해봅니다. 당신의 모든 근육은 흐느적거리고 느슨해지는 것을 느껴봅니다. 힘을 빼고 쿠션에 몸을 맡겨보세요. 아무런 긴장을 느끼지 않고 숨을 쉬는 어린 아기처럼 당신의 아랫배는 부드럽게 올라온다고 느끼며, 위쪽 전체 몸으로 이완이 퍼져 나가는 것을 느껴보세요. 평온하고 평화로운 느낌을 느껴봅니다. 숨을 내쉴 때마다 이완이라는 단어를 생각하고, 당신의 몸이 가는 대로 내 버려둡니다.

■ 이제 우리는 엉덩이와 위쪽 다리 근육으로 주의를 옮기겠습니다.
여기서는 근육을 긴장시킬 때 근육이 어떻게 느껴지는지와 이완할 때 어떻게 느껴지는지의 차이에 초점을 두면서, 근육들을 조였다가 이완하도록 하겠습니다. 엉덩이, 대퇴부, 위쪽 다리 근육을 조이면서 시작합니다. 엉덩이와 위쪽 다리를 조이면서 팽팽함을 느껴보세요. 팽팽함을 느끼고, 긴장을 느끼고, 긴장을 잡아두세요. 그리고 이완합니다. 차이를 느껴보세요. 다시 따뜻하고 편안한 파도가 당신의 근육들로 타고 넘어 들어오는 것처럼 느껴질 것입니다. 긴장이 풀리면서, 당신은 쿠션으로 빠져듭니다. 이완의 파도가 다른 부분으로 넘어 들어가 그곳의 모든 긴장을 침식시키는 것을 상상해 보십시오.

■ 이제 우리는 아래쪽 다리와 발로 주의를 옮깁니다.
발가락을 위쪽으로 올려서 발가락과 발과 발목과 종아리가 긴장을 느끼도록 합니다. 팽팽함을 느끼고 모든 근육이 어떻게 느끼는지에 주목해봅니다. 완전하게 이완해보세요. 모든 긴장이 아래쪽으로 흘러 내려가서 발로 빠져나가는 것을 상상해 보세요. 이완은 온몸을 씻어내고, 따뜻한 느낌이 충만하게 해줍니다. 모든 근육에 평온함이 깊어집니다. 긴장과 이완의 차이를 비교해 봅니다. 그리고 이 느낌을 간직해봅니다. 어떻게 느꼈는지를 기억하고 그 근육의 기억을 간직해봅니다.

■ 이제 각각의 근육 군을 다시 연습할 것입니다.
그러나 이번에는 근육들을 긴장시키지 않을 것입니다. 근육이 언급될 때 조금 더 이완만 하면 됩니다. 자, 발과 아래쪽 다리 근육에서 이완을 느낍니다. 위쪽 다리와 엉덩이. 평온하다... 편안합니다. 아랫배와 허리... 이완되고 있습니다. 당신의 호흡은 평온하고 평화롭습니다. 가슴과 뒤쪽 등... 조용하고... 따뜻하고... 무겁습니다. 어깨와 목... 느슨합니다... 그리고 평온합니다. 얼굴, 아래쪽 이마, 눈 사이, 볼과 턱 아래... 느슨하고... 무겁습니다. 그리고 팔, 위쪽 팔, 아래쪽 팔, 그리고 손과 손가락. 평온하고. 평화롭게 느껴집니다.

■ 이제 마음으로 이완하면서 전체 몸을 연습합니다.

근육이 더 이완할 수 있다고 느낀다면 그 근육에 주의를 기울이고, 이완을 깊이 합니다. 아무런 힘이 들지 않고 단지 평온하게 느낍니다. 그리고 다음 다섯 번의 호흡에 집중해 봅니다. 부드럽고 평온하게 숨을 쉬는 데 집중해 봅니다. 하나부터 다섯까지 세는 동안 숨을 들이쉬고 내쉬면서 이완이라는 단어를 생각합니다. 숨을 쉴 때마다 당신 자신이 더 평온하고 더욱 이완되고 있는 것에 주목해봅니다. 몇 분간 이러한 감각을 즐겨봅니다. 이제 이완의 단계에서 다시 평상의 삶으로 돌아올 시간입니다. 마음속에서 삼에서부터 하나까지 거꾸로 셀 겁니다. 각 숫자를 세면서 당신 자신이 평온하고 편안한 채로 조금씩 깨어나는 것을 발견할 것입니다. 셋~. 당신은 여전히 평온하고 편안합니다. 둘~. 당신은 조금씩 깨어납니다. 하나 ~. 자. 이제 천천히 눈을 뜨고 깨어납니다.

☞ 과제 부여: 근육 이완훈련을 매일 2회 실시
☞ 마무리: 프로그램 후 느낌 나누기, 다음 회기의 프로그램 소개

[2회기: 트라우마 경험 노출하기]

1) 개요

목표	트라우마 경험일지를 작성하고 이를 발표하여 기억을 촉진한다.
도입	1주일간의 경험을 공유한다.

2) 진행요령

① 트라우마 경험일지 작성

집단원이 경험한 충격적이고 끔찍한 재난 구조에 대한 경험일지를 작성한다. 경험일지 내용은 사건의 사실 자체에 대한 것이라기보다 그 사건에 대해 어떻게 기억하는지 내용을 쓰는 것이다. 무슨 일이 일어났는지, 왜 일어났는지, 어떻게 그 일이 일어나게 되었는지 쓰고, 기억하고 있는 재난과 관련한 생

각, 이미지, 소리, 냄새, 느낌까지 모두 써 보도록 한다.

이 과정은 재난 사건에 대한 기억과 관련한 정보를 수집해서 집단원을 돕기 위한 것이기 때문에 문법이나 문장에 대해서는 걱정하지 않도록 한다. 재난 트라우마 경험일지를 쓰는 것은 스스로 부정적인 증상에 대처하고, 자신을 불편하게 만드는 외상 기억에 직면하기 위하여 실시하는 과정이다. 외상 사건을 경험한 세부 사항과 사건을 경험할 당시의 생각, 정서에 집중해서 작성한다(질문으로 기억을 촉진한다).

② 트라우마 경험일지 발표

그 다음에는 작성된 경험일지를 발표하는 시간을 갖는다(경험일지를 발표하지 못하고 침묵하고 있다면 "재난 경험일지를 써보시니 여러분들 어떤 기분이 드세요?", "표정이 불안해 보이시는데 그 사건에 대해 어떤 감정이 있는지 말씀해 주시겠어요?"라고 격려한다).

트라우마 경험일지 발표를 마치면 신체 및 정서적 반응에 대해 "지금 여러분 몸이 어떤 느낌입니까?", "지금 어떤 기분이세요?"와 같은 질문을 한다. 그리고 재난 사건에 대해 어떻게 대처했는지에 관해서도 이야기하도록 격려한다. 불안을 일으킨 장면을 회피하는 것은 정상적인 반응이지만, 이에 대한 경험 노출은 심리적 회복을 위한 대처 방법으로 매우 중요한 과정임을 이해시킨다.

☞ 과제 부여: 근육 이완훈련과 복식호흡 매일 2회 실시, 외상 경험일지 매일 3번 읽기
☞ 마무리: 프로그램 종료 후 느낌 공유 및 다음 회기 프로그램의 간단한 소개

[3회기: 인지 재구조화하기]

1) 개요

목표	인지 재구조화를 통해 부정적 감정을 해소한다.
도입	• 트라우마 증상과 관련한 1주일간의 경험을 공유하기 • 트라우마 경험일지를 읽고, 지난 시간과 느낌이 어떻게 다른지 느껴보기

2) 인지 재구조화 A-B-C 설명

일반적으로 우리는 나를 불안하게 만드는 사건(A: Activating 사건) 때문에 내가 불안(C: Consequences 감정적·육체적 결과)하게 느낀다고 생각한다. 그러나 자세히 살펴보면 어떤 사건이나 사람때문에 불안한 것이 아니라 그 사건에 대한 우리의 생각, 특히 비합리적인 믿음 때문에 불안하게 느끼는 경우가 많다. 이는 비합리적인 생각이나 사고가 우리의 정서나 행동에 좋지 않은 영향을 미치고 있다는 것을 보여 준다.

홍수 재난피해자를 예로 들어보자. 예) 비가 온다(A). → 또 홍수가 날 거야. 나는 지난 홍수에서 죽을 고비를 넘겼는데, 그런 사고가 또 발생할 수 있을 거야(B). → 불안(C)이 발생한다. 이렇게 내가 지닌 신념으로 인해 불안한 나의 감정(C)이 발생한다. 이 말은 나의 신념(B)이 어떤 내용이냐에 따라 나의 감정(C)이 달라질 수 있다는 이야기이다. 이처럼 두려움, 분노, 죄책감, 상실감, 좌절, 무력감, 열등감 등 우리를 괴롭히는 정서는 대부분 우리의 비합리적인 사고방식에 의해서 생겨나고 있음을 알 수 있다.

우리가 느끼는 정서는 우리 자신이 생각한 결과이다. 사고와 느낌은 분리되어 있지 않다. 우리가 합리적인 사고방식을 가지고 있으면 우리의 마음이 편안하지만, 반면에 경직된 사고방식을 가지고 있으면 우리의 마음도 피곤해진다. 우리가 자신의 어떤 문제 때문에 또는 어떤 경험 때문에 필요 이상으로 힘들고 피곤하다면 그것은 우리가 그러한 사고방식을 가지고 있음을 보여주는 증거이다. 과거에 우리를 불안하게 했거나 화나게 했던 경험을 떠올려 보고 A, B, C로 나누어 생각해보도록 안내한다.

☞ 과제 부여: 근육 이완훈련 매일 2회 실시, 트라우마 경험일지 매일 3번 읽기

☞ 마무리: 프로그램 후 느낌 공유, 다음 회기 프로그램의 간단한 소개

[4회기: 인지 오류 이해하기]

1) 개요

목표	나의 인지 오류 찾기
도입	• 트라우마 경험일지를 읽고, 지난 시간과 느낌이 어떻게 다른지 느껴보기 • 재난 경험 노출 과정이 트라우마 회복을 위해 중요하다는 것을 설명하기 • 정서의 A, B, C 내용에 대한 복습과 구체적인 예를 들어 설명해 보기

2) 인지 오류 설명

■ **당위적 생각(반드시 ~해야만 한다)**

– 나는 무슨 일이 있어도 꼭 1등을 해야만 해.

– 재난을 경험했지만 나는 강하니까 아무 일도 없었던 것처럼 해야 돼.

■ **흑백논리(이것 아니면 저것이라는 생각)**

– 1등 하지 못하면 그것은 실패한 인생이 되는 거야.

– S대학이 아니면 다 삼류대학.

■ **극단적 생각**

– 나는 실연을 당했어. 여자들은 아무도 나를 좋아하지 않아.

– 이번 일에 실수했어. 나는 항상 실수만 하는 바보야.

■ **개인화**

– 자신과 관련이 없는 일을 자신 때문에 생긴 일이라고 생각.

– 경기에서 우리가 패한 것은 모두 나 때문.

- **자기비하적 사고**
  - 잘못된 행동 하나로 자신을 평가 절하함.
  - 시험 성적이 떨어졌어. 나는 이 정도 밖에 안되는 인간.

☞ 과제 부여: 근육 이완훈련, 복식호흡 매일 2회 실시, 경험일지 매일 3번 읽기

☞ 마무리: 프로그램 후 느낌 공유, 다음 회기 프로그램의 간단한 소개

[5회기: 불안 상황 인식하기]

1) 개요

목표	재난 경험 노출을 통해 트라우마 회복하기
도입	• 트라우마 증상과 관련한 1주일간의 경험 공유 • 트라우마 경험일지를 읽고, 지난 시간과 느낌이 어떻게 다른지 느껴보기 • 재난 경험 노출 절차가 충분한 회복을 위해 중요함을 설명하기

2) 진행요령

① 불안 상황 기록하기

집단원에게 가장 큰 불안을 일으킨 하나의 상황을 적어보도록 한다. 그 상황은 자주 또는 적어도 1주에 한 번 이상은 일어나며, 불안하고 두려워서 피하는 상황이다.

- **불안 상황 기록하기**
  다음 질문에 대해 구체적으로 답을 하도록 안내한다.
- 이 상황에서 당신은 어느 정도의 불안을 경험하셨습니까? 그 상황에서 당신이 느낀 불안 점수를 기록해 보십시오(10점 척도에서 0은 전혀 불안이 없음을 의미하는 것이고, 10은 최고 높은 불안 수준을 나타낸다). 당신의 불안 수준(0 – 10)은 얼마입니까?
- 당신은 이러한 상황을 얼마나 자주 경험하십니까?(1주일에 몇 번 이러한

상황을 경험하는지 적는다). 당신의 불안 상황 발생빈도는 1주일에 몇 번입니까? (　)번

- 이러한 불안 상황이 지속되는 시간은 얼마입니까?(불안이 일반적으로 얼마나 지속되는지 적는다). 당신의 불안 지속시간은 얼마입니까? (　)분
- 이 상황에서 불안이 당신의 삶을 얼마나 방해합니까? (10점 척도에서 0점은 전혀 방해가 없음을 뜻하고, 100은 아주 많은 방해를 받는 것을 보여준다). 당신 삶의 방해 정도는 얼마입니까?

② 불안 위계 목록 작성하기

최근 일주일간 자기의 행동을 돌아보고 불안을 느낀 상황 다섯 가지를 기록하도록 한다. 그런 다음 열 가지 상황을 불안 수준 척도(0-10점)로 평정하여 가장 불안이 작은 것부터 큰 순서대로 기록한다. 그리고 하루 동안 경험한 불안 횟수와 가장 불안을 회피하고 싶었던 이유도 기록한다.

- 불안이 낮은 것부터 높은 순으로 다섯 가지 불안 상황 기록하기:
- 하루 동안 경험한 불안 횟수 기록하기:
- 가장 불안을 회피하고 싶었던 이유 기록하기:

☞ 과제 부여: 근육 이완훈련 매일 2회 실시, 트라우마 경험일지 매일 3번 읽기

☞ 마무리: 프로그램 후 느낌 공유 및 다음 회기 프로그램의 간단한 소개

[6회기: 상상 노출하기]

1) 개요

목표	상상 노출 훈련을 통해 재난 트라우마 증상 제거하기
도입	• 재난 트라우마 증상과 관련한 1주일간의 경험 공유 • 트라우마 경험일지를 여러 사람 앞에서 읽은 후, 느낌이 어떻게 다른지 느껴보기 • 상상 노출 절차가 트라우마 증상 회복을 위해 중요함을 설명하기

2) 진행요령

① 노출 치료의 원리 교육

유인물을 이용하여 노출 치료의 원리를 이해하도록 설명한다.

<노출 치료의 원리>

노출 치료는 두 개의 큰 구성요소로 되어 있습니다.

첫 번째는 상상 노출입니다. 상상 노출은 마음속에 있는 상처를 계속해서 되새기는 것입니다. 두 번째는 현장 노출로 사고 이후에 두려움 때문에 피하는 상황을 직면하게 하는 것입니다. 재난을 경험한 사람들은 재난과 관련된 생각이나 감정을 피하려고 합니다. 또한 불안해지는 관계로 재난을 회상할 수 있는 그러한 상황, 장소, 활동을 피하려고 합니다. 그렇지만 피하는 것은 잠시는 좀 편할 수 있지만 결국 장기적으로 보아서는 도움이 되지 못하고 오히려 공포 극복을 방해합니다. 상상 노출과 현장 노출은 이러한 문제를 해결할 수 있도록 도와줍니다.

노출 치료가 효과를 거두게 되는 것은 무엇 때문일까요? 비교적 안전한 상황에서 공포 기억을 차근차근 직면하면 다음과 같은 현상이 일어납니다. 첫째, 기억을 되살리는 것은 재난 경험을 감정적으로 처리할 수 있게 해줍니다. 두 번째, 재난 경험을 직면하여 기분이 나빠지는 것이나 불안해지는 것이 위험한 것이 아니라는 것을 알게 해줍니다. 세 번째, 재난을 떠올리게 하는 다른 상황에 대해서도 조금씩 덜 공포감을 느끼게 합니다. 네 번째, 공포와 불안을 잘 처리하는 법을 배우게 되고, 자기 자신에 대해서도 보다 나은 느낌을 느끼게 합니다. 마지막으로 그동안 회피해 왔던 기억이나 상황을 반복적으로 직면하게 되면서 공포와 불편감이 점차로 감소하는 것을 알게 됩니다.

다시 말해, 이런 상황에 대해서 조금씩 편해진다는 것입니다. 이것을 습관화 또는 둔감화 현상이라고 합니다. 습관화는 불안이 차츰차츰 가라앉게 되는 과정을 말하는데, 안전한 상황에서 불안에 노출되는 과정을 자꾸 반복하면 조금씩 덜 불안을 느끼게 됩니다. 몇 번 넘어지면서 자전거 타는 법을 배우는 것과 비슷합니다. 몇 번 넘어졌다고 자전거 타는 것을 피한다면 자전거를 타는 데 더 불안하게 됩니다. 그러나 불안한 상태이지만 자전거를 계속 탄다면 결국은 두려움이 덜해집니다.

습관화는 공포 기억에도 똑같이 작동합니다. 외상 사건에 대한 기억을 피하는 것보다 자꾸 그 기억을 떠올리게 되면 그 기억에 대해서 조금씩 덜 괴롭게 느껴지고, 그 기억이 위험하지 않다는 것을 알게 됩니다. 고통스러운 기억에 폭로되는 것, 즉 그 사건을 상상으로 되돌리는 것은 그런 기억을 조절할 수 있게 해줍니다. 이렇게 되면 공포 기억은 점차 사라지게 됩니다.

큰 사건을 겪고 나면 사람들이 자기 자신이나 세상이 변했다고 믿게 됩니다. 자신을 둘러싼 상황이나 세상을 위험하게 보게 되는 것이지요. 사람에 대한 태도가 부정적으로 변하고, 자기 자신에 대해서도 부정적으로 생각하게 됩니다. 이러한 이유로 치료하는 기간에 재난 사건과 자기 자신 그리고 다른 사람과 상황에 대해서 어떻게 생각하는지 자주 논의하게 됩니다. 재난 사건과 관련된 변화가 감정에 어떠한 영향을 주었는지 트라우마와 관련된 생각의 변화를 자주 알아보게 되는 것입니다.

상상 노출 및 현장 노출은 처음에는 어렵게 보일 수 있습니다. 실제로 많은 재난 사건의 피해자들이 이것에 참여하는 것을 두려워합니다. 그러나 시간이 지나면서 이러한 치료가 정말로 효과가 있다는 것을 알게 됩니다.

② 상상 노출 훈련

상상 노출 훈련은 30분 정도 시행하되 재난 사건 하나에만 국한하여 실시한다. 재난 경험을 현재 시제로 바꾸어 진행한다(노출 강도를 약하게 약 5분 노출, 점차로 노출의 강도와 시간을 증가). 재난피해자는 눈을 감고 그때의 재난 사건을 그려보고 느낌과 생각에 머무르도록 한다(노출 강도를 강하게 약 25분간 노출). 이에 충분히 머무르도록 지도는 피해자의 기억에 대해 세부적인 것을 질문하고, 세심하게 탐색함으로써 기억을 더 생생하게 만들 수 있도록 도와야 한다.

생각과 감정, 신체적 지각에 집중할 수 있도록 격려한다. 필요하다면 경험을 잘 적정화한다(예를 들어, 눈을 뜨라든지, 과거시제를 쓰라든지, 조금 더 이야기하는 식으로 재현하라든지, 혹은 더 몰입하는 방법을 이용해서 도와주는 것 등이 포함됨). 재난피해 장병의 불안감이 올라가고 힘들어한다면 상상 노출을 제대로 시행하고 있다는 증거다. 계속 그 상상에 머물러 있도록 격려하다가 불안감을 줄여야 할 필요가 있는 경우는 이완훈련을 하고 휴식 시간을 가진다.

상상 노출 기록지	
일자	
성명	

회기 수	
상상 노출 회수	
상상 노출 내용	

③ 상상 노출의 처리

상상 노출이 끝난 후에는 그 과정이 어떠했는지, 어떻게 느꼈는지 소감을
나누는 시간을 20분 이상 충분히 갖는다.

☞ 과제 부여: 상상 노출 목록을 스스로 작성하여 연습한다.

☞ 마무리: 프로그램 후 느낌 공유 및 다음 회기 프로그램의 간단한 소개

[7회기: 현장 노출하기]

1) 개요

목표	현장 노출 훈련을 통해 재난 트라우마 극복하기
도입	• 재난 트라우마 증상과 관련한 경험 공유 • 현장 노출 훈련 전, 불안 위계 하위 5단계에서 상위 1단계까지 상상 노출을 한 후, 근육 이완훈련, 복식호흡을 한다. • 실제 현장 노출한다.

2) 진행요령

① 현장 노출 목록 작성

재난 관련 회피 자극과 상황을 적고, 5-7개 정도의 현장 노출 목록을 작
성한다.

구분	항목	불안감 수준
1		
2		

3	
4	
5	

② 현장 노출 지시문

다음은 현장 노출 과제를 만드는 데 도움이 된다. 적어도 30분 이상 버텨야 한다.

[예: 시장에 가기]

- 누군가와 함께 시장에 가서 함께 걸어 다니기
- 누군가와 함께 시장에 가서 혼자 서 있다가 혼자 걸어 다니기
- 누군가와 함께 시장에 가서 혼자 서 있다가 어느 가게에 혼자 들어가기
- 누군가와 함께 시장에 가지만 그 사람은 주차장에 있고 나 혼자 시장 보기
- 누군가와 함께 시장에 가지만 30분 후에 데리러 다시 오고 혼자 시장 보기
- 누군가가 집에서 전화 연락이 되는 곳에 있고 혼자 시장에 가기
- 아무에게도 이야기하지 않고 혼자서 시장에 가기

③ 현장 노출의 처리

현장 노출이 끝난 후에는 그 과정이 어떠했는지, 어떻게 느꼈는지 소감을 나누는 시간을 20분 이상 충분히 갖는다.

☞ 과제 부여: 현장 노출 장면을 스스로 선정하여 연습한다.

☞ 마무리: 프로그램 후 느낌 공유 및 다음 회기 프로그램의 간단한 소개

[8회기: 대처전략 개발하기]

1) 개요

목표	스트레스 대처에 대한 교육 및 실천할 수 있는 대처전략 세우기
도입	• 재난 트라우마 증상 회복과 관련한 1주일간의 경험 공유 • 대처전략이 트라우마 증상 회복을 위해 중요함을 설명하기 • 현재까지의 치료과정에서 나타난 증상의 변화를 논의하기

2) 진행요령

① 트라우마에 대한 교육 및 실천할 수 있는 대처전략 세우기

- 지지 구하기: 동료에게 전화 걸어 이야기하기 / 가족과 이야기하기
- 이완 운동: 점진적인 근육 이완 / 복식호흡
- 사고 중지: 산책이나 운동하며 좋지 않은 생각 버리기
- 일기 쓰기: 불안 상황과 자신의 감정을 글로 적기
- 자기 대화: 자신이 잘 해낸 것을 생각하고, 부정적 사고를 인식하기
- 규칙적인 운동: 걷기, 수영, 자전거 타기, 스트레칭 등
- 매일 활동/의식 지속: 같은 시간에 일어나서 하루를 시작하기, 규칙적으로 식사하기
- 매일·매주·매월 하는 기분전환 활동 지속
- 자기 보상: 자신을 위해 작은 선물, 특별한 시간 등을 내어 보상하는 방법 찾기, 긍정적인 활동을 통한 기분 전환하기(영화, 운동 등)

② 도움이 되었던 트라우마 대처전략 공유하기

앞서 언급한 트라우마 대처전략 리스트 외에 평소 자신이 스트레스 상황에서 도움이 되었던 대처전략을 공유한다.

☞ 과제 부여: 가정이나 직장에서 실천한다.

☞ 마무리: 회기를 종결한다.

외상 후 스트레스 치료

특수조직의 구성원은 임무 수행과정에서 일반인에 비해 PTSD 증상을 더 많이 경험하는 것으로 알려져 있다. 특수 조직의 구성원에 대한 PTSD 치료는 주로 인지치료와 노출 치료 등 두 가지 방법을 주로 사용한다. 인지치료는 외상 사건을 경험한 자신의 어떤 생각이 스트레스를 유발하고 증상을 악화시키고 있는지를 이해하는 것으로부터 출발한다.

외상을 경험한 사건과 주변 환경에 대한 자신의 어떤 생각이 자신을 불안하고 혼란스럽게 하는지 인식하도록 도움을 준다. 외상 피해자는 집단지도자의 도움을 받아 자기의 생각을 좀 더 합리적이고 긍정적으로 대치하는 방법을 배우고 이를 실천한다.

노출 치료는 외상 사건과 관련된 생각이나 감정을 회피하는 외상 피해자를 치료하는 방법이다. 외상을 경험한 사건을 회피하는 것은 잠시 동안은 편안함을 가져다줄 수 있으나, 장기적인 측면에서는 치료를 더 어렵게 만든다.

본 프로그램은 심윤기(2018)의 프로그램을 특수 조직의 구성원에게 적용하기 위해 일부 내용을 수정·보완해 재구성하였다.

[프로그램의 회기별 내용]

구 분	중 점	세부 내용
1회기	시작하기	• 프로그램과 치료과정 개관 • 자율신경계 이해하기
2회기	외상 사건에 직면하기	• 직면의 중요성 이해 및 스트레스에 직면하기
3회기	플래시백 다루기	• 플래시백과 외상 스트레스 유발자극 다루기
4회기	상상 노출하기	• 상상 노출 목록을 작성한 후 노출 훈련하기
5회기	현장 노출하기	• 현장 노출 장소를 선정한 후 노출 훈련하기

6회기	부정 정서 조절하기	• 화와 분노, 죄책감 다루기
7회기	긍정 강점 찾기	• 자신의 강점 찾기와 미래 인생 설계
8회기	마무리하기	• 삶의 의미 찾기

[1회기: 시작하기]

1) 치료 목표

신뢰 관계를 형성하고 치료과정을 이해한다.

2) 진행요령

① 신뢰 관계를 형성한다.

외상 사건을 겪은 피해자에게는 무엇보다도 지도자의 안정적이고 지지적인 모습이 필요하다. 이를 위해 지도자는 방어적이거나 경계의 자세가 아닌 모든 가능성을 열어두는 개방적인 자세를 보여야 한다. 외상 피해자를 향하여 몸을 약간 기울이면서 그의 말에 관심을 기울이고 있다는 자세를 취하며, 피해자가 말하는 순간순간 시선을 맞춰 당신에게 관심을 기울이고 있다', '당신의 입장을 공감한다.'라는 의미를 전달하는 것이 필요하다.

그뿐만 아니라 집단지도자는 지나치게 조심하거나 긴장하는 표정을 짓는 것은 바람직하지 않다. 편안하게 이완된 자세를 취하며, 전문가로서 치료에 대한 신뢰감을 주는 모습을 보일 수 있어야 한다. 그리고 상담 과정에서 다루어지는 내용은 반드시 비밀이 보장됨을 주지시킨다.

② 프로그램을 개관한다.

집단지도자는 외상 스트레스 증상을 겪고 있는 피해자에게 상담의 전반적인 내용과 진행 과정, 기대효과를 설명해 주는 것이 필요한데, 다음과 같은 내용을 강조하는 것이 좋다.

- 집단지도자는 피해자와 함께 치료를 목표로 협력하고 도움을 주는 사

람이다.

- 피해자는 자기의 생각과 감정을 적극적으로 탐색하고, 상담 절차를 따른다.

  특히, 상담 시간을 엄수하고, 과제를 꼭 해오도록 한다.
- 상담 과정에서 지도자와 피해자는 서로 신뢰 관계를 유지한다.
- 지도자는 프로그램에 대해 다음과 같은 자료를 준비하여 설명한다.

[PTSD 및 상담프로그램 내용 개관]

PTSD는 심신의 충격을 경험한 후 극도의 공포와 불안 같은 정서적 혼란스러움이 재경험되는 장애이다. 신경계의 과각성으로 매우 예민하고, 충격과 관련 있는 자극을 회피하는 등 심리적 고통을 받는 장애이기도 하다. 따라서 상담 초반에서는 PTSD가 무엇이고 왜 일어나는지를 알아보고, 불안을 감소시키는 훈련을 한다. 상담 중반에 불안이 감소하면 자신의 고통을 차분히 바라볼 수 있으므로, 외상 스트레스에 대한 이해를 통해 자신감을 회복하는 데 중점을 둔다.

상담 후반부에는 과거 자기의 위기 극복 성공 경험이나 갈등 극복 경험을 되돌아보고, 자기 안에 있는 강점을 찾아 향후 인생을 재설계함으로써 새롭게 태어나는 계기가 될 수 있는 시간을 가진다.

[상담 과정]

상담 과정은 총 8회기로, 매회기 60~90분 정도 소요된다. 매회기 주제가 다르고, 그 회기에 다룬 내용을 충분히 학습하고 숙련될 수 있도록 연습과제를 준다. 이후 숙제를 통해 훈련 경험과 노력에 대해 서로 이야기를 나누는 시간을 갖는다.

[연습과제와 노력]

연습과제는 상담실이 아닌 가정이나 직장 등에서도 이루어질 수 있도록 연계된 내용이므로 충실하게 따라야 효과를 얻을 수 있다. 본인 자신을 위해서 노력할수록 자신에게 도움이 된다는 것을 인식하도록 한다.

③ 외상 스트레스를 설명한다.

이 세상 사람은 누구 할 것 없이 스트레스를 받고 살아간다. 스트레스가 전혀 없는 삶이란 있을 수가 없다. 스트레스가 전혀 없다면 사람은 아무 일도 하지 않을 것이고, 자극에도 반응이 없는 무기력한 사람이 될 것이다. 내일 자격증 시험이 있는데 아무런 긴장이 생기지 않는다면 제대로 시험을 볼 수 있을까? 과속하는 차가 내 앞으로 오는데 피하지 않으면 어떻게 될까? 적당한 스트레스는 우리가 살아가는 데에 꼭 필요한 것이다. 우리는 이를 정상적인 스트레스 반응(normal stress response)이라고 부른다.

스트레스를 받으면 우리의 몸과 마음은 다양한 방식으로 반응한다. 신체적 반응으로는 맥박이 증가하고, 근육이 긴장되거나 얼굴이 붉어지고 땀이 난다. 정서적 반응으로는 불안, 공포, 분노가 생길 수 있다. 행동적 반응으로는 그 상황과 맞서 싸우려거나 또는 상황으로부터 도망가려고 한다. 이것들은 모두 정상적인 반응들이다.

스트레스는 두 가지 종류가 있다. 하나는 긍정 스트레스이다. 이를 유−스트레스(eustress)라고 한다. 이것은 우리를 보호하고 위급 상황에서 긍정적인 반응을 유발한다. 따라서 유−스트레스는 우리의 생명을 보호하는 역할을 한다.

그러나 스트레스 반응이 너무 강하거나 과도하면 부정적인 스트레스가 나타난다. 우리는 이를 디−스트레스(distress)라고 한다. PTSD는 디−스트레스로 인해 나타나는 장애이다. 디−스트레스는 과도한 긴장으로 몸을 피로하게 하고 위급 상황에 올바르게 대처하지 못하게 하는 등 우리의 신체, 정서, 사고, 관계에 부정적인 영향을 준다.

④ PTSD에 대한 정보를 제공한다.

PTSD의 증상은 첫 번째로 외상 사건에 대한 침투 증상이 나타난다. 외상 사건을 경험한 것과 관련된 기억, 이미지, 생각들이 밀려와 악몽으로 재경험되고, 순간순간 과거의 장면들이 스쳐서 지나가는 플래시백의 형태로 나타난다.

두 번째로는 외상 사건과 관련 있는 자극을 회피한다. 외상 사건과 관련 있는 침투적 사고가 떠올라 너무나 불안하고 두려워 외상 사건을 떠올릴 수 있는 장소, 사람, 자극들을 피하게 된다. 외상 사건과 관련된 자극을 피하려고 사회활동을 하지 않고 집에만 머무른다거나, 고통을 잊기 위해 알코올이나 약물에 의존하기도 한다. 일부에서는 외상 사건에 대한 일시적 기억상실이나 해리를 경험하기도 하고, 정서적 마비 상태에 빠지기도 한다.

세 번째는 인지 및 감정의 부정적 변화이다.

네 번째는 각성과 반응성의 변화가 찾아온다. 작은 자극에도 쉽게 흥분하고 예민해지거나 소스라치게 놀라고 겁에 질릴 수 있으며, 지나치게 조심하는 경계 상태를 가지게 된다. 또한 위험 상황에 대한 분노, 수치심, 불안, 우울 등 정서적 흥분과 충동 조절의 어려움을 느끼게 된다. 이 외에도 외상 사건으로부터 자신을 방어하지 못했다는 자책감을 가질 수도 있고, 동료가 위험 상황에 있는데 아무런 도움을 주지 못했고 또 자신만 살아남은 것에 대한 죄책감과 수치심을 느끼기도 한다.

⑤ 호흡 이완훈련을 진행한다.

호흡 이완훈련은 일반적으로 복식호흡과 비슷하다고 생각하면 쉽게 이해할 수 있다. 이 훈련은 예민해진 우리의 자율신경계를 둔감하게 하고 안정시킬 수 있는 효과적인 방법이다. 이를 익숙하게 연습하여 몇 주 동안 지속된다면 불안 증상의 감소, 불면증 감소, 스트레스 수준의 감소를 얻을 수 있다. 깜짝깜짝 놀라는 증상과 심장 박동의 증가, 호흡 곤란, 식은땀, 몸의 떨림 증상을 감소시킬 수 있다.

[이완훈련 전 준비사항]

① 시끄럽거나 산만하지 않은 조용한 장소에서 하는 것이 좋다.
② 바닥에 담요를 깔고 편안하게 눕는다. 꽉 끼는 옷은 느슨하게 풀어놓는다.
③ 마음에 떠오르는 복잡한 생각을 버린다.
④ 행복했던 기억을 생각하면서 근육의 긴장을 늦춘다.

[호흡 이완훈련 연습]

① 바닥에 담요를 깔고 누운 자세에서, 무릎을 당신을 향해 굽히고, 양발은 8인치 정도 떨어지게 하며, 발가락은 바깥을 향하도록 한다. 척추는 곧게 편다.

② 전체 몸 중에서 긴장되는 곳을 찾는다.

③ 한 손은 복부에 한 손은 가슴 위에 얹는다.

④ 코에서 배로 숨을 천천히 들이마셔서 손이 위로 올라오는 것을 느끼게 한다.

이때 가슴은 약간만 움직여야 한다. 다섯을 세면 잠시 숨을 멈춘다.

⑤ 살짝 미소를 지은 후, 가능한 오랫동안 입으로 숨을 내쉰다.

내쉬는 동안 쉬 − 소리가 나게 한다.

⑥ 이것을 다섯 번 반복한다. 심호흡하는 시간을 5분에서 10분으로 점차 늘려간다.

⑦ 연습이 끝나면 다시 전체 몸을 지각하여 긴장된 곳이 남아 있는지 확인한다.

⑧ 익숙해지면 몸에서 긴장을 느낄 때마다 앉아서 또는 서서 한다.

3) 평가 및 과제

Q1. 오늘 배운 점은 무엇인가?

Q2. 오늘 몸과 마음에 어떤 도움이 되었는가?

⊙ 과제: 매일 아침 15분, 저녁 15분, 하루 두 차례 호흡 이완훈련을 연습한다.

[2회기: 외상 사건에 직면하기]

1) 치료 목표

직면의 중요성을 이해하고 외상에 직면하는 방법을 익힌다.

2) 진행요령

① 불안의 조건화 원리와 직면의 중요성을 이해한다.

외상 사건을 경험한 후 극도의 불안이 왜 오래 지속되는지 그 이유는 다음과 같다. 불안은 흔히 조건화 과정으로 설명할 수 있다. 생명이나 생존을 위협하는 자극은 자연적으로 불안이나 공포 반응을 일으킨다. 원래는 생존과 관련 없는 일반적인 상황이나 장면, 시간, 냄새, 그림과 같은 자극들은 아무런 정서 반응을 일으키지 않지만, 이들 자극이 생명을 위협하는 자극과 연합되면 불안이 확산된다. 그래서 충격적인 사건을 경험하게 되면 불안, 공포를 느끼는 것은 자연스러운 반응이다.

그러나 이때 충격적인 사건과 다른 자극(외상 당시 보았던 차량, 소총, 냄새 등)이나 그와 유사한 자극(가해자와 유사한 얼굴, 걸음걸이, 목소리 등)이 연합되면 병리적인 불안으로 확산할 수 있다. 이때 충격적인 사건과 관련 있는 유사한 자극만 보고도 불안, 공포를 느끼기 때문에 회피하게 된다. 외상과 유사한 상황을 회피하면 단기적으로는 불안이 감소하겠지만, 장기적으로는 유사한 자극이 해가 없음을 인식하지 못하여 오히려 자극에 더 예민하게 반응하게 된다. 따라서 불안 치료는 불안을 일으키는 장면과 이완 반응을 반복적으로 연합시키는 역 조건화 원리를 이용하여 불안을 상쇄해야 한다.

불안을 유발하는 자극이나 상황을 직면해야 불안정한 정서를 재처리할 수 있다. 그렇지 않으면 외상 사건이 이미 종료되었는데도 불구하고 불쑥불쑥 외상 사건이 떠오른다거나 외상 사건과 유사한 자극들을 자꾸 회피하게 된다. 따라서 외상 사건 당시의 기억을 떠올리면서 해결하지 못한 감정들을 정리하는 것이 중요하다. (오늘은 분명히 ○○년도 ○월 ○일이다. 지금 여기에 제가 여러분과 함께 있다는 것을 명심하라. 그 전에 먼저 긴장된 근육들을 풀어보는 훈련을 해보도록 하겠다.)

② 근육 이완훈련을 연습한다.

교감신경계의 과도한 각성 수준을 낮추는 방법으로는 호흡 이완훈련과 근육 이완훈련이 있다. 지난 시간에 호흡 이완훈련을 배웠고 연습과제로도 실천하였는데 오늘은 근육 이완훈련을 배우도록 안내한다. 연습과제의 주요 초점은 이완의 주관적 감각에 주의를 기울이는 것이다. 연습을 통해서 깊고 빠르게 이완하는 방법을 배울 수 있다.

이것은 매우 중요한 기술이다. 일단 빠르게 이완하는 방법을 배우게 되면 불안을 가져다주는 어떤 상황에도 이 기술을 적용할 수 있다. 만약 우리가 불안을 이완으로 이길 수만 있다면 우리는 스트레스를 쉽게 견뎌낼 수 있고 통제할 수 있다.

이완을 배우는 최적의 방법은 하루 두 번씩 연습하는 것이다. 아침에 한 번 또 저녁에 한 번, 하루 두 번 이상 연습하면 좋다. 체계적이고 규칙적인 연습을 통해 우리 몸의 자율신경을 조절하는 기술을 배우는 것이다. 처음에는 다음과 같이 온몸의 근육을 11개 부분으로 나누어서 긴장과 이완을 연습한다. 이것을 매일 연습하여 1주일 후에 익숙해지면 온몸의 근육부분을 8부분으로 나누어 연습하고, 나중엔 4부분으로 나누어 연습할 수 있다.

이완 순서

오른손과 아래 팔 → 오른손 위 팔 → 왼손과 아래 팔 → 왼손 위 팔 → 이마와 눈 → 아래 얼굴과 턱 → 목과 어깨 → 흉부와 흉부 뒤쪽 등 → 복부와 복부 뒤쪽 허리 → 엉덩이와 위쪽 다리(오른쪽 다리) → 아래쪽 다리와 발

이완을 위한 장소로는 기댈 수 있는 곳이나 침대, 의자 또는 베개로 편하게 받혀진 곳이면 좋다. 머리와 목을 지지해주는 것이 좋으며, 안경이나 콘택트렌즈를 착용하지 않고 꼭 끼는 옷은 헐렁하게 풀어준다. 시작할 때 근육을 긴장시키고 5－10초간 이 상태를 유지한다. 긴장할 때는 스스로 자신이 얼마나 긴장하고 있는지를 인식해야 한다. 목표는 긴장과 이완 사이의 차이를 충분히 느낄 만큼 긴장을 하는 것인데, 이를 통해 근육 이완의 느낌을 확실히 알도록 연습한다.

③ 트라우마 기억을 다룬다.

외상 피해자를 괴롭히는 증상이 어디에서 비롯되는지 아는 것이 중요하다. 외상 사건을 경험한 것이 두렵고 고통스러운 것이지만 자기에게 무엇이 어떻게 일어났는지 정확하게 이해해야 한다는 점을 강조한다.

첫째, 외상 피해자 자신의 주관적 불편감을 알아야 한다.

주관적 불편감을 알아보는 척도(subjective unit of disturbance scale: 이후 SUDS)는 가장 적은 스트레스에서부터 가장 많은 스트레스에 이르기까지 11점 척도로 구성되어 있다. 외상 피해자가 어느 척도 위치에 해당하는지를 평가하는 것이 중요하다. 측정 결과 스트레스가 10을 넘어서는 경우가 있을 수 있다. 이렇게 높은 수준의 SUDS는 더 많이 이완하고 쉬어야 할 필요가 있다는 것을 보여주는 것이다.

주관적 불편감 척도(SUDS)

1. 나는 스트레스가 없고 완전하게 이완되어 있다. 나는 깊이 잠든 것처럼 편안하다.
2. 나는 매우 이완되어 있다. 나는 깨서 있지만 선잠을 자는 것 같다.
3. 나는 깨어 있지만 긴장을 느끼지 않는다.
4. 나는 약간의 긴장을 느낀다.
5. 나는 약간의 스트레스, 걱정, 두려움 또는 불안, 신체 긴장을 느낀다.
6. 나의 스트레스는 어느 정도 불쾌하지만 참을 수 있다.
7. 나는 중간수준의 스트레스와 불쾌한 감정을 느끼고 있다. 나는 어느 정도 걱정하고 있다.
8. 나의 몸은 상당히 긴장되고 불쾌하지만 참을 수 있고 명확하게 사고할 수 있다.
9. 나는 높은 수준의 불안, 두려움, 걱정과 함께 상당한 스트레스를 느끼고 있다. 나는 오랫동안 이것을 참아낼 수 없을 것 같다.
10. 스트레스가 너무 심해 사고하는 데 영향을 준다. 나는 논리적으로 사고할 수가 없다.
11. 나는 극심한 스트레스 상태에 있다. 나는 완전히 공포로 가득 차 있고, 온몸이 극도로 긴장되어 있다. 이것은 내가 상상할 수 있는 최악의 공포와 두려움이다. 나는 아무 생각도 할 수가 없다.

둘째, 외상 사건 경험에서 무엇을 보고 느꼈는지 경험 일지를 쓰도록 한다.

① 먼저, 외상 사건 피해자가 기억하는 외상 스트레스 경험을 상세하게 기술하게 한다.

- 외상 사건 당시 떠오르는 감각 경험(냄새, 장면, 촉감, 소리 등)을 기술한다.
- 외상 사건 당시 혹은 외상과 관련하여 떠오르는 생각을 기술한다.
- 외상 사건 당시의 신체 반응은 어땠는지 기술한다.
- 그때의 감정, 기분은 어땠는지 기술한다.
- 그때 강하게 원하거나 소망했던 것은 무엇이었는지 기술한다.
- 그래서 당신은 무슨 행동을 했는지 기술한다.
- 상황이 어떻게 종료되었는지 기술한다.

② 문장구조, 맞춤법에 대해서는 신경 쓰지 않고 작성하게 한다.

③ 작성하다가 감정이 일어나면 그 감정을 충분히 표현하고 정상 반응임을 주지시킨다.

④ 일지를 쓰다 신체의 과도한 각성이 일어나면 쉽게 이완할 수 있는 복식호흡부터 실시하고, 심하면 근육을 이완한다.

⑤ 주관적 불편감이 5수준 이하이면 경험 일지를 계속 쓰도록 격려한다.

⑥ 경험일지를 다 썼으면 과거의 지각을 현재의 지각으로 옮기는 작업을 한다.

셋째, 현실 지각력을 높이는 이중 지각에 대해 훈련한다.

① 외상 사건 당시의 주관적 불편감 척도를 이용하여 수준을 확인한 후, 지금 트라우마 경험을 상세히 설명할 때의 주관적 불편감 수준을 확인해 이 둘 간의 수준을 비교하고 논의한다.

② 차이가 별로 없이 둘 다 높은 경우에는 외상 사건 경험을 기억하며 설명하는 것만으로도 주관적으로 위험하다고 느끼고 있음을 지적해준다. 그러나 지금은 결코 위험한 상황이 아님을 다시 언급하고, 외상 피해자가 자신의 기억에 두려움을 느끼고 있음을 인식하도록 한다.

③ 차이가 무척 많이 있는 경우에는 외상 사건 경험 당시에 비해 지금은

주관적 불편감이 낮음을 확인했으므로, 이제부터는 더욱 구체적인 기억을 회상하고 처리하여 작은 불편감도 감소시켜 나가자고 격려한다.

3) 평가 및 과제

Q1. 오늘 배운 점은 무엇인가?

Q2. 오늘 배운 것이 어떤 도움이 되었는가?

⊙ 과제: 외상 경험일지를 작성해 온다. 그 당시 본 것, 떠오른 생각, 느꼈던 감정, 바람, 자기의 행동 순으로 기술하되, 그때마다 내용은 달라도 상관없다. 단, 주의할 점은 작성하는 장소와 시간을 정해서 하고, 작성 후에는 현실적인 지각으로 돌아오도록 연습한다. 매일 호흡 이완훈련이나 근육 이완훈련 중에 하나를 특정 시간에 연습한다.

[3회기: 플래시백 다루기]

1) 치료 목표

플래시백과 외상 유발자극을 다루어 증상을 완화한다.

2) 이론적 배경

① 플래시백이란?

PTSD의 네 가지 주요 증상 가운데 침투 증상이 있는데, 3회기는 침투 증상을 다루는 방법을 알려준다. 이 기술은 다음과 같을 때 사용한다.

- 외상에 관한 기억이나 생각이 갑자기 떠오를 때
- 외상에 관한 악몽을 계속 꾸게 될 때
- 외상 사건 경험과 연합되어 있는 냄새, 소리, 날짜 등의 자극들이 플래시백을 일으킬 때(갑자기 과거의 사건이 영상처럼 떠올라 다시 그 사건을 경험하는 것 같은 느낌)
- 외상 사건과 유사한 상황이 느껴져 불편할 때

플래시백은 과거 사건이 현재로 침입해서 지금 여기에서 실제로 발생하는 것처럼 만드는 기억이다. 플래시백은 강한 감정을 동반하는 갑작스럽고 생생한 외상 사건의 회상을 의미한다. 플래시백은 번쩍하고 나타나거나 전체 경험의 기억으로 나타날 수 있는데, 일반적으로 플래시백은 예측 불가하다.

플래시백이 발생할 때면 외상 사건을 다시 경험하는 것처럼 느끼게 된다. 플래시백이 나타나는 동안은 기억이 사라지거나 의식을 잃지는 않지만, 현재의 시간으로부터 일시적으로 떠나있게 된다. 잠자는 동안 발생하는 플래시백은 악몽이나 생생한 꿈으로 나타날 수 있다. 플래시백은 침투 사고나 재경험 또는 강한 감정으로 나타날 수 있다. 플래시백이 나타나는 동안 외상 기억은 강하게 재생된다.

심지어 어린아이조차도 플래시백을 겪는다. 그러나 아이들은 말로 표현하는 것보다는 행동으로 표현하는 경향이 많으며, 때로는 타인이 그에게 했던 행동을 따라 하기도 한다.

② 외상 유발자극이란?

플래시백과 같은 재경험 증상은 갑자기 아무 일 없이 나타나는 경우가 있지만 일반적으로는 유발자극이 발생한 후 나타난다. 유발자극은 현재의 경험 속에서 과거 외상을 상기시켜주는 자극을 말한다. 우리의 뇌는 어떤 감각이나 경험할 때 그와 연관된 과거의 기억을 상기시키는 작용을 한다.

예를 들어, 따뜻한 베개의 감촉이 어린 시절의 기억을 불러일으키거나, 맛있는 음식의 향기가 어머니의 추억을 상기시키기도 하는 것이다. 같은 원리로 외상과 관련이 있는 감각이나 경험은 우리에게 외상의 기억을 상기시키고, 자율신경계의 과도한 각성과 두려운 감정을 불러일으킨다. 외상 유발자극은 불쾌함과 두려움을 가져다준다. 플래시백을 일으키거나 불안, 공포, 공황, 분노, 혼란, 반응 마비를 일으키게 한다.

일반적으로 외상 유발자극은 피하기 쉬운데 피한다고 해결되지 않는다. 회피는 두려움을 강화하는 효과가 있다. 외상 유발자극을 우리가 잘 알고 이를 조절할 수 있으면 이런 증상을 감소시킬 수 있다. 이를 위한 방법으로 유발자극 목록을 만드는 것이 도움이 된다.

3) 진행요령

① 플래시백을 다룬다.

플래시백의 예를 들어보자. 철수는 아파트에서 살고 있다. 위층의 이웃은 밤늦게까지 음악을 틀어놓는다. 철수가 경비에게 항의하자 위층 사람은 밤중에 일부러 쿵쿵대고, 철수의 차를 긁어서 보복했다. 철수는 2년 전 군대에서 선임 병사에게 가혹행위를 자주 당했던 경험이 있다. 아파트 위층 사람의 이런 보복 행동이 이전 군대에서의 기억이 되살아나, 2년 전 군대 선임의 가혹행위가 자꾸 머릿속에 떠오르고, 다시 경험하는 것 같은 플래시백을 일으킨다. 그는 많이 괴로워하고, 위층 사람을 만날까봐 가슴이 떨리고 전전긍긍한다. 그의 몸은 벌써 보복에 대비하기 위해 과도한 경계 상태에 들어간다.

대체로 플래시백은 외상 사건과 관련된 감각과 감정을 포함한다. 플래시백이 나타날 때 전체 신경 체계가 관여한다는 의미이다. 신경 체계는 외상 유발 자극에 노출될 때 과도하게 각성된다. 플래시백은 기억의 부분으로써 나타나기도 하는데, 그럴 때는 다음과 같은 질문을 스스로 하는 것이 효과가 있다.

- 플래시백 내게 무얼 이야기하려고 하는가?
- 내가 더 보아야 할 무엇이라도 있는 건가?
- 내가 더 느껴야 할 무엇이라도 있는 건가?
- 내가 더 들어야 할 무엇이라도 있는 건가?
- 내가 더 배우거나 받아들여야 할 것이 있는가?

플래시백 다루기

• 지난 2주 동안 당신이 경험했던 플래시백에 대해서 생각해 본다.
• 플래시백과 당신이 경험한 것에 대해 설명해 보라.
• 과거에 유사한 플래시백이 있었는가? 만약 그렇다면 언제 그리고 어떤 상태에서 였는가?
• 플래시백의 냄새, 느낌, 소리는 무엇인가? 누가 관련되어 있는가?
• 실제 트라우마 경험의 냄새, 느낌, 소리는 무엇인가? 누가 관련되어 있는가?
• 플래시백과 과거의 트라우마 상황은 어떻게 다르고 어떻게 같은가?
• 플래시백이 발생했을 때 어떤 행동이 기분을 좀 좋게 해줄 수 있는가?
• 플래시백이 발생했을 때 현재로 당신을 어떻게 다시 돌아오게 할 수 있는가?
  이 연습과제는 당신이 경험한 플래시백에 적용할 수 있다.

---

② 바깥쪽으로 고개 돌리기

플래시백을 다루는 또 하나의 방법은 세상을 향해 고개를 돌리는 것이다. 외상 사건 피해자의 괴롭고 고통스러운 마음에서 벗어나도록 세상 밖의 이야기를 나눈다. 또한 외상 경험일지를 작성하고 외상과 관련된 내용으로 그림을 그리는 등 다른 방식으로 재현해 본다. 만약 플래시백을 이야기하는 것을 기꺼이 들어줄 지지적인 사람이 있다면, 그 사람과 가까이 지내면서 되도록 많은 이야기를 나누도록 하는 것이 좋다.

플래시백의 이야기를 나누는 것은 플래시백에 대한 고통을 줄이고, 플래시백이 발생하는 횟수를 줄여주는 효과가 있다. 이것은 이중 지각 연습과도 비슷하다. 경험하는 자기와 관찰하는 자기를 조화시킴으로써 플래시백 현상을 빠르게 멈추도록 할 수 있다.

이중 지각 연습하기

다음의 문장을 자신에게 큰 소리로 말하고 빈칸을 채운다.

- 지금 나는 (현재의 감정: 예, 분노)을 느끼고 있고,
- 내 몸은 (현재 몸의 감각, 적어도 세 가지: 예, 통증·악취·굉음)을 느끼고 있고,
- 나는 (외상 사건 쓰기: 예, 화재)을 기억하기 때문에 (힘들다: 예, 공포감을 느낀다).
- 그러나 동시에 나는 (지금의 날짜), (지금의 장소)에서 주위를 둘러보고 있다.
- 나는 (지금 여기에서 볼 수 있는 것)을 볼 수 있고,
- 나는 (어떤 외상)이 지금 여기에서 더 이상 발생하지 않는다는 것을 안다.

---

③ 다른 방식으로 플래시백 다루기

플래시백을 물리치는 방법은 다음과 같이 다양하다.

- 손뼉 치기
- 심호흡하기
- 눈동자 돌리기
- 편안한 음악 듣기
- 바닥에 발자국 찍기
- 찬물로 세수하기
- 자신에 대해서 긍정적으로 말하기
- 마음속의 안전한 장소로 가는 심상을 사용하기
- 주변에 있는 물체의 이름을 큰 소리로 말하기
- 플래시백 종이에 그려서 버리거나 태우거나 묻기
- 플래시백 용기에 담기(실제로, 종이로, 또는 마음속에서 상징적으로)
- 플래시백이 사라질 때까지(상상의) 클린저 스프레이로 기억 위에 뿌리기

4) 평가 및 과제

Q1. 오늘 배운 점은 무엇인가?

Q2. 오늘 배운 점으로 어떤 도움이 되었는가?

⊙ 과제

① 각각 본인에게 해당하는 것의 연습문제를 플래시백이 나타날 때마다 기록해 오기

② 증상이 나타날 때 주관적 불편감 척도(SUD)로 측정하는 것을 습관화하기

③ 트라우마 유발자극에 대한 연습문제를 실제 상황에 맞추어 작성하기

④ 매일 호흡 이완훈련이나 근육 이완훈련 중에 하나를 특정한 시간에 실습하기

[4회기: 상상 노출하기]

1) 치료 목표

상상 노출 훈련을 통해 외상 후 스트레스 장애 증상을 완화한다.

2) 진행요령

① 이완 상황 상상 노출

상상 노출은 평화롭고 편안한 이미지를 떠올리는 이완 방법으로 다음과 같이 실시한다. "자, 이제부터 눈을 감고 제 말을 따라 상상해 보십시오(잔잔한 배경 음악을 틀어주고, 조용하고 편안한 목소리로 말한다). 자, 우리 모두 이렇게 상상해 봅니다. 나는 한적한 바닷가에 있다. 아무도 없는 모래밭을 조용히 거닐고, 저 바다 멀리에서는 갈매기들이 평화롭게 날아다니는 모습을 보고 있다. 바닷가는 나 이외 아무도 없고 파도 소리만 들리고 있을 뿐이다. 나를 방해하는 것은 아무도 없고 오로지 평온함만이 나를 감싸고 있다."

이후 1분 정도 침묵하고 나서 "자, 이제 깨어날 시간이 되었습니다. 천천히 현실 세계로 돌아오도록 다섯부터 하나까지 숫자를 셀 건데요, 둘을 세면 눈을 뜨시고, 하나를 세면 처음의 각성상태로 돌아옵니다. 다섯. 넷. 셋. 둘. 하나.

네~ 아주 잘하셨습니다. 모두 상쾌한 기분이시죠? 지금까지 우리는 상상 노출 훈련을 경험해 보았는데요, 그 느낌이 어땠는지 서로 이야기를 나눠보도록 하겠습니다."

② 불안 상황 상상 노출

이번에는 이완 상황으로의 상상 노출이 아닌 불안 상황에서의 상상 노출을 시도한다. 이전 시간에 작성하였던 불안 위계 목록의 하위 5단계에서 1단계까지 상상 노출을 하는 것이다. 5단계의 상상 노출을 한 후 복식호흡을 3분 정도하고, 그 다음에는 4단계, 3단계, 2단계, 1단계로 진행한다.

3) 평가 및 과제

Q1. 오늘 이 시간에 배운 점은 무엇인가?

Q2. 오늘 배운 점으로 인해 몸과 마음에 어떤 도움이 되었는가?

⊙ 과제: 이완훈련 후 상상 노출만 1일 1회 실시하기

[5회기: 현장 노출하기]

1) 치료 목표

실제 현장 노출을 통해 외상 후 스트레스 장애 증상을 제거한다.

2) 진행요령

① 실제 현장 노출

실제 외상 사건 현장을 방문하여 유사한 환경을 경험해 보도록 한다. 불안 위계에 따라 5단계부터 노출한다. 단계별로 노출을 한 후에는 이완하도록 시간을 충분히 제공한다. 심하게 불안을 느끼면 반드시 휴식을 취하고, 다시 이완한 후 시작한다.

② 소감 나누기

실제 현장 노출을 통한 자기의 경험을 이야기하고 느낌을 공유한다.

3) 평가 및 과제

Q1. 오늘 배운 점은 무엇인가?

Q2. 오늘 배운 점으로 어떤 도움이 되었는가?

⊙ 과제: 상상 노출 후 현장 노출 1일 1회 실시하기

[6회기: 부정 정서 조절하기]

1) 치료 목표

화와 분노, 죄책감 등의 부정 정서를 제거한다.

2) 이론적 배경

① 화와 분노

화는 못마땅하거나 언짢아서 생기는 노엽고 답답한 감정으로 그 자체가 문제가 되는 것이 아니다. 어떻게 표현하는가가 문제가 된다. 화를 부적절하게 표현하는 것은 자신에게 좋지 않은 영향으로 돌아오기 때문에 연습을 하는 것이 필요하다. 화는 주위 사람들을 힘들게 하는 부정적인 측면이 있지만 긍정적인 측면도 지니고 있다.

그 이유는 지금 상황이 별로 좋지 않아 뭔가 변화가 필요한 때라는 것을 알려주는 신호가 되어주기 때문이다. 그러므로 이런 신호에 따라 화를 적절하게 다루어서 더 좋은 상황을 만드는 것이 필요하다.

분노는 분개하여 크게 화를 내는 과도한 각성 증상의 하나로 외상 스트레스의 부산물이다. 외상 사건을 경험한 피해자는 타인, 사건, 환경에 대해 부정적 감정을 쏟아붓는다. 외상 사건이 발생했는데 왜 그것이 나에게 발생했는지에 대한 이유가 충분히 설명되지 않을 때 두려움과 슬픔, 상실, 실망, 수치, 죄책감과 같은 감정이 생기면서 분노가 일어난다. 외상 사건의 가해자를 알고 있다면 분노는 직접적으로 그 사람에게 향하게 되는데 때로는 사건과 관련 없는 주위 사람에게 분노를 표출하기도 한다.

② 죄책감

충격적인 외상 사건을 경험한 사람은 자신에게 그 일에 대한 책임이 있건 없건 상관없이 수치심과 죄책감을 느끼게 된다. 또한 죄책감을 없애기 위해 자해 등의 자기 파괴적인 행동을 시도하기도 한다. 죄책감은 외상 스트레스 극복을 어렵게 한다. 따라서 상담자는 외상 피해자의 책임이 실제로 얼마만큼 이 있는지, 어느 정도의 죄책감을 가지는 것이 적절한지, 또한 파괴적이지 않은 방법으로 죄책감을 줄이는 방법은 어떤 것인지 등을 다루어야 한다.

3) 진행요령

① 화와 분노 다루기

첫째, 나는 어떤 때에 화가 나는가?

- 사람들이 외상 사건을 경험한 자신을 비난할 때
- 자신도 모르게 부정적 증상이 나타나서 괴롭힐 때
- 물질 중독, 도박, 과소비, 일이 많을 때
- 나의 주변에 있는 것에 대한 이해가 부족할 때
- 외상 사건 가해자나 관련자에게 보상받지 못하는 자신의 무능력 때문에
- 자신을 보호하지 못한 행동과 외상 사건을 막지 못한 한심한 자신 때문에
- 외상 스트레스를 겪게 한 사회 또는 조직 책임자를 처벌하지 못하는 법 체계 때문에

이러한 이유 중 외상 피해자에게 해당하는 것은 무엇인가 체크 한다.

둘째, 화는 어떻게 표현하는가?

다음 연습과제는 화를 부적절한 방법으로 표현하고 있는 예이다. 자신의 경우는 어떤지 체크 한다. 많은 문항에 체크 할수록 나의 화내는 방법은 건강하지 못한 것이다. 따라서 화를 표출하는 다른 방법을 배울 필요가 있다.

해당하는 항목 체크 하기!

1. 나는 타인에 대해서 권위적으로 의견을 강요한다.
2. 나는 타이밍을 맞춰서 타인을 공격한다. 다른 사람이 어떤 것에 약하거나 피곤해할 때 또는 보호할 수 없을 때 공격한다.
3. 내게는 지지 않은 논쟁 방법이 있다. 대화를 독점하거나, 다른 사람의 감정을 무시하거나, 다른 사람 말을 듣지 않거나, 내가 말을 많이 해서 다른 사람이 말하기를 포기하게 한다.
4. 나는 내게 저지른 사소한 잘못을 잊어버리지 않고 쌓아 두었다가 화를 폭발시킨다.
5. 나는 화가 났을 때 소리치거나, 물건을 던지거나, 때리거나 폭력을 행사한다.
6. 화가 나면 밖으로 나가거나 말을 하지 않는다. 그러면 다른 사람과 싸울 일이 없다.
7. 화가 났을 때 다른 사람에게 상처가 될 말을 하거나 빈정거린다.
8. 나는 다른 사람들에게 죄책감을 느끼게 한다.
9. 나는 결코 사과를 받아들이지 않는다. 필요하다면 몇 년이고 인색하게 군다.
10. 가능한 모든 것을 싸움하는 데 사용한다. 몇 년 전에 나를 화나게 했던 것도 끄집어낸다.
11. 나는 다음 싸움을 위해 공격 수단을 비밀리에 수집한다. 이후에 다른 사람들에 대항하여 이 정보를 사용한다.
12. 나는 내가 화가 나면 대화하지 않는다. 대화는 시간 낭비다.
13. 화가 날 때 상처를 주거나 주워 담지 못 할 만한 말을 한다.
14. 나의 화는 추악하다. 만약 화를 표현한다면 다른 사람들이 나를 나쁘게 생각할 것이다.
15. 나는 다른 사람들이 내게 화를 내는 것을 피해야 한다.
16. 나는 기어코 화를 보이지 않도록 한다.
17. 다른 사람들이 내게 화가 났다면 나는 모든 것을 바로 잡아야 한다.

셋째, 화를 이해하고 풀어버리기

화와 관련된 다음의 사항을 숙지하는 것이 필요하다.

- 화는 자연스러운 나의 일부분이다.
- 화는 내 주변에서 무엇이 발생할지를 알려주는 신호다.
- 화는 자신에 대해 더욱 잘 알게 한다.

- 화는 나를 보호하도록 알려준다.
- 화는 변화가 필요하다는 것을 알려준다.
- 화의 원인은 나에게 중요한 사람들과 공유할 수 있게 해준다.

화를 내지 않기 위해 해야 하는 것!

1. 왜 화가 났는가를 객관적으로 살핀다. 그 일이 화를 낼만큼 그렇게 중대한 일이 었는가?
2. 그 문제가 해결이 가능한 문제인지 살피고 해결한다.
3. 일반적으로 화는 두려움이나 상처의 표현이다. 화의 내면에는 자기의 상처가 있는 것이다. 누가 그 상처를 건드렸는가? 그가 당신을 해치기 위해 그리하였는가? 화에 대한 적절한 대상이 있는가? 만약 그러하다면 그 대상은 누구인가?
4. 화를 내는 것은 좋은 것이지만 화를 표현하는 방법은 남을 공격할 수 있다.
   자기의 화에 대해서 책임을 진다.
5. 화의 이면에 있는 감정들을 드러내기 위해서 화를 단어나 그림으로 표현한다.
   화가 나도록 자극한 것이 무엇이었는지, 신체 지각은 어떤지, 누가 관련되어 있는지를 글로 써본다. 이것은 당신 자신이나 타인을 해치지 않고 화를 표현하는 안전한 방법이다.
6. 화의 이면에 놓인 치유되지 않은 상처를 살펴본다. 이 상처는 과거로부터 온 것이다.
   상처를 살펴보기 전에 자기를 우선 어루만져 준다.
7. 화를 밖으로 끄집어낸다. 다시 자신에게 화를 내거나 자신에 대해서 나쁘게 생각하지 않는다. 당신을 해쳤던 사람들을 공격하지 말고 당신이 화난 이유를 차분히 알린다.
   발생한 사건에 대해서 그들이 말하는 것을 듣는다.

---

② 죄책감 다루기

만약 외상 피해자가 경험한 외상 사건에 대해서 자신에게도 책임이 있다고 생각한다면 죄책감을 느낄 가능성이 있다. 또한 자기의 행동이 나쁘다고 생각하는 것도 죄책감을 느끼게 한다. 예를 들어, 외상 사건 피해자가 운전하던 차가 사고를 당해 옆에 함께 타고 있던 다른 누군가가 죽었다면 죄책감을 느끼고 괴로워할 수 있다. 따라서 자신이 했던 일과 관련한 죄책감 여부와 그

타당한 이유를 찾아보는 것이 중요하다. 아래 연습과제를 통해 이를 구체적으로 다루어 보자.

나의 죄책감(연습 과제1)

1. 당신에게 일어난 외상 사건에 대해 죄책감을 느낀다면 그 이유를 적어보라.

    ① _____   ② _____   ③ _____

2. 외상 사건의 상황을 살펴보자. 당신이 한 일이나 하지 않은 일 때문에 일어났는가? 사건을 조사하고, 실제 이야기를 작성하는 기자처럼 당신 자신에 대해 생각해봐야 한다.

    ① 무슨 일이 일어났는가?

    ② 왜 일어났는가?

    ③ 왜 나에게 일어났는가?

    ④ 그 당시 왜 내가 그렇게 행동했는가?

    ⑤ 사건 발생 이후로 나는 어떻게 변했는가?

    ⑥ 만약 사건이 다시 일어난다면 나는 어떻게 행동할 것인가? 나는 다른 행동을 하길 원하는가? 다른 행동을 할 수 있는가?

이 연습이 당신의 행동에 대해 무엇을 가르쳐 주었는가?

나의 책임(연습 과제2)

1. 앞의 연습에서 당신이 썼던 것을 다시 보고, 당신이 기억하는 외상 사건을 1인칭의 형식으로(나는) 다시 정리해 본다.

2. 현재 시점에서 당신이 생각하는 사건에 대한 당신의 책임은 얼마나 되는가?

    • 나는 일어난 사건에 대해 (　　)% 책임이 있다.

    • 당신의 책임 비율에 대해 확신하는가? (네 / 아니오)

    • 책임이 더 많이 있거나 적을 수 있는가?

    • 사건과 그로 인한 결과들이 당신의 단순한 실수 때문인가? 당신의 무능력 때문이었는가?

- 당신의 무지 때문이었는가? 당신이 부주의 때문이었는가? 당신의 부도덕 때문이었는가?

3. 이제 당신이 처음에 자신에게 부여한 책임 정도를 다시 보자. 당신의 책임은 (   )%이다.

   이제 당신이 기술했던 것에 근거해서 당신이 실제로 (   )% 책임이 있다고 다른 사람들을 이해시킬 수 있겠는가? 당신의 책임 비율을 어떻게 수정할 수 있겠는가?

4. 트라우마 사건과 관련된 다른 사람들에 대해 생각해 보자. 각 사람의 역할은 무엇인가?

   각 사람의 책임은 (   )%인가?

5. 만약 다른 사람이 어느 정도의 책임이 있다면, 당신 자신의 책임은? 만약 당신이 어떤 행동을 하거나 하지 않았다면 사건을 막을 수 있었겠는가? 트라우마를 겪고 있는 동안 당신이 하거나 하지 않았던 것들, 당신이 할 수 있었던 것과 할 수 없었던 것들을 다시 검토해 보고, 당신의 책임 수준을 결정해 보라. 나의 책임은 (   )%이다.

   그 이유는 (   )이다. 그렇다면 여전히 책임을 느끼는 이유는 무엇인가?

6. 만약 당신이 여전히 책임을 느낀다면 당신의 사고나 행동으로 이미 충분한 벌을 받았다고 볼 수 있지 않은가? 얼마나 더 당신이 고통을 받아야 하는가? 당신에게 자기용서는 무척 긴 과정일지 잘 모르겠지만 그것은 사건 발생에 대한 당신의 실제 책임에 달려있다.

   당신이 자기의 책임에 대해 용서할 수 있는지를 스스로 물어보는 것이 중요하다.

   당신 스스로 용서를 위해 필요한 것이 무엇인가? 답을 적어보라

7. 만약 당신이 여전히 외상 사건에 대한 책임을 져야 한다고 생각한다면, 자기 파괴적이지 않은 방법으로 책임지는 것을 생각해 보라.

---

4) 평가 및 과제

Q1. 오늘 배운 점은 무엇인가?

Q2. 오늘 배운 것은 어떤 도움이 되었는가?

⊙ 과제: 화가 나고 죄책감이 드는 상황에서 어떻게 하였는지 기록해 오기

[7회기: 긍정 강점 찾기]

1) 치료 목표

긍정적 자기 대화를 통한 자신의 강점 찾기, 미래 인생 설계하기

2) 이론적 배경

① 긍정심리학

과거 철학으로부터 독립된 심리학은 부정적인 증상을 줄이는 것에 초점이 맞추어져 왔다. 그 결과 긍정적인 심리적 특성에 관한 관심은 대체로 적었다. 그러나 2000년대로 접어들면서 자신의 강점과 긍정적 특질을 향상한다면 좀 더 행복한 생활을 할 수 있다는 견해가 점차 확장되었다. 이런 전제로 강점과 긍정적 특질을 연구하고 이를 향상하는 것을 목적으로 한 새로운 심리학의 조류가 탄생하게 되었는데 이것이 바로 긍정 심리학이다.

지금까지의 외상 극복 프로그램은 트라우마의 증상을 줄여서 불편감을 감소시키는 방향으로 노력을 기울였으나, 본 장에서는 외상 피해자가 지닌 강점을 찾고 이를 확장하는 노력을 해보려고 한다.

② 트라우마와 연관된 요인

외상 사건을 경험했다고 해서 모든 사람이 트라우마 증상이 나타나지 않는다. 그렇다면 외상 사건을 경험하고도 급성 스트레스 장애나 PTSD에 걸리지 않는 사람은 어떤 특징이 있는 사람일까? 지금까지 이루어진 연구 결과를 살펴보면 다음과 같은 긍정적 특질이 있는 사람들이 트라우마에 대한 저항력이 높게 나타났다.

- 사회적 지지가 잘 갖추어진 사람
- 자기 연민에 빠지지 않은 사람
- 수동적이기보다는 능동적으로 사건 해결에 참여한 사람
- 고통에서 의미를 발견한 사람 등이다.

McCrae(1996)와 같은 학자는 역경에 대처하는 데 도움이 되는 성격 특질이 있다고 주장하였다. 주요 성격 특질은 외향성과 개방성, 내적 통제의 위치(internal locus of control), 응집력(sense of coherence), 의지력 등이라고 말한다. 외상 피해자가 외상 사건에 대처해야 하는 동기와 낙관적 태도를 지니고 있으면 위기 극복을 잘하는 것으로 나타나고 있다. 또한 능동적인 능력을 바탕으로 다른 위기 사건을 성공적으로 해결했던 경험이 있는 사람은 외상 사건에 잘 대처하는 것으로 보고되었다(Kobasa 1982).

3) 진행요령

① 자신의 일반적인 강점을 찾는다.

자신도 모르게 '잘 안될 것 같아', '해 봤자 소용없지'와 같은 부정적인 자기 대화는 위급한 스트레스 상황에 대한 통제력을 약화합니다. 그러나 나는 과거에 성공했던 경험도 있고, 스트레스를 잘 극복했던 경험도 있습니다. 호랑이 굴에 들어가도 정신만 똑바로 차리면 살 수 있다는 속담이 있듯이, 자기의 능력을 믿고 헤쳐 나와야 합니다. 스트레스를 직면하더라도 긍정적인 자기 대화는 상황을 통제하는 힘과 지혜를 줍니다. 과거에 성공했던 경험, 자부심을 느꼈던 경험, 즐거운 경험, 성취감을 느꼈던 경험과 같이 자신 안에 긍정적인 경험을 찾아보도록 합시다.
- 과거에 내가 성공했던 것은 (   )이다.
- 과거에 나는 (   )에서 자부심을 느꼈다.
- 내가 즐거웠던 과거의 경험은 (   )이다.
- 과거에 내가 성취감을 느꼈던 것은 (   )이다.

② 외상 사건 당시에 대처한 나의 능력

외상 사건 피해자는 그동안 힘든 생활을 하였고 지금도 하고 있다. 그렇지만 외상 사건 이후에도 여전히 가정과 사회의 소중한 존재로 살아가고 있다. 외상 사건 피해자가 지닌 능력 중 긍정적인 능력은 트라우마에 대처하는 데에 큰 도움이 된다.

트라우마에 대처하는 자기의 능력을 찾아보도록 한다. 먼저, 외상 사건의 자기 원래 모습을 생각해 본다. 그때 어떠한 경험을 했는지, 그때의 생각, 그때의 감정, 그때의 신체 반응, 그때의 바램, 그때의 행동을 이야기하면서 자신 안에 긍정적인 힘을 느껴보는 시간을 가진다.

외상에 대처하는 나의 능력(연습문제)

다음의 문장에서 자신에게 해당한다고 생각하는 것을 체크 한다.

- 나는 희망이 있다.
- 나는 생각하는 힘이 있다.
- 나는 유머 감각을 지니고 있다.
- 나는 새로운 경험에 개방적이다.
- 나는 타인에게 호감을 줄 수 있다.
- 나는 훌륭한 도전을 좋아하고 다시 일어선다.
- 나는 내가 하는 일에 성실하다(나는 끝까지 한다).
- 나는 개인적 역량의 원천이 내 안에 있다고 믿는다.
- 나는 적극적으로 내 삶의 계획을 세우려고 노력한다.
- 나는 내게 발생한 일에서 의미를 찾으려고 노력한다.
- 나는 나쁜 상황을 의미 있는 부분으로 나누려고 노력한다.
- 나는 내 삶에서 발생한 문제를 해결하려는 동기가 있다.
- 나는 다른 사람의 느낌이나 생각에 대해서 개방적이다.
- 나는 외향성이 높다(나는 사람과 함께 있기를 좋아한다).
- 나는 내가 상황에 대처할 능력이 있다고 확신한다.
- 나는 내가 삶에서 경험했던 나쁜 것을 극복하기 위해 노력한다.
- 내게는 훌륭한 사회적 지지가 있다. 내게 도움을 줄 사람들이 있다.
- 세상에는 내가 할 수 있는 것, 내가 할 수 없는 것이 있음을 안다.
- 나는 새로운 것을 시도하거나 새로운 방식으로 바라보는 것을 좋아한다.
- 나는 전반적으로 긍정적인 사람이다. 나는 부정적이기 보다는 긍정적으로 바라본다.
- 나는 행동 지향적인 사람이다. 나는 앉아서 고민보다는 행동하기를 좋아한다.

☞ 몇 개가 체크 되었는가. 당신이 체크 한 것과 체크 하지 않은 것들의 패턴을 알 겠는가? 더 많이 체크 할수록 당신에게 발생한 외상을 극복하기 위해 더 많은 행동을 하는 것이다.

☞ 당신은 앞서 언급한 여러 문장을 읽으면서 당신에 대해서 무엇을 관찰하였는가?

---

③ 자존감 높이기

트라우마는 자신에 대한 좋은 느낌과 사고를 위협할 수 있고, 부정적인 생각과 무가치함, 경멸의 정서를 가져올 수 있다. 자신이 흠이 있거나 나쁘거나 피해당했다고 믿을 수도 있다. 또한 자신의 존재가 다른 사람을 더럽힌다고 생각하거나, 나의 존재로 인해 다른 사람의 삶을 고통스럽게 할 것이라고도 생각할 수 있다. 이렇게 낮은 자존감은 자기혐오, 절망, 냉소 등 다른 사람들을 피하게 하는 원인이 된다.

만약, 자신을 가치 있다고 여긴다면 좋은 자존감을 가진 사람이다. 높은 수준의 자존감은 자기 존중으로부터 나온다. 자기 자신을 유능하게 보고 있다면, 스트레스를 더 잘 다룰 수 있고, 위기를 도전으로 받아들일 수 있다. 자존감을 세우는 방법은 자신이 이룬 성공, 자신이 해결한 문제, 위기 극복 경험을 시각화하는 것이 유용하다. 긍정적인 대화기술을 연습하여 증진하거나, 하고 싶은 취미를 찾거나, 다른 사람을 위해 봉사하는 것도 자존감을 높이는 좋은 방법이다.

쓸데없이 자신에 대한 자책이나 비현실적인 기대는 자존감을 낮아지게 할 수 있다. 자존감은 자기 자신에 대한 무조건적인 가치와 무조건적인 사랑의 느낌들에 기초한 자기수용임을 잊지 말아야 한다.

나의 자존감 확신(연습과제)

몸을 이완시킨 후, 자존감에 대한 확신을 가져 본다. 그것이 모두 사실인 것처럼 그것을 자세하게 시각화시키면서 소리 내어 자신에게 말해보자.

- 나는 최선을 다한다.
- 나는 가치 있는 사람이다.
- 나는 나를 자랑스럽게 느낀다.
- 나는 매력적이고 유능하다.
- 나는 내 삶을 의미 있게 생각한다.
- 나는 나를 조건 없이 사랑한다.
- 나는 변화할 수 있고 성장할 수 있다.
- 나는 더 이상 무기력한 사람이 아니다.
- 나는 나 자신으로부터 사랑받을 만하다.
- 나는 나 자신으로부터 존중받을 만하다.
- 나는 다른 사람으로부터 사랑받을 만하다.
- 나는 다른 사람으로부터 존중받을 만하다.
- 나는 다른 사람들의 삶을 중요하게 생각한다.
- 나는 다른 사람과 비교하지 않고 있는 그대로를 존중한다.

4) 평가 및 과제

Q1. 오늘 배운 점은 무엇인가?

Q2. 오늘 배운 점으로 어떤 도움이 되었는가?

⊙ 과제: 오늘 연습한 과제들을 일상생활에서 실천해 본다. 이를 위해 다음과 같은 자존감에 관한 연습과제를 하나 더 제시한다.

다음의 질문에 대해 답해 보세요.

- 나의 소망과 꿈은 무엇인가?
- 나는 어디에서 희망을 찾는가?
- 나는 어떤 상황에서 유머 감각을 갖는가?
- 나는 나 자신을 정서적으로 어떻게 보살피는가?
- 나 자신을 위한 나의 현실적인 기대는 무엇인가?
- 나 자신을 위한 나의 비현실적인 기대는 무엇인가?
- 나는 언제 그리고 어떻게 사랑과 애정을 표현하는가?
- 나는 나 자신에게 언제, 어떻게 그리고 무엇을 보상해 주는가?
- 나는 나의 신체적 자기(나의 몸)를 보살피기 위해 무엇을 하는가?
- 나는 어떤 상황에서 내 느낌들에 대해 개방적이고 정직한가?
- 나는 언제 어떻게 나 자신의 가치와 평가를 낮추는가?
- 나는 나 자신에 관해 무엇을 좋아하는가? 또는 무엇을 가치 있게 여기는가?
- 나는 나 자신이 부정적으로 느낄 때도 다른 사람을 긍정적으로 도울 수 있는가?

[8회기: 마무리]

1) 치료 목표

프로그램을 총정리하고 상담을 종결한다.

2) 진행요령

① 치료 프로그램 총정리

지금까지 외상 후 스트레스 증상에 대처할 수 있는 다양한 방법을 배웠다. 불안할 때나 잠이 오지 않을 때, 혼란스러울 때와 같은 상황에서 자신의 심리적 안정을 유지하는 데 도움을 줄 수 있는 근육 이완법을 배웠다. 또한 외상 사건에 대한 기억을 정리하고 직접 공포를 다룰 수 있게 하는 노출 훈련 기법도 배웠다. 분노와 죄책감에서 벗어나고, 자신의 강점을 향상하여 외상 후 스트레스 증상을 극복하는 방법도 배웠다. 이번 시간은 마지막 시간으로 프로그램의 효용성을 종합적으로 평가해보고, 일상에서 지속적인 활용을 다짐하는 시간을 갖는다.

　Q. 그동안 프로그램에 참여하면서 배운 것이 어떤 도움이 되었는가?

② 앞으로의 치료

본 프로그램으로 치료가 완전히 끝날 수도 있고 더 필요할 수도 있다. 이는 외상 피해자와 지도가 함께 증상의 호전과 성과를 상의하여 결정해야 하는 문제이다. 남은 문제가 있다면 본 프로그램에서 배운 것을 이용해 해결할 수 있다.

③ 삶의 의미 찾기

삶의 의미를 찾는 것은 외상 충격 때문에 잠시 잊고 있었던 삶의 목표와 가치를 떠올리고 새로운 출발의 원동력이 될 수 있게 하는 데 도움을 준다. 내가 진정 원하는 것이 무엇인가 스스로 물어봄으로써 삶의 의미와 가치, 목적 등을 발견할 수 있다.

3) 연습과제

① 삶의 의미와 목적 바로 세우기

첫 번째, 삶의 의미와 목적을 바로 세우기 위해서는 무엇보다 먼저 이를 이해해야 한다. 20세기 유명한 심리학자인 칼융(Carl Jung), 롤로 메이(Rollo May), 그리고 빅토르 프랭클(Viktor Frankl)은 삶의 의미와 삶의 목적이 불분명해서 불안이 생긴다고 설명하였다.

이 주제에 대해서 가장 깊은 생각을 한 사람은 아마도 빅토르 프랭클일 것이다. 빅토르 프랭클은 세계 2차대전 당시 포로수용소에서 상상할 수도 없는 잔인하고 끔찍한 고문과 고통을 당했음에도 불구하고 끝까지 참아내고 생존한 사람이다.

그는 포로수용소에서의 경험을 통해 삶의 이유, 인생의 의미와 목적을 가진 사람이 고통을 더 잘 견딜 수 있다는 것을 알았다. 그는 가장 비참한 곤경

속에서도 동료를 돕는 것에서 기쁨을 느끼는 몇몇 사람을 보고 매우 충격을 받았다.

프랭클 자신도 사랑하는 아내를 그려보면서 그리고 자신이 포로수용소에서 깨달은 것을 후에 다른 사람들에게 알리는 것을 상상하면서, 의미 없고 비참한 포로수용소 생활을 이겨냈다. 사람은 철조망 사이로 떠오르는 해를 바라보는 일과 같은 소소한 일상에서도 더없는 기쁨을 느끼는 존재라는 것을 깨닫게 되었다.

사람의 신체는 구속할 수 있지만 자유와 고난에 대한 사람의 태도까지 빼앗을 수 없다는 것을 깨달았다. 이후 그는 사람들이 인생에서 의미를 찾는 것을 돕는 의미 요법(logo therapy)이라는 심리치료를 개발하였다. 삶의 의미와 목적을 찾는 사람을 돕는 것에 커다란 의미를 두었다. 그는 사람이 정말로 필요로 하는 것은 불안이 없는 상태로 사는 것이 아니라, 삶의 목표를 달성하기 위한 노력과 분투라고 강조하였다.

두 번째는 삶의 의미와 목적을 다시 발견하는 것이다.

모든 사람은 자기 자신 안에 위대한 삶의 의미와 목적의 씨앗을 가지고 있다. 그 씨앗을 잘 싹트게 하고 기르는 방법에 대해 다음과 같은 질문을 깊이 생각해 보고 대답하는 시간을 가지는 것이 중요하다.

- 무슨 목적을 위해 생존하는가?
- 왜 포기하지 않고 자살하지 않는가?
- 왜 무엇 때문에 계속 살아가고 있는가?
- 무엇이 내 인생을 살아갈 가치가 있게 만드는가?

위의 연습은 다음과 같은 것을 생각해 보도록 도울 것이다.

- 인생이 당신에게 무엇을 주었는지에 대한 깨달음
- 희망, 꿈, 인생의 즐거움을 경험하는 것에 대한 기대
- 당신은 누구에게 중요한 사람인가에 대한 깨달음
- 도움이 되는 사람이 될 수 있을 것이라는 기대
- 나는 더 큰 의미와 더 많은 즐거움을 찾을 수 있을 것이라는 믿음

- 나는 내 고통이 해결될 것이라는 미래에 대한 긍정적인 믿음
- 자기 자신의 높은 가치에 대한 믿음
  - 나는 나에게 가치가 있다는 것을 안다. 나는 포기하는 사람이 아니다.
  - 나는 나를 믿는다. 나는 내가 경험한 외상을 극복할 자신이 있다.
  - 나는 절망적인 상황을 경험해 보았다. 이제 나는 어떤 상황에서도 이겨낼 수 있다.

② 삶의 목표 바로 세우기

삶의 의미와 목적을 이해하고 바로 세운 후에는 삶의 목표를 새로 수립하는 것이 중요하다. 이를 위해 다음과 같이 해보자.

첫째, 나의 삶의 목표를 새롭게 세워보자.
둘째, 삶의 목표를 수립하는 데 도움이 되는 다음의 질문에 답해 보자.
- 당신의 일은 당신에게 충분한 만족감을 주고 있는가?
- 공부를 새로이 하거나 계속하기를 원하는 분야가 있는가?
- 배우고 싶거나 계속하기를 원하는 취미나 관심거리가 있는가?
- 당신 삶의 좌우명은 무엇인가?
- 5년 안에 성취하고 싶은 것이 있다면 그것은 무엇인가?
- 10년 안에 성취하고 싶은 것이 있다면 그것은 무엇인가?
- 내년에는 어떤 일을 성취하고 싶은가?
- 당신에게 가장 중요한 가치는 무엇이고, 큰 의미를 주는 것은 무엇인가?
- 당신 삶의 목표를 위해 바꿀 수 있다고 생각하는 부분은 어떤 것인가?

셋째, 앞서 언급한 연습과제를 실시하고 난 후의 소감을 말해본다.

4) 평가 및 과제

Q1. 오늘 배운 것은 무엇인가?
Q2. 지금까지 배운 것이 어떤 도움이 되었는가?

외상 후 성장

외상 후 성장(Post Traumatic Growth: 이후 PTG) 프로그램은 도전단계, 변화단계, 성장단계 등 3단계로 구분하여 시행한다. 1단계는 외상 사건을 뒤돌아보며 외상을 경험한 자신의 모습을 바라보도록 한다. 2단계는 집단지도자가 제공하는 안정된 환경에서 외상 경험의 노출을 통해 생각이나 감정을 수정한다. 3단계는 외상 후 성장을 목표로 하는 집단과정을 다룬다. 목표가 달성되면 삶의 예측 불가능성과 불확실성을 수용하고, 지혜를 얻음으로써 내적 성장을 이룬다.

본 프로그램은 차지형(2017)의 프로그램과 심윤기(2016)의 프로그램을 통합하여 일부 내용을 수성·보완해 재구성하였다.

[프로그램의 회기별 내용]

구 분	중 점	세부 내용
1회기	내가 여기 있는 이유는?	• 프로그램의 목적과 필요성을 이해하고, 집단 참여의 흥미를 갖도록 한다.
2회기	성장을 업고 출발!	• 어색한 만남에 대한 긴장감을 완화하고, 자신의 회복탄력성에 대한 정보를 알아간다.
3회기	옛날 옛적 나란 사람은?	• 위기의 순간에 반응한 자기의 경험을 노출하고, 적절한 자기표현의 중요성을 인식한다.
4회기	아프냐? 나도 아프다!	• 자신에게 일어났던 큰 외상 사건을 직면하고, 공감적 지지를 통해 소속감과 안정감을 느낀다.
5회기	흔들흔들 불안해요!	• 외상이 자신에게 미치는 부정적인 영향을 파악하고 버리는 작업을 함으로써 카타르시스를 경험한다.
6회기	버튼 꾹! 리셋 준비 끝!	• 현재 자기의 행동과 미래에 변화된 모습과의 차이를 극대화함으로써 현재 행동이나 사고를 바꾼다.

7회기	관계 속으로 GO GO!	• 글쓰기를 통해 긍정적인 자기개념을 강화하고, 상지지와 격려의 피드백을 통해 치유의 경험을 한다.
8회기	고통<선물, 고난<행복!	• 외상의 극복 방법을 탐색하고, 외상에서 성장으로의 사고변화를 통해 현재 삶을 수용하는 경험을 한다.
9회기	미션클리어 GO GO!	• 회복탄력성의 변화를 비교하여 강점을 찾고, 미래의 모습을 그려봄으로써 실천적 의지를 고취한다.
10회기	성장을 업고 가요!	• 자기모습에 대한 만족감과 프로그램을 평가한다.

[1회기: 내가 여기 있는 이유는?]

목 표	• 도입- 오리엔테이션 • 프로그램의 목적과 필요성을 이해하고, 집단 참여의 흥미를 느낀다.

활동과정	진행내용	소요 시간	준비물
도 입	• 전체 집단 및 소집단별로 나누어 운영한다. • 프로그램의 취지와 진행 방법, 유의 사항 등을 설명한다.	5분	
전 개	⊙ PTG 교육 및 구조화 • 외상과 PTG의 의미를 설명한다. • 외상의 증상과 예방법, 성장을 위한 정보를 제공한다.	10분	스케치북
	⊙ 나의 성장 의지 점검 • 자신을 성장시키고자 하는 의지를 워크북 ☞ 1-①에 점수로 작성한다. • 자신의 점수에 대해 발표한다.	10분	워크북 ☞ 1-①
	⊙ 벽허물기 게임 • 스파이 게임을 한다. • 3~4명이 한 조를 이루어 조별로 활동한다.	20분	워크북 ☞ 1-②
마무리	• 느낀 점이나 깨달은 점을 한 사람씩 차례로 발표한다. • 이 회기의 목적과 필요성을 정리한다.	10분	워크북 ☞ 1-③

☞ 워크북 1-① **성장 의지 점수 부여하기**

나의 성장 의지 점수는?

앞으로 성장 업고 가요~! 프로그램 10회기를 하면서 총 3번의 성장 의지 점수를 부여하게 됩니다. 현재 자신이 성장하고 싶은 정도를 1점에서 10점까지 중 하나의 점수를 선택하여 ( ) 안에 적어봅니다.

전혀 없다 ← 1 2 3 4 5 6 7 8 9 10 → 매우 높다.
현재 나의 성장 의지 점수는?

(   )

☞ 워크북 1-② **벽 허물기 게임**

적 지휘소 침투 게임

지금부터 우리는 스파이입니다. 적의 전투지휘소를 침투하여 그곳의 내부 그림을 그려야 합니다. 침투에 성공한 후 다음의 질문에 답해주세요.

1. 자신이 맡은 역할은 무엇입니까?(팀장, 안내원, 폭파 요원, 지원 요원)
2. 자신의 역할을 할 때의 느낌은?
3. 자기 마음을 나누기 위해 지금 필요한 것은 무엇입니까?

경험보고서

1. 1회기에 참석하면서 나에 대해 새롭게 알게 된 점은 무엇입니까?

2. 집단에 참석한 사람들을 통해 발견한 점은 무엇입니까?

3. 함께한 시간 동안 배우고 느낀 점은 무엇입니까?

[2회기: 성장을 업고 출발]

목 표	• 도입-탐색하기 • 어색한 만남에 대한 긴장감을 완화하고, 자신의 회복탄력성에 대한 정보를 알아간다.

활동과정	진행내용	소요 시간	준비물
도 입	• 전체 집단으로 운영한다. • 지난 시간의 활동 내용을 상기시키고, 이번 회기의 활동 내용과 취지를 설명한다.	5분	
전 개	◉ 진정한 자기소개 • 가벼운 자신의 노출과 탐색을 위해 워크북 ☞ 2-①을 작성한다.	5분	워크북 ☞ 2-①
	◉ 우리들의 약속 • 성공적인 프로그램 참여를 위해 지켜야 할 약속을 워크북 ☞ 2-②에 작성한다. • 서명하고 보증인의 서명도 받는다. • 자기소개와 함께 약속을 발표한다.	10분	워크북 ☞ 2-②
	◉ 회복탄력성 사전 검사 • 회복탄력성 검사에 대한 오리엔테이션을 실시한다. • 회복탄력성을 검사한다. ◉ 자기 분석 및 평가 • 워크북 ☞ 2-③에 회복탄력성의 세 가지 유형의 아홉 가지 점수를 계산하여 쓰게 한다. • 계산한 점수를 그래프로 표시하도록 한다. • 자신이 잘 쓰는 유형과 가장 높은 점수 및 낮은 점수를 찾아서 쓰고 그 이유도 작성하게 한다. • 다 작성하면 발표한다.	20분	워크북 ☞ 2-③
마무리	• 회기 활동을 통해 느낀 점이나 깨달은 점을 한 사람씩 차례로 발표한다. • 이 회기의 목적과 필요성을 정리한다.	10분	워크북 ☞ 2-④

진정한 자기소개

지금부터는 자신을 소개하는 시간을 갖도록 하겠습니다.

1. 5글자로 자기를 표현해 보세요!

2. 소소한 일상에서 가장 행복한 순간을 느낄 때는 무엇인가요?

3. 프로그램을 시작하는 마음을 한마디로 표현한다면 무엇입니까?

우리들의 약속

PTG 집단상담 프로그램에 참석하여 다음의 사항을 지킬 것을 약속합니다.
   1. 내 마음에 있는 생각이나 느낌을 솔직하게 표현한다.
   2. 다른 사람이 하는 말을 비판이나 편견 없이 있는 그대로 듣는다.
   3. 여기서 나눈 이야기는 절대로 밖에서 말하지 않는다.
   4. 다른 사람이 이야기할 때는 끼어들거나 방해하지 않는다.
   5. 집단 모임 시간을 잘 지키고 성실히 집단 활동에 참여한다.
   6. 개인에게 부과된 과제는 성실히 수행한다.

년   월   일

참가자: 서명:

워크북 2-③ 회복탄력성 사전 검사

다음 문항은 여러분의 일상적 감정이나 태도, 성격을 나타내는 질문입니다. 본인과 가장 가깝다고 생각되는 점수에 √표를 해 주세요.

	강점의 영역과 의미	전혀 그렇지 않다	그렇지 않다	보통이다	그렇다	매우 그렇다
1	나는 문제가 생기면 가능한 해결방안을 먼저 생각한 후 해결하려고 노력한다.	1	2	3	4	5
2	나는 어려운 일이 생기면 원인이 무엇인지 신중히 생각한 후 해결하려고 한다.	1	2	3	4	5
3	나는 대체로 문제의 원인을 잘 알고 있다고 생각한다.	1	2	3	4	5
4	나는 어려운 일이 닥쳤을 때 감정을 통제할 수 있다.	1	2	3	4	5
5	내가 무슨 생각을 하면 그 생각이 내 기분에 어떤 영향을 미칠지 잘 안다.	1	2	3	4	5
6	나는 이슈 문제를 가족이나 친구와 토론할 때 감정을 통제할 수 있다.	1	2	3	4	5
7	나는 당장 해야 할 일이 있으면 어떠한 유혹이나 방해도 잘 이겨 낼 수 있다.	1	2	3	4	5
8	나는 어려운 일이 닥쳐도 내가 스스로 어떤 생각을 하고 있는지 잘 안다.	1	2	3	4	5
9	나는 일이 생각대로 잘 안 풀리면 쉽게 포기하는 편이다.	5	4	3	2	1
10	나는 감사해야 할 것이 별로 없다.	5	4	3	2	1
11	내가 고맙게 여기는 것들을 모두 적는다면 긴 목록이 될 것이다.	1	2	3	4	5
12	나는 세상을 둘러볼 때 내가 고마워해야 할 것이 별로 없다.	5	4	3	2	1
13	내 인생의 여러 가지 조건들은 만족스럽다.	1	2	3	4	5
14	나는 내 삶에 만족한다.	1	2	3	4	5
15	나는 내 삶에서 중요하다고 생각한 것들을 다 가지고 있다.	1	2	3	4	5
16	나는 열심히 일하면 언젠가 보답이 있으리라고 생각한다.	1	2	3	4	5

17	"아무리 어려운 문제라도 나는 해결할 수 있다"고 믿는 것이 좋다고 생각한다.	1	2	3	4	5
18	나는 어려운 상황이 닥쳐도 모든 일이 다 잘 해결될 거라고 확신한다.	1	2	3	4	5
19	나와 정기적으로 만나는 사람들은 나를 싫어하게 된다.	5	4	3	2	1
20	나는 서로 마음을 터놓고 얘기할 수 있는 친구가 거의 없다.	5	4	3	2	1
21	나는 서로 도움을 주고받는 친구가 별로 없는 편이다.	5	4	3	2	1
22	나는 재치 있는 농담을 잘한다.	1	2	3	4	5
23	나는 내가 표현하고자 하는 바에 대한 적절한 문구나 단어를 잘 찾아낸다.	1	2	3	4	5
24	나는 분위기나 대화 상대에 따라 대화를 잘 이끌어 갈 수 있다.	1	2	3	4	5
25	나는 사람들의 표정을 보면 어떤 감정인지 알 수 있다.	1	2	3	4	5
26	슬퍼하거나 화를 내는 사람을 보면 그들이 어떤 생각을 하는지 잘 알 수 있다.	1	2	3	4	5
27	나는 친구가 화를 내는 경우 그 이유를 꽤 잘 아는 편이다.	1	2	3	4	5

[회복탄력성 사전 검사 분석지]

자신의 회복탄력성을 알아보기 위해 세 가지 유형, 아홉 가지 영역의 점수를 알아봅시다.

1. 점수를 계산하여 아래 빈칸에 적어보세요.

문항	1+2+3	4+5+6	7+8+9	10+11 +12	13+14 +15	16+17 +18	19+20 +21	22+23 +24	25+26 +27
점수									
영역	①원인 분석력	②감정 통제력	③충동 통제력	④감사 하기	⑤생활 만족도	⑥낙관 성	⑦관계 성	⑧의사 소통 능력	⑨공감 능력
유형	통제성(①+②+③)			긍정성(④+⑤+⑥)			사회성(⑦+⑧+⑨)		
총점	통제성 점수:			긍정성 점수:			사회성 점수:		
	나의 회복탄력성 점수는:								

2. 계산한 점수를 그래프로 표시해 보세요.

	0	1	3	4	5	6	7	8	9	10	11	12	13	14	15
공감 능력															
의사소통 능력															
관계성															
낙관성															
생활 만족도															
감사하기															
충동통제력															
감정 통제력															
원인분석력															

3. 내가 잘 사용하는 유형과 가장 높은 영역의 점수와 가장 낮은 영역의 점수는 무엇입니까? 그 이유는?

구분	유형 및 영역	점수	이유
잘 사용하는 유형			
높은 영역			
낮은 영역			

경험보고서

1. 나에 대해 새롭게 알게 된 점은 무엇입니까?

2. 집단에 참석한 사람들을 통해 발견한 점은 무엇입니까?

3. 함께한 시간 동안 배우고 느낀 점은 무엇입니까?

[3회기: 옛날 옛적 나란 사람은?]

목표	• 작업-도전하기 • 위기의 순간에 반응한 자기 경험을 노출하고, 적절한 자기표현의 중요성을 인식한다.

활동과정	진행내용	소요 시간	준비물
도 입	• 전체 집단 및 소집단으로 나누어 운영한다. • 지난 시간의 활동 내용을 상기시키고, 이번 회기의 활동 내용과 취지를 설명한다.	5분	
전 개	◉ 호흡법 배우기 • 편안하게 앉거나 누워서 등, 목, 머리를 바르게 하고, 어깨에 힘을 빼고 손은 편안하게 내려놓는다. • 눈을 감고 자신의 호흡에 집중한다. • 4초간 숨을 들이마신 후 배꼽까지 내쉬고, 2초간 멈추었다가 4초간 천천히 내쉰다. • 편안하게 호흡하는 것만 생각하며 긴장이 사라질 때까지 반복한다.	5분	워크북 ☞ 3-①
	◉ 위기의 순간 - 카드 플레이 • 워크북 ☞ 3-②에 위기의 순간들과 도움을 준 사람들, 그때 나의 심정을 작성한다. • 다 작성하면 발표한다.	15분	워크북 ☞ 3-②
	◉ 선물 주기 활동 • 워크북 ☞ 3-③에 친구의 위기의 순간을 듣고, 그 친구에게 도움이 되는 선물을 적어서 준다.	15분	워크북 ☞ 3-③ 포스트잇
마무리	• 회기 활동을 통해 느낀 점이나 깨달은 점을 한 사람씩 차례로 발표한다. • 이 회기의 목적과 필요성을 정리한다.	10분	워크북 ☞ 3-④

호흡법 배우기

1. 편안하게 앉거나 누워서 등, 목, 머리를 바르게 하고, 어깨에 힘을 빼고 손은 편안히 내려놓는다.
2. 눈을 감고 자신의 호흡에 집중한다.
3. 4초간 숨을 들이마신 후 배꼽까지 내쉬고, 2초간 멈추었다가 4초간 천천히 내쉰다.
4. 편안하게 호흡하는 것만 생각하며 긴장이 사라질 때까지 반복한다.

자~ 마음을 편안히 안정시켜보세요. 한 손은 가슴 위에, 다른 한 손은 배꼽 위에 놓고 편안하게 숨을 쉬어보세요. 가슴 위에 놓은 손은 움직이지 않도록 하시고, 배 위에 놓은 손만 움직이도록 하면서 숨을 쉬어보세요. 내쉬는 숨도 가능한 한 부드럽게 내쉬도록 합니다. 처음부터 너무 천천히 호흡하거나, 공기를 너무 많이 마시려고 하지 말고 편안하게 숨을 들이쉬고 내쉬도록 해보세요.

배 위에 있는 손이 오르내리는 것을 집중해 봅니다. 숨을 들이쉴 때 마음속으로 하나, 둘, 셋을 세고 '아~ 나는 편안하다.'라고 생각하면서 숨을 내쉬도록 해보세요. 처음부터 너무 천천히 호흡하려고 하지 마시고 규칙적으로 연습하는 것이 중요합니다.

옛날 옛적에!

1. 아찔했던 위기의 순간은 언제였고 무슨 일이었나요?

2. 그때 심정은 어떠하였나요?

3. 도움을 준 사람들은 있었나요?

선물 주기

집단에 참가한 동료들이 발표한 위기의 순간을 듣고, 선물(위로나 도움이 될 수 있는 말)을 포스트잇에 적어서 줍니다.

1. 내가 받은 가장 좋은 선물은?

2. 그 선물을 가장 좋다고 느낀 이유는?

경험보고서

1. 나에 대해 새롭게 알게 된 점은 무엇입니까?

2. 집단에 참석한 사람들을 통해 발견한 점은 무엇입니까?

3. 함께한 시간 배우고 느낀 점은 무엇입니까?

[4회기: 아프냐? 나도 아프다]

목표	<ul><li>작업-도전하기</li><li>자신에게 일어났던 큰 외상 사건을 직면하고, 공감적 지지를 통해 소속감과 안정감을 느끼도록 한다.</li></ul>

활동과정	진행내용	소요 시간	준비물
도 입	• 전체를 3그룹으로 나눈다. • 지난 시간의 활동 내용을 상기시키고, 이번 회기의 활동 내용과 취지를 설명한다.	5분	
전 개	⊙ Oh! my life • 외상을 겪은 시점을 중심으로 전·후의 점수를 작성한다.	10분	워크북 ☞ 4-①
	⊙ 내 사연이 라디오에 소개가 된다면? • 내 인생의 3대 사건과 그 사건에 제목을 달고 점수와 상황을 작성한다. • 다 작성하면 발표한다.	10분	워크북 ☞ 4-②
	⊙ 코인 공감 활동 • 코인을 1인당 3개씩 나눠준다. • 동료들의 사연을 듣고 코인으로 공감을 표현한다.	15분	워크북 ☞ 4-③ 코인상자
마무리	• 회기 활동을 통해 느낀 점이나 깨달은 점을 한 사람씩 차례로 발표한다. • 이 회기의 목적과 필요성을 정리한다.	10분	워크북 ☞ 4-④

☞ **워크북 4-① Oh! my life**

인생을 살면서 자신이 경험한 사건을 생각해 보고 점수를 표시해 보세요.

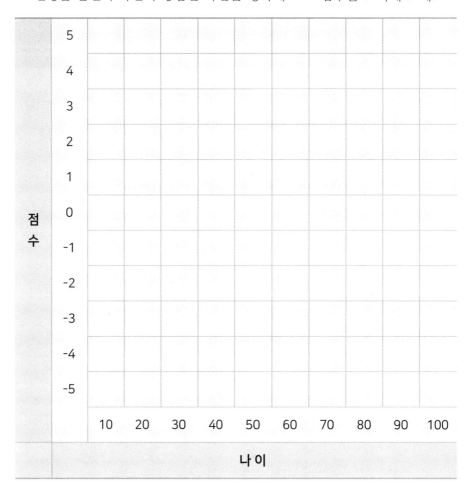

워크북 4-② 내 인생의 3대 사건

　Oh! my life에서 적은 나의 위기 사건 중 내 인생의 3대 사건을 정해 봅시다. 그때의 사건에 제목을 달고, 점수, 상황, 감정을 찾아봅시다. 그리고 동료들에게 사연을 소개해 봅시다.

구분	제목	점수	상황과 그때의 감정
1			
2			
3			

워크북 4-③ 소감 나누기

경험보고서

　1. 나에 대해 새롭게 알게 된 점은 무엇입니까?

　2. 집단에 참석한 사람들을 통해 발견한 점은 무엇입니까?

　3. 함께한 시간 동안 배우고 느낀 점은 무엇입니까?

목 표	• 작업-변화하기 • 외상이 자신에게 미치는 부정적인 영향을 파악하고 버리는 작업을 함으로써 카타르시스를 경험한다.

활동과정	진행내용	소요 시간	준비물
도 입	• 전체 집단으로 운영한다. • 지난 시간의 활동 내용을 상기시키고, 이번 회기의 활동 내용과 취지를 설명한다.	5분	
전 개	⊙ 외상의 부정적 영향 찾기 • 자신이 경험한 외상을 떠올린다. • 외상이 나에게 부정적인 영향을 미치고 있는 것을 생각하고 작성한다.	15분	워크북 ☞ 5-①
	⊙ 외상 버리기 • 외상 후에 상처받았던 말들을 적고 아픈 곳을 표시하도록 한다. • 다 작성하면 발표한다. • 발표 후 찢어서 쓰레기통에 던져 버리도록 한다.	20분	워크북 ☞ 5-② 쓰레기통
마무리	• 회기 활동을 통해 느낀 점이나 깨달은 점을 한 사람씩 차례로 발표한다. • 이 회기의 목적과 필요성을 정리한다.	10분	워크북 ☞ 5-③

☞ 워크북 5-① **외상 사건이 나에게 미치는 부정적 영향**

내가 경험한 외상이 현재 나에게 부정적인 영향을 미치고 있는 것은 무엇입니까?

외상 사건의 부정적 영향 찾기

1.

2.

3.

예) 큰소리만 나면 가슴이 떨린다.

예) 집 밖으로 나가는 것이 두렵다.

예) 잠이 잘 오지 않는다.

☞ 워크북 5-② **외상 기억 버리기**

나를 가장 힘들게 했던 말, 버리고 싶은 말, 지우고 싶은 말을 적어보세요

외상 기억 버리기 활동

1. 나를 가장 힘들게 했던 말이나 버리고 싶은 말

_____

2. 힘든 말을 들어서 아팠던 곳

_____

경험보고서

1. 나에 대해 새롭게 알게 된 점은 무엇입니까?

2. 집단에 참석한 사람들을 통해 발견한 점은 무엇입니까?

3. 함께한 시간 동안 배우고 느낀 점은 무엇입니까?

[6회기: 버튼 꾹! 리셋 준비 끝!]

목 표	• 작업-변화하기 • 현재 자기의 행동과 미래에 변화된 모습과의 차이를 극대화함으로써 현재 행동이나 사고를 바꾼다.

활동과정	진행내용	소요 시간	준비물
도 입	• 전체 집단으로 운영한다. • 지난 시간의 활동 내용을 상기시키고, 이번 회기의 활 동 내용과 취지를 설명한다.	5분	
전 개	⊙ 나의 성장 의지 점검 • 자신을 성장시키고자 하는 의지를 워크북 ☞ 6-①에 점수로 작성한다. • 자신의 점수를 발표한다.	15분	워크북 ☞ 6-①

	⊙ 기적이 일어났다!
	• 자신에게 기적이 일어나 기적처럼 변화된 자기 자신의
	  모습을 떠올려 본다.
	• 예전의 자기모습과 기적이 일어나 변화된 자신의 모습
	  을 세 가지 작성한다.
	• 예전의 자기모습과 기적이 일어난 자기모습을 이미지
	  로 그린 후 제목을 정하도록 한다.
		20분	워크북
			☞ 6-②

마무리	• 회기 활동을 통해 느낀 점이나 깨달은 점을 한 사람씩 차례로 발표한다. • 이 회기의 목적과 필요성을 정리한다.	10분	워크북 ☞ 6-③

나의 성장 의지 점수는 몇 점?

앞으로 성장 업고 가요~! 프로그램 10회기를 하면서 총 3번의 성장 의지 점수를 부여하게 됩니다. 오늘은 두 번째 나의 성장 의지 점수를 부여하는 날입니다. 현재 자신이 성장하고 싶은 정도를 1점에서 10점까지 중 하나의 점수를 선택하여 (   ) 안에 적어봅니다.

전혀 없다 ← 1 2 3 4 5 6 7 8 9 10 → 매우 높다.

프로그램 중에 느끼는 현재 나의 성장 의지 점수는?
(   )

아침에 일어나니 기적이 일어났다. 내 마음의 상처가 사라진 것이다. 무엇이 변하면 기적이 일어났음을 내가 알 수 있는 것인가?

1. 기적처럼 변화된 나의 모습은 어떤 모습들인가요?

구분	예전의 나의 모습	기적이 일어난 나의 모습
1		
2		

2. 그림으로 그려보고 제목을 붙여 보세요.

예전의 나의 모습	기적이 일어난 나의 모습
제목:	제목:

경험보고서

1. 나에 대해 새롭게 알게 된 점은 무엇입니까?

2. 집단에 참석한 사람들을 통해 발견한 점은 무엇입니까?

3. 함께한 시간 동안 배우고 느낀 점은 무엇입니까?

[7회기: 관계 속으로 GoGo]

목표	• 작업-성장하기 • 글쓰기를 통해 긍정적인 자기개념을 강화하고, 상호 지지와 격려의 피드백을 통해 치유의 경험을 한다.

활동과정	진행내용	소요 시간	준비물
도 입	• 전체 집단으로 운영한다. • 지난 시간의 활동 내용을 상기시키고, 이번 회기의 활동 내용과 취지를 설명한다.	5분	
전 개	◉ 성장 비행기 편지 쓰고 접어 날리기 • 종이에 자신에게 보낼 편지를 쓴다. • 편지를 쓴 종이로 종이비행기를 접고 힘차게 날린다.	15분	워크북 ☞ 7-① 종이 펜
	◉ 보태기 • 친구들이 날린 종이비행기에 격려의 말을 쓰게 한다. • 격려의 말을 적은 종이비행기를 다시 힘차게 날린다. • 몇 번을 날려 반복한다. • 벽에 전시한다. • 감상하는 시간을 가진다.	20분	워크북 ☞ 7-② 색연필
마무리	• 회기 활동을 통해 느낀 점이나 깨달은 점을 한 사람씩 차례로 발표한다. • 이 회기의 목적과 필요성을 정리한다.	10분	워크북 ☞ 7-③

☞ **워크북 7-① 성장 비행기 편지를 쓰고 접어 날리기**

외상 경험에도 불구하고 현재 살아가고 있는 나에게 성장 비행기 편지를 쓰고 접기

성장 비행기 편지 쓰고 접어 보내기

1. 흰 종이에 나에게 편지를 쓰고 종이비행기를 접는다.

나는 걷던 걸음을 멈추고 일어나 이렇게 한번 외쳐보고 싶었다.
날개야 다시 돋아라. 날자. 날자. 한 번만 날아보자. 한 번만 더 날아보자꾸나.
-이상의 날개-

2. 접은 종이비행기(성장 비행기)를 힘껏 동료들에게 날려본다.

☞ **워크북 7-② 성장 비행기 편지 보내기**

외상 경험에도 불구하고 현재 살아가고 있는 나에게 성장 비행기 편지를 쓰고 접기

성장 비행기 편지 쓰고 접어 보내기

1. 동료가 보낸 종이비행기 편지에 색연필로 격려와 용기의 말을 적는다.

2. 다시 종이비행기를 접어 힘껏 동료에게 여러 번 날려본다.

2. 종이비행기를 모아 벽에 전시하고 감상하는 시간을 갖는다.

경험보고서

1. 나에 대해 새롭게 알게 된 점은 무엇입니까?

2. 집단에 참석한 사람들을 통해 발견한 점은 무엇입니까?

3. 함께한 시간 동안 배우고 느낀 점은 무엇입니까?

[8회기: 고통<선물, 고난<행복]

목 표	• 작업-성장하기 • 외상의 극복 방법을 탐색하고, 외상에서 성장으로의 사고변화를 통해 현재의 삶을 수용하는 경험을 한다.

활동과정	진행내용	소요 시간	준비물
도 입	• 전체 집단으로 운영한다. • 지난 시간의 활동 내용을 상기시키고, 이번 회기의 활동 내용과 취지를 설명한다.	5분	
전 개	⊙ 차원이 다른 성장을 위한 노력 • 자신이 생각하는 성장의 의미를 작성한다. • 집단 브레인스토밍을 통해 성장을 위한 노력을 전지에 작성하도록 한다.	10분	워크북 ☞ 8-① 전지
	⊙ 성장의 의미 찾기 - 가치엽서 • 외상으로 변화된 긍정적인 것들을 활동지 워크북 ☞ 8-②에 작성한다. • 외상의 주관적 의미를 문장 완성 형식으로 작성한다. • 가치엽서에 옮겨 적는다. • 삶을 바라볼 때 가장 중요하다고 생각하는 가치를 적고 그 이유를 적는다.	10분	워크북 ☞ 8-②
	⊙ Oh! my life • 외상의 의미를 다시 생각해 보고 점수를 준다. • 활동지 작성 후 오~! Oh! my life(4회기)와 비교해 본다.	15분	워크북 ☞ 8-③
마무리	• 회기 활동을 통해 느낀 점이나 깨달은 점을 한 사람씩 차례로 발표하게 한다. • 이 회기의 목적과 필요성을 정리한다.	10분	워크북 ☞ 8-④

☞ 워크북 8-① **차원이 다른 노력-집단 브레인스토밍**

내가 지금껏 상처를 없애기 위해 노력하였다면, 이제는 그것을 뛰어넘는 자신을 사랑하기 위한 노력이 필요합니다. 성장은 내 키가 자라듯 내 마음을 보다 강하고 담대하게 키워 나가는 것입니다. 이를 위해 자신만의 성장에 대한 정의를 내려보고, 이미 내가 해 왔던 것, 할 수 있는 것, 해야 하는 것 등을 적어봅시다.

1. 성장이란 무엇인가?

2. 성장을 위해 내가 해 왔던 것, 할 수 있는 것, 해야 하는 것 등을 적어봅시다.

☞ 워크북 8-② **성장의 의미 찾아보기**

힘든 사건을 경험한 후에 일어나는 나의 마음은 다양한 감정을 겪게 됩니다. 특히 부정적인 감정은 나를 상처 주기도 하지만 성장하게도 합니다. 외상으로 인해 변화된 나의 관점과 태도를 찾아서 적어봅시다.

1. 외상 사건으로 인해 내 인생이 변화된 긍정적인 것들!

1. _____

2. _____

3. _____

2. 외상이 나에게 준 의미를 찾아 문장을 완성해 봅시다.

외상 사건/트라우마	BUT	보석 같은 의미

예) 친구의 배신으로 힘들어할 때, 언니의 도움이 컸다. 그전에는 몰랐는데 내가 가족의 소중한 존재라는 것을 알게 되었다.

워크북 8-③ **Oh! my life**

자신이 겪은 외상의 의미를 다시 생각해 보고 점수를 표시해 보세요.

점
수

| 5 |
| 4 |
| 3 |
| 2 |
| 1 |
| 0 |
| -1 |
| -2 |
| -3 |
| -4 |
| -5 |

10   20   30   40   50   60   70   80   90   100

나 이

경험보고서

1. 나에 대해 새롭게 알게 된 점은 무엇입니까?

2. 집단에 참석한 사람들을 통해 발견한 점은 무엇입니까?

3. 함께한 시간 동안 배우고 느낀 점은 무엇입니까?

목표	• 마무리-실천하기 • 회복탄력성의 변화를 비교하여 강점을 찾고, 미래의 모습을 그려봄으로써 실천적 의지를 고취한다.

활동과정	진행내용	소요 시간	준비물
도 입	• 전체 집단으로 운영한다. • 지난 시간의 활동 내용을 상기시키고, 이번 회기의 활동 내용과 취지를 설명한다.	5분	
전 개	⊙ 회복탄력성 사후 검사 • 회복탄력성 검사에 대한 오리엔테이션을 실시한다. • 회복탄력성을 검사한다.		
	⊙ 자기 분석 및 평가 • 워크북 ☞ 9-①에 회복탄력성의 세 가지 유형 아홉 가지 점수를 계산한다. • 계산한 점수를 그래프로 표시하도록 한다. • 자신이 잘 쓰는 유형과 가장 높은 점수와 낮은 점수를 찾아서 쓰고 그 이유도 작성한다. • 다 작성하면 발표한다.	15분	워크북 ☞ 9-①
	⊙ The Happy News • 미래에 자신이 무엇인가를 하는 그림을 그린다. • 상황, 기분을 신문 기사를 만든 후 발표한다. (6하 원칙으로 작성)	20분	워크북 ☞ 9-②
마무리	• 회기 활동을 통해 느낀 점이나 깨달은 점을 한 사람씩 차례로 발표하게 한다. • 이 회기의 목적과 필요성을 정리한다.	10분	워크북 ☞ 9-③

다음 문항은 여러분의 일상적 감정이나 태도, 성격을 나타내는 질문입니다. 본인과 가장 가깝다고 생각되는 점수에 ✓표를 해 주세요.

	강점의 영역과 의미	전혀 그렇지 않다	그렇지 않다	보통이다	그렇다	매우 그렇다
1	나는 문제가 생기면 가능한 해결방안을 먼저 생각한 후 해결하려고 노력한다.	1	2	3	4	5
2	나는 어려운 일이 생기면 원인이 무엇인지 신중히 생각한 후 해결하려고 한다.	1	2	3	4	5
3	나는 대체로 문제의 원인을 잘 알고 있다고 생각한다.	1	2	3	4	5
4	나는 어려운 일이 닥쳤을 때 감정을 통제할 수 있다.	1	2	3	4	5
5	내가 무슨 생각을 하면 그 생각이 내 기분에 어떤 영향을 미칠지 잘 안다.	1	2	3	4	5
6	나는 이슈 문제를 가족이나 친구와 토론할 때 감정을 통제할 수 있다.	1	2	3	4	5
7	나는 당장 해야 할 일이 있으면 어떠한 유혹이나 방해도 잘 이겨낼 수 있다.	1	2	3	4	5
8	나는 어려운 일이 닥쳐도 내가 스스로 어떤 생각을 하고 있는지 잘 안다.	1	2	3	4	5
9	나는 일이 생각대로 잘 안 풀리면 쉽게 포기하는 편이다.	5	4	3	2	1
10	나는 감시해야 할 것이 별로 없다.	5	4	3	2	1
11	내가 고맙게 여기는 것들을 모두 적는다면 긴 목록이 될 것이다.	1	2	3	4	5
12	나는 세상을 둘러볼 때 내가 고마워해야 할 것이 별로 없다.	5	4	3	2	1
13	내 인생의 여러 가지 조건들은 만족스럽다.	1	2	3	4	5
14	나는 내 삶에 만족한다.	1	2	3	4	5
15	나는 내 삶에서 중요하다고 생각한 것들을 다 가지고 있다.	1	2	3	4	5

16	나는 열심히 일하면 언젠가 보답이 있으리라 생각한다.	1	2	3	4	5
17	"아무리 어려운 문제라도 나는 해결할 수 있다"고 믿는 것이 좋다고 생각한다.	1	2	3	4	5
18	나는 어려운 상황이 닥쳐도 모든 일이 다 잘 해결될 거라고 확신한다.	1	2	3	4	5
19	나와 정기적으로 만나는 사람들은 나를 싫어하게 된다.	5	4	3	2	1
20	나는 서로 마음을 터놓고 얘기할 수 있는 친구가 거의 없다.	5	4	3	2	1
21	나는 서로 도움을 주고받는 친구가 별로 없는 편이다.	5	4	3	2	1
22	나는 재치 있는 농담을 잘한다.	1	2	3	4	5
23	나는 내가 표현하고자 하는 바에 대한 적절한 문구나 단어를 잘 찾아낸다.	1	2	3	4	5
24	나는 분위기나 대화 상대에 따라 대화를 잘 이끌어 갈 수 있다.	1	2	3	4	5
25	나는 사람들의 표정을 보면 어떤 감정인지 알 수 있다.	1	2	3	4	5
26	슬퍼하거나 화를 내는 사람을 보면 그들이 어떤 생각을 하는지 잘 알 수 있다.	1	2	3	4	5
27	나는 친구가 화내는 경우 그 이유를 꽤 잘 아는 편이다.	1	2	3	4	5

[회복탄력성 사후 검사 분석지]

자신의 회복탄력성을 알아보기 위해 세 가지 유형, 아홉 가지 영역의 점수를 알아봅시다.

1. 점수를 계산하여 아래 빈칸에 적어보세요.

문항	1+2+3	4+5+6	7+8+9	10+11+12	13+14+15	16+17+18	19+20+21	22+23+24	25+26+27
점수									
영역	①원인 분석력	②감정 통제력	③충동 통제력	④감사 하기	⑤생활 만족도	⑥낙관성	⑦관계성	⑧의사 소통 능력	⑨공감 능력
유형	통제성(①+②+③)			긍정성(④+⑤+⑥)			사회성(⑦+⑧+⑨)		
총점	통제성 점수:			긍정성 점수:			사회성 점수:		
	나의 회복탄력성 점수는:								

2. 계산한 점수를 그래프로 표시해 보세요.

공감 능력															
의사소통 능력															
관계성															
낙관성															
생활 만족도															
감사하기															
충동통제력															
감정통제력															
원인분석력															

0 1 3 4 5 6 7 8 9 10 11 12 13 14 15

3. 내가 잘 사용하는 유형과 가장 높은 영역의 점수와 가장 낮은 영역의 점수는 무엇입니까? 또 그 이유는?

구분	유형 및 영역	점수	이유
잘 사용하는 유형			
높은 영역			
낮은 영역			

워크북 9-② **행복한 내 모습(The Happy News)**

1. 미래에 자신이 무엇인가를 하는 그림을 그린다.

2. 미래의 상황, 기분을 6하원칙에 의거 신문 기사를 만든 후 발표한다.

경험보고서

1. 나에 대해 새롭게 알게 된 점은 무엇입니까?

2. 집단에 참석한 사람들을 통해 발견한 점은 무엇입니까?

3. 함께한 시간 동안 배우고 느낀 점은 무엇입니까?

[10회기: 성장을 업고 가요]

목 표	• 마무리-정리하기
	• 성장한 자기모습에 대한 만족감으로 프로그램의 평가를 한다.

활동과정	진행내용	소요 시간	준비물
도 입	• 전체 집단으로 운영한다. • 지난 시간의 활동 내용을 상기시키고, 이번 회기의 활동내용과 취지를 설명한다.	5분	
전 개	⊙ 나의 성장 의지 점검 • 자신을 성장시키고자 하는 의지를 워크북 ☞ 10-①에 점수로 부여한다. • 1, 6, 10회기에 작성했던 자신의 성장 의지 점수 변화에 대해 발표한다.	10분	워크북 ☞ 10-①
	⊙ Feeling Road Map • 기억에 남는 순간들을 활동지 워크북 ☞ 10-②에 그려보고 자신이 가장 크게 성장되었다고 생각하는 점을 작성한다.	10분	워크북 ☞ 10-②
	⊙ 칭찬 바구니 • 자신과 집단원들에게 집단을 하면서 좋았던 점, 힘이 나게 했던 말, 장점, 칭찬의 말을 작성 후 발표한다.	15분	워크북 ☞ 10-③
마무리	• 회기 활동을 통해 느낀 점이나 깨달은 점을 한 사람씩 차례로 발표하게 한다. • 이 회기의 목적과 필요성을 정리한다.	10분	워크북 ☞ 10-④

나의 성장 의지 점수는 몇 점?

앞으로 성장 업고 가요~! 프로그램 10회기를 하면서 총 3번의 성장 의지 점수를 부여하게 됩니다. 오늘은 마지막으로 나의 성장 의지 점수를 부여하는 날입니다. 현재 자신이 성장하고 싶은 정도를 1점에서 10점 까지 중 하나의 점수를 선택하여 ( ) 안에 적어 봅니다.

전혀 없다 ← 1 2 3 4 5 6 7 8 9 10 → 매우 높다.

프로그램 중에 느끼는 현재 나의 성장 의지 점수는?

( )

Feeling Road Map

1. 벗어나고 싶었던 나의 외상과 성장 의지 점수는?

2. 프로그램 도중 느끼는 나의 성장 의지 점수는?

3. 프로그램을 마치며 느끼는 나의 성장 의지 점수는?

4. 가장 크게 성장하였다고 생각하는 부분은?

칭찬 바구니

자신과 집단구성원들에게 집단을 하면서 좋았던 점, 힘이 나게 했던 말, 장점, ` 칭찬하는 말들을 작성한 후 발표한다.

경험보고서

1. 나에 대해 새롭게 알게 된 점은 무엇입니까?

2. 집단에 참석한 사람들을 통해 발견한 점은 무엇입니까?

3. 함께한 시간 동안 배우고 느낀 점은 무엇입니까?

참고문헌

강진령(2006). 집단상담의 실제. 서울: 학지사.

경찰청(2023). 2023년 경찰청 통계 연보.

김광수, 오영희, 박종효, 정성진, 하요상, 강주희, 추정인, 한선녀(2016). 용서를 통한 치유와 성장. 서울: 학지사.

김미숙(2016). 긍정심리 집단상담 프로그램이 청소년의 행복 및 우울에 미치는 영향. 수원대학교 교육대학원. 석사학위논문.

김자현(2017). 인지행동적 스트레스 관리 프로그램이 응급실 간호사의 사회심리적 스트레스 대처방식에 미치는 효과. 고려대학교 대학원. 석사학위 논문.

김태현, 이정원, 임익순(2013). 장병을 위한 군 상담 프로그램. 파주: 교문사.

김현수, 장선철(2006). 집단상담의 이론과 실제. 서울: 태영출판사.

김현숙 (2017). 부모 연계 분노 조절 집단상담 프로그램의 효과: 초등학교 3, 4학년을 중심으로. 석사학위 논문. 삼육대학교 상담심리대학원

박선하(2017). 대학생의 대인관계능력 향상을 위한 해결 중심 집단상담 프로그램 개발. 한국교원대학교 대학원. 석사학위논문.

박성희(1994). 공감, 공감적 이해. 서울: 원미사.

서울시 (2015). 성희롱 사건처리 매뉴얼.

서울시 (2016). 대학생을 위한 성폭력 예방 교육.

소방청(2023). 2023년 소방청 통계 연보.

신천지(2018). 자기분화 프로그램이 타인 의존 성향 대학생의 우울, 불안 및 자기분화에 미치는 효과. 석사학위논문. 경성대학교 대학원.

심윤기(2013). 군 장병의 자기 복잡성과 자아 탄력성이 군 복무 적응에 미치는 영향. 상담학 연구, 14(2), 1265－1284.

심윤기(2014). 군 병사의 자기 복잡성과 심리적 디스트레스의 관계: 개인 자존감과 집단

자존감의 매개효과. 상지대학교 일반대학원. 박사학위논문.

심윤기(2014). 군 병사용 자살 위험성 척도 개발 및 타당화. 한국심리학회지: 상담 및 심리치료, 상담학 연구, 26(4), 929－952.

심윤기(2016). 군 상담학의 이해와 적용. 서울: 창지사.

심윤기, 정구철, 정성진, 전영숙, 주희헌(2017). 군 집단상담의 기초. 서울: 창지사.

심윤기(2018). 외상 후 스트레스 장애와 심리치료. 서울: 창지사.

심윤기, 정구철, 정성진, 김복희, 김재희, 김현숙(2020). 군 위기 상담의 실제. 서울: 창지사.

심윤기, 정구철, 정성진, 박효진, 손정미, 차보연(2021). 병영문화와 군 특수상담. 서울: 창지사.

심윤기, 김관형, 김수연, 나경, 박성철, 박재숙, 박희성, 원진숙, 최혜빈(2022). 특수상담 매뉴얼. 서울: 박영사.

심윤기, 김수연, 김현주, 나경, 박성철, 손정미, 송지은, 우성호, 원진숙, 주지향, 주희헌, 최혜빈(2023). 군 상담학 개론. 서울: 창지사.

심윤기, 강소현, 김관형, 김현주, 손정미, 원진숙, 조현지, 주지향, 주희헌, 차보연, 최봉희, 최혜빈(2024). 위기 상담의 이론과 실제. 서울: 박영사.

육군본부(2009:2010). 2009, 2010년 사고분석 자료. 대전: 육군본부.

윤관현, 이장호, 최송미(2006). 집단상담 원리와 실제. 고양: 법문사.

이용주 (2017). 긍정심리자원 증진 프로그램이 청소년의 학교적응에 미치는 영향: 부정 정서와 학습 동기를 중심으로. 박사학위논문. 영남대학교 대학원.

이장호(1982). 상담심리학 입문. 서울: 박영사.

이형득, 김성회, 설기문, 김창대, 김정희(2010). 집단상담. 서울: 중앙적성출판사.

장미경, 이은경, 주영아(2022). 집단상담의 기초. 서울: 한국 방송통신대학교 출판 문화원.

차지형(2017). 외상 경험 청소년의 외상 후 성장 프로그램 개발 및 효과. 경성대학교 대학원. 박사학위 논문.

천성문, 박명숙, 박순득, 박원모, 이영순, 전은주, 정봉희(2010). 상담심리학의 이론과 실제. 서울: 학지사.

한국양성평등교육진흥원 (2016). 다 함께 즐겁게 군 생활하는 우리 부대 만들기.

Bowen, M. (1982). *Family therapy in clinical practice*. New York: Jonson Aronson.

Corey, & Corey, G. (1992). *Groups: Process and Practice* (4th ed.). Monterey, California: Brooks/Cole Publishing Company.

Corey, G. (2012). *Theory and Practice of Grouop Counseling,* (International Edition 8th Edition). (김명권 등 공역). 서울: 학지사.

Dinkmyer, D. C., & Muro, J. J, (1979). *Group counseling: Theory & practice*(2nd ed.) IL: F. E. Peacock.

Ellenson, A. (1982). *Human relations* (2nd ed.), Engle wood Cliffs, NJ: Prentice—Hall.

Freud, S. (1915). *The unconscious*. The standard edition of the complete psychological works of Sigmund Freud, volume XIV.

Glasser, W. (1998). *Choice theory in the classroom*. New York: Harper & Row.

Krumbolts, J. D. (1966). *Revolution in counseling.* Boston: Houghton Miffin.

Lawson KJ, Rodwell JJ, Noblet AJ. (2012). Mental health of a police force: estimating prevalence of work—related depression in Australia without a direct national measure. *Psychol Rep, 110*(3): 743—52.

Leino TM, Selin R, Summala H, Virtanen M. (2012). Violence and psychological distress among police officers and security guards. *Occup Med (Lond), 61*(6): 400—6.

Mehrabian, A. (1972). *Nonverbal communication*. Chicago: Aldine Publishing Co.

Mitani S, Fujita M, Sakamoto S, Shirakawa T. (2006). Effect of autogenic training on cardiac autonomic nervous activity in high—risk fire service workers for post—traumatic stress disorder. *Journal of Psychosomatic*

　　　Research 60: 439−444.

Rogers, C. R. (1951). *Client−centered therapy*. New York: Houghton Mifflin.

Rogers, C. R. (1970). *On Encounter Groups*. New York: Harper & Row.

Yalom, I. D. (1995). *The theory and practice of group psychotherapy* (4th ed.). New York: Basic Books.

찾아보기

저자소개

■ 심 윤 기
- 상지대학교 교육학 박사졸업
- 현) KCCI 한국위기상담협회 부회장
- 현) 육군 지상군연구소 리더분과 연구원
- 현) 삼육대학교 상담심리학과 군상담 교수

■ 강 소 현
- 삼육대학교 상담심리학 박사과정
- 심리상담사(1급), EAP전문상담사(1급)
  위기전문상담사(1급) 등
- 현) KCCI 한국위기상담협회 전문상담원

■ 김 선 경
- 삼육대학교 상담심리학 박사과정
- 인지행동심리상담사(1급), 중등정교사(2급) 등
- 현) 동대문 가족상담코칭센터 전문상담원
- 현) 삼육대학교 마음성장연구소 연구원

■ 김 소 정
- 삼육대학교 상담심리학 박사과정
- 임상심리사(2급), 직업상담사(2급)
  군 전문상담사(1급) 등
- 현) KCCI 한국위기상담협회 전문상담원

■ 김 현 경
- 삼육대학교 상담심리학 박사과정
- 임상심리사(1급), 심리상담사(1급)
  EAP전문상담사(1급) 등
- 현) 그림숲 치유아카데미 센터장

■ 김 현 주
- 삼육대학교 상담심리학 박사수료
- EAP전문상담사(1급), 위기전문상담사(1급)
  중등정교사(2급) 등
- 현) 삼육대학교 웰빙건강심리연구소 연구원

■ 박 용 철
- 명지대학교 보안경영공학 박사과정
- 전) 육본 청년DREAM 국군드림 TF 기반
  조성지원장교
- 현) 국방부 장병체감형복지서비스 평가장교

■ 이 보 람
- 삼육대학교 상담심리학 박사과정
- 미술심리상담사(1급), 임상심리사(2급) 등
- 현) I'II 센터 전문강사
- 현) 삼육대학교 웰빙건강심리연구소 연구원

■ 조 현 지
- 삼육대학교 상담심리학 박사수료
- 심리상담사(1급), 임상심리사(2급) 등
- 현) 알코올중독치료 국책과제연구원
- 현) 파인드 심리상담센터 센터장

■ 주 지 향
- 삼육대학교 상담심리학 박사수료
- 심리상담사(1급), 진로적성상담사(1급)
  군 전문상담사(1급) 등
- 현) 공군 교육사령부 교수

■ 차 보 연
- 한국외국어대학교 국제관계학 박사졸업
  /삼육대학교 상담심리학 박사수료
- 심리상담사(1급), EAP전문상담사(1급) 등
- 현) KCCI 한국위기상담협회 전문상담원

■ 최 봉 희
- 경북대학교 문학치료학 박사졸업
  /삼육대학교 상담심리학 박사과정
- 독서심리상담사(1급), 문해교육전문강사(1급) 등
- 현) 독서치료연구소 알움 대표

특수집단상담의 이해와 적용

초판발행	2024년 8월 15일
지은이	심윤기·강소현·김선경·김소정·김현경·김현주·
	박용철·이보람·조현지·주지향·차보연·최봉희
펴낸이	노 현
편 집	배근하
기획/마케팅	박부하
표지디자인	BEN STORY
제 작	고철민·김원표
펴낸곳	㈜피와이메이트
	서울특별시 금천구 가산디지털2로 53 한라시그마밸리 210호(가산동)
	등록 2014.2.12. 제2018-000080호
전 화	02)733-6771
f a x	02)736-4818
e-mail	pys@pybook.co.kr
homepage	www.pybook.co.kr
ISBN	979-11-6519-949-4 93330

copyright©심윤기 외 11인, 2024, Printed in Korea

*파본은 구입하신 곳에서 교환해 드립니다. 본서의 무단복제행위를 금합니다.

정 가	30,000원

박영스토리는 박영사와 함께하는 브랜드입니다.